À la recherche du temps perdu

I

Du côté de chez Swann
Première partie

Marcel Proust

MARCEL PROUST
1871-1922

Valentin Louis Georges Eugène Marcel Proust est un auteur français, né le 10/07/1871 à Auteuil. Il a marqué le XXe siècle et la littérature mondiale par son œuvre éblouissante.

Issu d'un milieu bourgeois, cultivé et marqué par un entourage féminin, le jeune Marcel fait d'abord des études de droit, puis de lettres, pour finir par intégrer le milieu artistique et mondain de Paris. Là, il commence une carrière de journaliste-chroniqueur, travaillant aussi à un roman qui semble ne jamais pouvoir s'achever ("Jean Santeuil"). En 1900, il voyage à Venise et à Padoue pour découvrir les œuvres d'art en suivant les pas de John Ruskin sur lequel il publie des articles et dont il traduit sans succès certains ouvrages.

La mort de sa mère déstabilise encore sa personnalité sensible et inquiète. Son activité littéraire devient plus intense, et c'est dans la solitude de sa chambre aseptisée qu'il crée l'un des romans occidentaux les plus achevés, "A la recherche du temps perdu", dont les sept tomes sont publiés entre 1913 et 1927.

Par ailleurs, il s'insurge contre la méthode critique de Sainte-Beuve, alors très en vogue dans son ouvrage "Contre Sainte-Beuve". Tandis que le premier tome passe presque inaperçu, "A l'ombre des jeunes filles en fleurs", le deuxième volet de la "Recherche" reçoit en 1919 le prix Goncourt.

Dans l'ensemble de son œuvre, Proust questionne les rapports entre temps, mémoire et écriture. Connu pour la longueur de ses phrases parsemées de relatives au rythme dit "asthmatique", Marcel Proust reste une référence et un monument incontestable de la littérature française.

Il meurt, épuisé, emporté par une bronchite mal soignée, le 18/11/1922 à Paris.

À la recherche du temps perdu

À la recherche du temps perdu, couramment évoqué plus simplement sous le titre *La Recherche*, est un roman de Marcel Proust, écrit de 1906 à 1922 et publié de 1913 à 1927 en sept tomes, dont les trois derniers parurent après la mort de l'auteur. Plutôt que le récit d'une séquence déterminée d'événements, cette œuvre s'intéresse non pas aux souvenirs du narrateur mais à une réflexion sur la littérature, sur la mémoire et sur le temps. Cependant, comme le souligne Jean-Yves Tadié dans *Proust et le roman*, tous ces éléments épars se découvrent reliés les uns aux autres quand, à travers toutes ses expériences négatives ou positives, le narrateur (qui est aussi le héros du roman), découvre le sens de la vie dans l'art et la littérature au dernier tome.

Le roman est publié en sept tomes :

1.*Du côté de chez Swann* (à compte d'auteur chez Grasset en 1913, puis dans une version modifiée chez Gallimard en 1919

2.*À l'ombre des jeunes filles en fleurs* (1919, chez Gallimard ; reçoit le prix Goncourt la même année)

3.*Le Côté de Guermantes* (en deux volumes, chez Gallimard, 1920-1921)

4.*Sodome et Gomorrhe I et II* (chez Gallimard, 1921-1922)

5.*La Prisonnière* (posth. 1923)

6.*Albertine disparue* (posth. 1925 ; titre original : *La Fugitive*)

7.*Le Temps retrouvé* (posth. 1927)

En considérant ce découpage, son écriture et sa publication se sont faites parallèlement, et la conception même que Proust avait de son roman a évolué au cours de ce processus.

Alors que le premier tome est publié à compte d'auteur chez Grasset en 1913 grâce à René Blum , la guerre stoppe la publication du deuxième tome et permet à Proust de remodeler son œuvre, cette dernière prenant de l'ampleur au fil des nuits de travail qui l'épuisent. L'auteur retravaille sans cesse ses dactylographies autant que ses brouillons et ses manuscrits, et souhaite interrompre sa collaboration avec l'éditeur. *La Nouvelle Revue Française* (NRF), dirigée par Gaston Gallimard, est en pleine bataille éditoriale avec Grasset depuis 1914 mais a commis l'erreur de refuser en 1913 de publier *Du côté de chez Swann* par l'entremise d'André Gide, figure dominante du comité éditorial de la NRF qui juge que c'est un livre de snob dédié à Gaston Calmette, directeur du *Figaro*. La NRF qui se prétend le fleuron du renouveau des lettres françaises aggrave son cas le 1er janvier 1914 lorsqu'un de ses fondateurs Henri Ghéon juge *Du côté de chez Swann* « une œuvre de loisir dans la plus pleine acception du terme ». Pourtant des écrivains de renom comme Lucien Daudet, Edith Wharton et Jean Cocteau ne tarissent pas d'éloges sur ce premier tome. André Gide reconnaît vite son erreur et supplie Proust de rejoindre la NRF qui a retrouvé des moyens d'imprimer, au contraire de Grasset. Proust fait part à Grasset de son intention de le quitter en août 1916, et après un an de règlement du problème (question des indemnités, des compensations, solde des droits sur *Swann*), Gaston Gallimard lance la fabrication de deux volumes et rachète à son concurrent en octobre 1917 les quelque deux cents exemplaires de *Swann* qui n'ont pas été vendus : il les revêt d'une couverture NRF et d'un papillon de relais avant de les remettre en vente.

L'édition Gallimard, Paris, 1946-47, propose le texte de « A la recherche du temps perdu » en 15 volumes :

1. Du côté de chez Swann. *Première partie.*
2. Du côté de chez Swann. *Deuxième partie.*
3. À l'ombre des jeunes filles en fleurs. *Première partie.*
4. À l'ombre des jeunes filles en fleurs. *Deuxième partie.*
5. À l'ombre des jeunes filles en fleurs. *Troisième partie.*
6. Le côté de Guermantes. *Première partie.*
7. Le côté de Guermantes. *Deuxième partie.*
8. Le côté de Guermantes. *Troisième partie.*
9. Sodome et Gomorrhe. *Première partie.*
10. Sodome et Gomorrhe. *Deuxième partie.*
11. La Prisonnière. *Première partie.*
12. La Prisonnière. *Deuxième partie.*
13. Albertine disparue.
14. Le temps retrouvé. *Première partie.*
15. Le temps retrouvé. *Deuxième partie.*

Du côté de chez Swann

Combray (d'après le nom littéraire donné par Proust à son village d'enfance, Illiers, rebaptisé après sa mort Illiers-Combray) est un petit ensemble qui ouvre *La Recherche du Temps Perdu*. Le narrateur, adulte, songe aux différentes chambres où il a dormi au cours de sa vie, notamment celle de Combray où il passait ses vacances lorsqu'il était enfant. Cette chambre se trouvait dans la maison de sa grand-tante : « La cousine de mon grand-père — ma grand-tante — chez qui nous habitions... »
Le narrateur se remémore à quel point l'heure du coucher était une torture pour lui ; cela signifiait qu'il allait passer une nuit entière loin de sa mère, ce qui l'angoissait au plus haut point : « ...le moment où il faudrait me mettre au lit, loin de ma mère et de ma grand-mère, ma chambre à coucher redevenait le point fixe et douloureux de mes préoccupations. » Pendant longtemps, il ne se souvint que de cet épisode de ses séjours dans la maison de sa grand-tante. Et puis, un jour, sa mère lui proposa une tasse de thé et des madeleines, qu'il refusa dans un premier temps puis finit par accepter. C'est alors que, des années après son enfance, le thé et les miettes du gâteau firent remonter toute la partie de sa vie passée à Combray : « ... et tout Combray et ses environs, tout cela qui prend forme et solidité, est sorti, ville et jardins, de ma tasse de thé. »
Cette partie de la vie du narrateur n'était pas seulement marquée par le drame du coucher. Elle fut l'occasion de s'éveiller aux sens (l'odeur des aubépines, la vue de la nature autour de Combray, lors de promenades familiales), à la lecture (les romans de Bergotte, auteur fictif qui d'ailleurs sera lui-même un personnage du roman) ; le narrateur se promène de part et d'autre de Combray avec sa famille : du côté de Méseglise, ou du côté de Guermantes si le temps le permet. Il adore sa mère et sa grand-mère, mais, plus globalement, sa famille apparaît comme un cocon dans lequel le narrateur enfant se sent heureux, protégé et choyé.

Un amour de Swann est une parenthèse dans la vie du narrateur. Il y relate la grande passion qu'a éprouvée Charles Swann (qu'on a rencontré dans la première partie comme voisin et ami de la famille) pour une cocotte, Odette de Crécy. Dans cette partie, on voit un Swann amoureux mais torturé par la jalousie et la méfiance vis-à-vis d'Odette. Les deux amants vivent chacun chez soi, et dès que Swann n'est plus avec son amie, il est rongé par l'inquiétude, se demande ce que fait Odette, si elle n'est pas en train de le tromper. Odette fréquente le salon des Verdurin, couple de riches bourgeois qui reçoivent tous les jours un cercle d'amis pour dîner, bavarder ou écouter de la musique. Dans un premier temps, Swann rejoint Odette dans ce milieu, mais au bout d'un moment, il a le malheur de ne plus plaire à madame Verdurin et se fait écarter des soirées organisées chez elle. Il a alors de moins en moins l'occasion de voir Odette et en souffre affreusement, puis peu à peu il se remet de sa peine et s'étonne : « Dire que j'ai gâché des années de ma vie, que j'ai voulu mourir, ... pour une femme...qui n'était pas mon genre ! » Cette parenthèse n'est pas anecdotique. Elle prépare la partie de la *Recherche* dans laquelle le héros connaîtra des souffrances similaires à celles de Swann.

Noms de pays : le nom commence par une rêverie sur les chambres de Combray, et sur celle du grand hôtel de Balbec (ville imaginaire inspirée en partie à Proust par la ville de Cabourg). Adulte, le narrateur compare, différencie ces chambres. Il se souvient que, jeune, il rêvait sur les noms de différents lieux, tels Balbec, mais aussi Venise, Parme ou Florence. Il aurait alors aimé découvrir la réalité qui se cachait derrière ces noms, mais le docteur de la famille déconseilla tout projet de voyage à cause d'une vilaine fièvre que contracta le jeune narrateur. Il dut alors rester dans sa chambre parisienne (ses parents vivaient à deux pas des Champs-Élysées) et ne put s'octroyer que des promenades dans Paris avec sa nourrice Françoise. C'est là qu'il fit la connaissance de Gilberte Swann, qu'il avait déjà aperçue à Combray. Il se lia d'amitié avec elle et en tomba amoureux. Sa grande affaire fut à ce moment d'aller jouer avec elle et ses amies dans un jardin proche des Champs-Élysées. Il se débrouille pour croiser les parents de Gilberte dans Paris, et salue Odette Swann, devenue la femme de Swann, et la mère de Gilberte.

(source Wikipédia)

Du côté de chez Swann

Première partie

Combray

I

Longtemps, je me suis couché de bonne heure. Parfois, à peine ma bougie éteinte, mes yeux se fermaient si vite que je n'avais pas le temps de me dire : « Je m'endors. » Et, une demi-heure après, la pensée qu'il était temps de chercher le sommeil m'éveillait ; je voulais poser le volume que je croyais avoir dans les mains et souffler ma lumière ; je n'avais pas cessé en dormant de faire des réflexions sur ce que je venais de lire, mais ces réflexions avaient pris un tour un peu particulier ; il me semblait que j'étais moi-même ce dont parlait l'ouvrage : une église, un quatuor, la rivalité de François Ier et de Charles-Quint. Cette croyance survivait pendant quelques secondes à mon réveil ; elle ne choquait pas ma raison, mais pesait comme des écailles sur mes yeux et les empêchait de se rendre compte que le bougeoir n'était plus allumé. Puis elle commençait à me devenir inintelligible, comme après la métempsycose les pensées d'une existence antérieure ; le sujet du livre se détachait de moi, j'étais libre de m'y appliquer ou non ; aussitôt je recouvrais la vue et j'étais bien étonné de trouver autour de moi une obscurité, douce et reposante pour mes yeux, mais peut-être plus encore pour mon esprit, à qui elle apparaissait comme une chose sans cause, incompréhensible, comme une chose vraiment obscure. Je me demandais quelle heure il pouvait être ; j'entendais le sifflement des trains qui, plus ou moins éloigné, comme le chant d'un oiseau dans une forêt, relevant les distances, me décrivait l'étendue de la campagne déserte où le voyageur se hâte vers la station prochaine ; et le petit chemin qu'il suit va être gravé dans son souvenir par l'excitation qu'il doit à des lieux nouveaux, à des actes inaccoutumés, à la causerie récente et aux adieux sous la lampe étrangère qui le suivent encore dans le silence de la nuit, à la douceur prochaine du retour.

J'appuyais tendrement mes joues contre les belles joues de l'oreiller qui, pleines et fraîches, sont comme les joues de notre enfance. Je frottais une allumette pour regarder ma montre. Bientôt minuit. C'est l'instant où le malade, qui a été obligé de partir en voyage et a dû coucher dans un hôtel inconnu, réveillé par une crise, se réjouit en apercevant sous la porte une raie de jour. Quel bonheur ! c'est déjà le matin ! Dans un moment les domestiques seront levés, il pourra sonner, on viendra lui porter secours.

17

L'espérance d'être soulagé lui donne du courage pour souffrir. Justement il a cru entendre des pas ; les pas se rapprochent, puis s'éloignent. Et la raie de jour qui était sous sa porte a disparu. C'est minuit ; on vient d'éteindre le gaz ; le dernier domestique est parti et il faudra rester toute la nuit à souffrir sans remède.

Je me rendormais, et parfois je n'avais plus que de courts réveils d'un instant, le temps d'entendre les craquements organiques des boiseries, d'ouvrir les yeux pour fixer le kaléidoscope de l'obscurité, de goûter grâce à une lueur momentanée de conscience le sommeil où étaient plongés les meubles, la chambre, le tout dont je n'étais qu'une petite partie et à l'insensibilité duquel je retournais vite m'unir. Ou bien en dormant j'avais rejoint sans effort un âge à jamais révolu de ma vie primitive, retrouvé telle de mes terreurs enfantines comme celle que mon grand-oncle me tirât par mes boucles et qu'avait dissipée le jour – date pour moi d'une ère nouvelle – où on les avait coupées. J'avais oublié cet événement pendant mon sommeil, j'en retrouvais le souvenir aussitôt que j'avais réussi à m'éveiller pour échapper aux mains de mon grand-oncle, mais par mesure de précaution j'entourais complètement ma tête de mon oreiller avant de retourner dans le monde des rêves.

Quelquefois, comme Ève naquit d'une côte d'Adam, une femme naissait pendant mon sommeil d'une fausse position de ma cuisse. Formée du plaisir que j'étais sur le point de goûter, je m'imaginais que c'était elle qui me l'offrait. Mon corps qui sentait dans le sien ma propre chaleur voulait s'y rejoindre, je m'éveillais. Le reste des humains m'apparaissait comme bien lointain auprès de cette femme que j'avais quittée, il y avait quelques moments à peine ; ma joue était chaude encore de son baiser, mon corps courbaturé par le poids de sa taille. Si, comme il arrivait quelquefois, elle avait les traits d'une femme que j'avais connue dans la vie, j'allais me donner tout entier à ce but : la retrouver, comme ceux qui partent en voyage pour voir de leurs yeux une cité désirée et s'imaginent qu'on peut goûter dans une réalité le charme du songe. Peu à peu son souvenir s'évanouissait, j'avais oublié la fille de mon rêve.

Un homme qui dort tient en cercle autour de lui le fil des heures, l'ordre des années et des mondes. Il les consulte d'instinct en s'éveillant, et y lit en une seconde le point de la terre qu'il occupe, le temps qui s'est écoulé jusqu'à son réveil ; mais leurs rangs peuvent se mêler, se rompre. Que vers le matin après quelque insomnie, le sommeil le prenne en train de lire, dans une posture trop différente de celle où il dort habituellement, il suffit de son bras soulevé pour arrêter et faire reculer le soleil, et à la première minute de son réveil, il ne saura plus l'heure, il estimera qu'il vient à peine de se coucher. Que s'il s'assoupit dans une position encore plus déplacée et divergente, par exemple après dîner assis dans un fauteuil, alors le bouleversement sera complet dans les mondes désorbités, le fauteuil magique le fera voyager à toute vitesse dans le temps et dans l'espace, et au moment d'ouvrir les paupières, il se croira couché quelques mois plus tôt dans une autre contrée. Mais il suffisait que, dans mon lit même, mon sommeil fût profond et détendît entièrement mon esprit ; alors celui-ci lâchait le plan du lieu où je m'étais endormi, et quand je m'éveillais au milieu de la nuit, comme j'ignorais où je me trouvais, je ne savais même pas au premier instant qui j'étais ; j'avais seulement dans sa simplicité première le sentiment de l'existence comme il peut frémir au fond d'un animal ; j'étais plus dénué que l'homme des cavernes ; mais alors le souvenir – non encore du lieu où j'étais, mais de quelques-uns de ceux que j'avais habités et où j'aurais pu être – venait à moi comme un secours d'en haut pour me tirer du néant d'où je n'aurais pu sortir tout seul ; je passais en une seconde par-dessus des siècles de civilisation, et l'image confusément entrevue de lampes à pétrole, puis de chemises à col rabattu, recomposait peu à peu les traits originaux de mon moi.

Peut-être l'immobilité des choses autour de nous leur est-elle imposée par notre certitude que ce sont elles et non pas d'autres, par l'immobilité de notre pensée en face d'elles. Toujours est-il que, quand je me réveillais ainsi, mon esprit s'agitant pour chercher, sans y réussir, à savoir où j'étais, tout tournait autour de moi dans l'obscurité, les choses, les pays, les années. Mon corps, trop engourdi pour remuer, cherchait, d'après la forme de sa fatigue, à repérer la position de ses membres pour en induire la direction du mur, la place des meubles, pour reconstruire et pour nommer la demeure où il se trouvait. Sa mémoire, la mémoire de ses côtes, de ses genoux, de ses épaules, lui présentait successivement plusieurs des chambres où il avait dormi, tandis qu'autour de lui les murs invisibles, changeant de place selon la forme de la pièce imaginée, tourbillonnaient dans les ténèbres. Et avant même que ma pensée, qui hésitait au seuil des temps et des formes, eût identifié le logis en rapprochant les circonstances, lui, – mon corps, – se rappelait pour chacun le genre du lit, la place des portes, la prise de jour des fenêtres, l'existence d'un couloir, avec la pensée que j'avais en m'y endormant et que je retrouvais au réveil. Mon côté ankylosé, cherchant à deviner son orientation, s'imaginait, par exemple, allongé face au mur dans un grand lit à baldaquin, et aussitôt je me disais : « Tiens, j'ai fini par m'endormir quoique maman ne soit pas venue me dire bonsoir », j'étais à la campagne chez mon grand-père, mort depuis bien des années ; et mon corps, le côté sur lequel je me reposais, gardiens fidèles d'un passé que mon esprit n'aurait jamais dû oublier, me rappelaient la flamme de la veilleuse de verre de Bohême, en forme d'urne, suspendue au plafond par des chaînettes, la cheminée en marbre de Sienne, dans ma chambre à coucher de Combray, chez mes grands-parents, en des jours lointains qu'en ce moment je me figurais actuels sans me les représenter exactement, et que je reverrais mieux tout à l'heure quand je serais tout à fait éveillé.

Puis renaissait le souvenir d'une nouvelle attitude ; le mur filait dans une autre direction : j'étais dans ma chambre chez Mme de Saint-Loup, à la campagne. Mon Dieu ! Il est au moins dix heures, on doit avoir fini de dîner ! J'aurai trop prolongé la sieste que je fais tous les soirs en rentrant de ma promenade avec Mme de Saint-Loup, avant d'endosser mon habit. Car bien des années ont passé depuis Combray, où, dans nos retours les plus tardifs, c'était les reflets rouges du couchant que je voyais sur le vitrage de ma fenêtre. C'est un autre genre de vie qu'on mène à Tansonville, chez Mme de Saint-Loup, un autre genre de plaisir que je trouve à ne sortir qu'à la nuit, à suivre au clair de lune ces chemins où je jouais jadis au soleil ; et la chambre où je me serai endormi au lieu de m'habiller pour le dîner, de loin je l'aperçois, quand nous rentrons, traversée par les feux de la lampe, seul phare dans la nuit.

Ces évocations tournoyantes et confuses ne duraient jamais que quelques secondes ; souvent, ma brève incertitude du lieu où je me trouvais ne distinguait pas mieux les unes des autres les diverses suppositions dont elle était faite, que nous n'isolons, en voyant un cheval courir, les positions successives que nous montre le kinétoscope. Mais j'avais revu tantôt l'une, tantôt l'autre, des chambres que j'avais habitées dans ma vie, et je finissais par me les rappeler toutes dans les longues rêveries qui suivaient mon réveil ; chambres d'hiver où quand on est couché, on se blottit la tête dans un nid qu'on se tresse avec les choses les plus disparates : un coin de l'oreiller, le haut des couvertures, un bout de châle, le bord du lit, et un numéro des *Débats roses*, qu'on finit par cimenter ensemble selon la technique des oiseaux en s'y appuyant indéfiniment ; où, par un temps glacial, le plaisir qu'on goûte est de se sentir séparé du dehors (comme l'hirondelle de mer qui a son nid au fond d'un souterrain dans la chaleur de la terre), et où, le feu étant entretenu toute la nuit dans la cheminée, on dort dans un grand manteau d'air chaud et fumeux, traversé des lueurs des tisons qui se rallument, sorte d'impalpable alcôve, de chaude caverne creusée au sein de la chambre même, zone ardente et mobile en ses contours thermiques, aérée de souffles qui nous rafraîchissent la figure et viennent des angles, des parties voisines de la fenêtre ou éloignées du foyer et qui se sont refroidies ; – chambres d'été où l'on aime être uni à la nuit tiède, où le clair de lune appuyé aux volets entr'ouverts, jette jusqu'au pied du lit son échelle enchantée, où on dort presque en plein air, comme la mésange balancée par la brise à la pointe d'un rayon – ; parfois la chambre Louis XVI, si gaie que même le premier soir je n'y avais pas été trop malheureux, et où les colonnettes qui soutenaient légèrement le plafond s'écartaient avec tant de grâce pour montrer et réserver la place du lit ; parfois au contraire celle, petite et si élevée de plafond, creusée en forme de pyramide dans la hauteur de deux étages et partiellement revêtue d'acajou, où, dès la première seconde, j'avais été intoxiqué moralement par l'odeur inconnue du vétiver, convaincu de l'hostilité des rideaux violets et de l'insolente indifférence de la pendule qui jacassait tout haut comme si je n'eusse pas été là ; – où une étrange et impitoyable glace à pieds quadrangulaires barrant obliquement un des angles de la pièce se creusait à vif dans la douce plénitude de mon champ visuel accoutumé un emplacement qui n'y était pas prévu ; – où ma pensée, s'efforçant pendant des heures de se disloquer, de s'étirer en hauteur pour prendre exactement la forme de la chambre et arriver à remplir jusqu'en haut son gigantesque entonnoir, avait souffert bien de dures nuits, tandis que j'étais étendu dans mon lit, les yeux levés, l'oreille anxieuse, la narine rétive, le cœur battant ; jusqu'à ce que l'habitude eût changé la couleur des rideaux, fait taire la pendule, enseigné la pitié à la glace oblique et cruelle, dissimulé, sinon chassé complètement, l'odeur du vétiver et notablement diminué la hauteur apparente du plafond. L'habitude ! aménageuse habile mais bien lente, et qui commence par laisser souffrir notre esprit pendant des semaines dans une installation provisoire ; mais que malgré tout il est bien heureux de trouver, car sans l'habitude et réduit à ses seuls moyens, il serait impuissant à nous rendre un logis habitable.

Certes, j'étais bien éveillé maintenant : mon corps avait viré une dernière fois et le bon ange de la certitude avait tout arrêté autour de moi, m'avait couché sous mes couvertures, dans ma chambre, et avait mis approximativement à leur place dans l'obscurité ma commode, mon bureau, ma cheminée, la fenêtre sur la rue et les deux portes. Mais j'avais beau savoir que je n'étais pas dans les demeures dont l'ignorance du réveil m'avait en un instant sinon présenté l'image distincte, du moins fait croire la présence possible, le branle était donné à ma mémoire ; généralement je ne cherchais pas à me rendormir tout de suite ; je passais la plus grande partie de la nuit à me rappeler notre vie d'autrefois, à Combray chez ma grand'tante, à Balbec, à Paris, à Doncières, à Venise, ailleurs encore, à me rappeler les lieux, les personnes que j'y avais connues, ce que j'avais vu d'elles, ce qu'on m'en avait raconté.

À Combray, tous les jours dès la fin de l'après-midi, longtemps avant le moment où il faudrait me mettre au lit et rester, sans dormir, loin de ma mère et de ma grand'mère, ma chambre à coucher redevenait le point fixe et douloureux de mes préoccupations. On avait bien inventé, pour me distraire les soirs où on me trouvait l'air trop malheureux, de me donner une lanterne magique, dont, en attendant l'heure du dîner, on coiffait ma lampe ; et, à l'instar des premiers architectes et maîtres verriers de l'âge gothique, elle substituait à l'opacité des murs d'impalpables irisations, de surnaturelles apparitions multicolores, où des légendes étaient dépeintes comme dans un vitrail vacillant et momentané. Mais ma tristesse n'en était qu'accrue, parce que rien que le changement d'éclairage détruisait l'habitude que j'avais de ma chambre et grâce à quoi, sauf le supplice du coucher, elle m'était devenue supportable. Maintenant je ne la reconnaissais plus et j'y étais inquiet, comme dans une chambre d'hôtel ou de « chalet», où je fusse arrivé pour la première fois en descendant de chemin de fer.

Au pas saccadé de son cheval, Golo, plein d'un affreux dessein, sortait de la petite forêt triangulaire qui veloutait d'un vert sombre la pente d'une colline, et s'avançait en tressautant vers le château de la pauvre Geneviève de Brabant. Ce château était coupé selon une ligne courbe qui n'était guère que la limite d'un des ovales de verre ménagés dans le châssis qu'on glissait entre les coulisses de la lanterne. Ce n'était qu'un pan de château, et il avait devant lui une lande où rêvait Geneviève qui portait une ceinture bleue. Le château et la lande étaient jaunes, et je n'avais pas attendu de les voir pour connaître leur couleur, car, avant les verres du châssis, la sonorité mordorée du nom de Brabant me l'avait montrée avec évidence. Golo s'arrêtait un instant pour écouter avec tristesse le boniment lu à haute voix par ma grand'tante et qu'il avait l'air de comprendre parfaitement, conformant son attitude, avec une docilité qui n'excluait pas une certaine majesté, aux indications du texte ; puis il s'éloignait du même pas saccadé. Et rien ne pouvait arrêter sa lente chevauchée. Si on bougeait la lanterne, je distinguais le cheval de Golo qui continuait à s'avancer sur les rideaux de la fenêtre, se bombant de leurs plis, descendant dans leurs fentes. Le corps de Golo lui-même, d'une essence aussi surnaturelle que celui de sa monture, s'arrangeait de tout obstacle matériel, de tout objet gênant qu'il rencontrait en le prenant comme ossature et en se le rendant intérieur, fût-ce le bouton de la porte sur lequel s'adaptait aussitôt et surnageait invinciblement sa robe rouge ou sa figure pâle toujours aussi noble et aussi mélancolique, mais qui ne laissait paraître aucun trouble de cette transvertébration.

Certes je leur trouvais du charme à ces brillantes projections qui semblaient émaner d'un passé mérovingien et promenaient autour de moi des reflets d'histoire si anciens. Mais je ne peux dire quel malaise me causait pourtant cette intrusion du mystère et de la beauté dans une chambre que j'avais fini par remplir de mon moi au point de ne pas faire plus attention à elle qu'à lui-même. L'influence anesthésiante de l'habitude ayant cessé, je me mettais à penser, à sentir, choses si tristes. Ce bouton de la porte de ma chambre, qui différait pour moi de tous les autres boutons de porte du monde en ceci qu'il semblait ouvrir tout seul, sans que j'eusse besoin de le tourner, tant le maniement m'en était devenu inconscient, le voilà qui servait maintenant de corps astral à Golo. Et dès qu'on sonnait le dîner, j'avais hâte de courir à la salle à manger, où la grosse lampe de la suspension, ignorante de Golo et de Barbe-Bleue, et qui connaissait mes parents et le bœuf à la casserole, donnait sa lumière de tous les soirs, et de tomber dans les bras de maman que les malheurs de Geneviève de Brabant me rendaient plus chère, tandis que les crimes de Golo me faisaient examiner ma propre conscience avec plus de scrupules.

Après le dîner, hélas, j'étais bientôt obligé de quitter maman qui restait à causer avec les autres, au jardin s'il faisait beau, dans le petit salon où tout le monde se retirait s'il faisait mauvais. Tout le monde, sauf ma grand'mère qui trouvait que « c'est une pitié de rester enfermé à la campagne » et qui avait d'incessantes discussions avec mon père, les jours de trop grande pluie, parce qu'il m'envoyait lire dans ma chambre au lieu de rester dehors. « Ce n'est pas comme cela que vous le rendrez robuste et énergique, disait-elle tristement, surtout ce petit qui a tant besoin de prendre des forces et de la volonté. » Mon père haussait les épaules et il examinait le baromètre, car il aimait la météorologie, pendant que ma mère, évitant de faire du bruit pour ne pas le troubler, le regardait avec un respect attendri, mais pas trop fixement pour ne pas chercher à percer le mystère de ses supériorités. Mais ma grand'mère, elle, par tous les temps, même quand la pluie faisait rage et que Françoise avait précipitamment rentré les précieux fauteuils d'osier de peur qu'ils ne fussent mouillés, on la voyait dans le jardin vide et fouetté par l'averse, relevant ses mèches désordonnées et grises pour que son front s'imbibât mieux de la salubrité du vent et de la pluie. Elle disait : « Enfin, on respire ! » et parcourait les allées détrempées – trop symétriquement alignées à son gré par le nouveau jardinier dépourvu du sentiment de la nature et auquel mon père avait demandé depuis le matin si le temps s'arrangerait – de son petit pas enthousiaste et saccadé, réglé sur les mouvements divers qu'excitaient dans son âme l'ivresse de l'orage, la puissance de l'hygiène, la stupidité de mon éducation et la symétrie des jardins, plutôt que sur le désir inconnu d'elle d'éviter à sa jupe prune les taches de boue sous lesquelles elle disparaissait jusqu'à une hauteur qui était toujours pour sa femme de chambre un désespoir et un problème.

Quand ces tours de jardin de ma grand'mère avaient lieu après dîner, une chose avait le pouvoir de la faire rentrer : c'était, à un des moments où la révolution de sa promenade la ramenait périodiquement, comme un insecte, en face des lumières du petit salon où les liqueurs étaient servies sur la table à jeu – si ma grand'tante lui criait : « Bathilde ! viens donc empêcher ton mari de boire du cognac ! » Pour la taquiner, en effet (elle avait apporté dans la famille de mon père un esprit si différent que tout le monde la plaisantait et la tourmentait), comme les liqueurs étaient défendues à mon grand-père, ma grand'tante lui en faisait boire quelques gouttes. Ma pauvre grand'mère entrait, priait ardemment son mari de ne pas goûter au cognac ; il se fâchait, buvait tout de même sa gorgée, et ma grand'mère repartait, triste, découragée, souriante pourtant, car elle était si humble de cœur et si douce que sa tendresse pour les autres et le peu de cas qu'elle faisait de sa propre personne et de ses souffrances, se conciliaient dans son regard en un sourire où, contrairement à ce qu'on voit dans le visage de beaucoup d'humains, il n'y avait d'ironie que pour elle-même, et pour nous tous comme un baiser de ses yeux qui ne pouvaient voir ceux qu'elle chérissait sans les caresser passionnément du regard. Ce supplice que lui infligeait ma grand'tante, le spectacle des vaines prières de ma grand'mère et de sa faiblesse, vaincue d'avance, essayant inutilement d'ôter à mon grand-père le verre à liqueur, c'était de ces choses à la vue desquelles on s'habitue plus tard jusqu'à les considérer en riant et à prendre le parti du persécuteur assez résolument et gaiement pour se persuader à soi-même qu'il ne s'agit pas de persécution ; elles me causaient alors une telle horreur, que j'aurais aimé battre ma grand'tante. Mais dès que j'entendais : « Bathilde, viens donc empêcher ton mari de boire du cognac ! » déjà homme par la lâcheté, je faisais ce que nous faisons tous, une fois que nous sommes grands, quand il y a devant nous des souffrances et des injustices : je ne voulais pas les voir ; je montais sangloter tout en haut de la maison à côté de la salle d'études, sous les toits, dans une petite pièce sentant l'iris, et que parfumait aussi un cassis sauvage poussé au dehors entre les pierres de la muraille et qui passait une branche de fleurs par la fenêtre entr'ouverte. Destinée à un usage plus spécial et plus vulgaire, cette pièce, d'où l'on voyait pendant le jour jusqu'au donjon de Roussainville-le-Pin, servit longtemps de refuge pour moi, sans doute parce qu'elle était la seule qu'il me fût permis de fermer à clef, à toutes celles de mes occupations qui réclamaient une inviolable solitude : la lecture, la rêverie, les larmes et la volupté. Hélas ! je ne savais pas que, bien plus tristement que les petits écarts de régime de son mari, mon manque de volonté, ma santé délicate, l'incertitude qu'ils projetaient sur mon avenir, préoccupaient ma grand'mère, au cours de ces déambulations incessantes, de l'après-midi et du soir, où on voyait passer et repasser, obliquement levé vers le ciel, son beau visage aux joues brunes et sillonnées, devenues au retour de l'âge presque mauves comme les labours à l'automne, barrées, si elle sortait, par une voilette à demi relevée, et sur lesquelles, amené là par le froid ou quelque triste pensée, était toujours en train de sécher un pleur involontaire.

Ma seule consolation, quand je montais me coucher, était que maman viendrait m'embrasser quand je serais dans mon lit. Mais ce bonsoir durait si peu de temps, elle redescendait si vite, que le moment où je l'entendais monter, puis où passait dans le couloir à double porte le bruit léger de sa robe de jardin en mousseline bleue, à laquelle pendaient de petits cordons de paille tressée, était pour moi un moment douloureux. Il annonçait celui qui allait le suivre, où elle m'aurait quitté, où elle serait redescendue. De sorte que ce bonsoir que j'aimais tant, j'en arrivais à souhaiter qu'il vînt le plus tard possible, à ce que se prolongeât le temps de répit où maman n'était pas encore venue. Quelquefois quand, après m'avoir embrassé, elle ouvrait la porte pour partir, je voulais la rappeler, lui dire « embrasse-moi une fois encore », mais je savais qu'aussitôt elle aurait son visage fâché, car la concession qu'elle faisait à ma tristesse et à mon agitation en montant m'embrasser, en m'apportant ce baiser de paix, agaçait mon père qui trouvait ces rites absurdes, et elle eût voulu tâcher de m'en faire perdre le besoin, l'habitude, bien loin de me laisser prendre celle de lui demander, quand elle était déjà sur le pas de la porte, un baiser de plus. Or la voir fâchée détruisait tout le calme qu'elle m'avait apporté un instant avant, quand elle avait penché vers mon lit sa figure aimante, et me l'avait tendue comme une hostie pour une communion de paix où mes lèvres puiseraient sa présence réelle et le pouvoir de m'endormir. Mais ces soirs-là, où maman en somme restait si peu de temps dans ma chambre, étaient doux encore en comparaison de ceux où il y avait du monde à dîner et où, à cause de cela, elle ne montait pas me dire bonsoir. Le monde se bornait habituellement à M. Swann, qui, en dehors de quelques étrangers de passage, était à peu près la seule personne qui vînt chez nous à Combray, quelquefois pour dîner en voisin (plus rarement depuis qu'il avait fait ce mauvais mariage, parce que mes parents ne voulaient pas recevoir sa femme), quelquefois après le dîner, à l'improviste. Les soirs où, assis devant la maison sous le grand marronnier, autour de la table de fer, nous entendions au bout du jardin, non pas le grelot profus et criard qui arrosait, qui étourdissait au passage de son bruit ferrugineux, intarissable et glacé, toute personne de la maison qui le déclenchait en entrant « sans sonner », mais le double tintement timide, ovale et doré de la clochette pour les étrangers, tout le monde aussitôt se demandait : « Une visite, qui cela peut-il être ? » mais on savait bien que cela ne pouvait être que M. Swann ; ma grand'tante parlant à haute voix, pour prêcher d'exemple, sur un ton qu'elle s'efforçait de rendre naturel, disait de ne pas chuchoter ainsi ; que rien n'est plus désobligeant pour une personne qui arrive et à qui cela fait croire qu'on est en train de dire des choses qu'elle ne doit pas entendre ; et on envoyait en éclaireur ma grand'mère, toujours heureuse d'avoir un prétexte pour faire un tour de jardin de plus, et qui en profitait pour arracher subrepticement au passage quelques tuteurs de rosiers afin de rendre aux roses un peu de naturel, comme une mère qui, pour les faire bouffer, passe la main dans les cheveux de son fils que le coiffeur a trop aplatis.

Nous restions tous suspendus aux nouvelles que ma grand'mère allait nous apporter de l'ennemi, comme si on eût pu hésiter entre un grand nombre possible d'assaillants, et bientôt après mon grand-père disait : « Je reconnais la voix de Swann.» On ne le reconnaissait en effet qu'à la voix, on distinguait mal son visage au nez busqué, aux yeux verts, sous un haut front entouré de cheveux blonds presque roux, coiffés à la Bressant, parce que nous gardions le moins de lumière possible au jardin pour ne pas attirer les moustiques et j'allais, sans en avoir l'air, dire qu'on apportât les sirops ; ma grand'mère attachait beaucoup d'importance, trouvant cela plus aimable, à ce qu'ils n'eussent pas l'air de figurer d'une façon exceptionnelle, et pour les visites seulement. M. Swann, quoique beaucoup plus jeune que lui, était très lié avec mon grand-père qui avait été un des meilleurs amis de son père, homme excellent mais singulier, chez qui, paraît-il, un rien suffisait parfois pour interrompre les élans du cœur, changer le cours de la pensée. J'entendais plusieurs fois par an mon grand-père raconter à table des anecdotes toujours les mêmes sur l'attitude qu'avait eue M. Swann le père, à la mort de sa femme qu'il avait veillée jour et nuit. Mon grand-père qui ne l'avait pas vu depuis longtemps était accouru auprès de lui dans la propriété que les Swann possédaient aux environs de Combray, et avait réussi, pour qu'il n'assistât pas à la mise en bière, à lui faire quitter un moment, tout en pleurs, la chambre mortuaire. Ils firent quelques pas dans le parc où il y avait un peu de soleil. Tout d'un coup, M. Swann prenant mon grand-père par le bras, s'était écrié : « Ah ! mon vieil ami, quel bonheur de se promener ensemble par ce beau temps. Vous ne trouvez pas ça joli tous ces arbres, ces aubépines et mon étang dont vous ne m'avez jamais félicité ? Vous avez l'air comme un bonnet de nuit. Sentez-vous ce petit vent ? Ah ! on a beau dire, la vie a du bon tout de même, mon cher Amédée !» Brusquement le souvenir de sa femme morte lui revint, et trouvant sans doute trop compliqué de chercher comment il avait pu à un pareil moment se laisser aller à un mouvement de joie, il se contenta, par un geste qui lui était familier chaque fois qu'une question ardue se présentait à son esprit, de passer la main sur son front, d'essuyer ses yeux et les verres de son lorgnon. Il ne put pourtant pas se consoler de la mort de sa femme, mais pendant les deux années qu'il lui survécut, il disait à mon grand-père : « C'est drôle, je pense très souvent à ma pauvre femme, mais je ne peux y penser beaucoup à la fois. » « Souvent, mais peu à la fois, comme le pauvre père Swann », était devenu une des phrases favorites de mon grand-père qui la prononçait à propos des choses les plus différentes. Il m'aurait paru que ce père de Swann était un monstre, si mon grand-père que je considérais comme meilleur juge et dont la sentence, faisant jurisprudence pour moi, m'a souvent servi dans la suite à absoudre des fautes que j'aurais été enclin à condamner, ne s'était récrié : « Mais comment ? c'était un cœur d'or ! »

Pendant bien des années, où pourtant, surtout avant son mariage, M. Swann, le fils, vint souvent les voir à Combray, ma grand'tante et mes grands-parents ne soupçonnèrent pas qu'il ne vivait plus du tout dans la société qu'avait fréquentée sa famille et que sous l'espèce d'incognito que lui faisait chez nous ce nom de Swann, ils hébergeaient – avec la parfaite innocence d'honnêtes hôteliers qui ont chez eux, sans le savoir, un célèbre brigand – un des membres les plus élégants du Jockey-Club, ami préféré du comte de Paris et du prince de Galles, un des hommes les plus choyés de la haute société du faubourg Saint-Germain.

L'ignorance où nous étions de cette brillante vie mondaine que menait Swann tenait évidemment en partie à la réserve et à la discrétion de son caractère, mais aussi à ce que les bourgeois d'alors se faisaient de la société une idée un peu hindoue et la considéraient comme composée de castes fermées où chacun, dès sa naissance, se trouvait placé dans le rang qu'occupaient ses parents, et d'où rien, à moins des hasards d'une carrière exceptionnelle ou d'un mariage inespéré, ne pouvait vous tirer pour vous faire pénétrer dans une caste supérieure. M. Swann, le père, était agent de change ; le « fils Swann » se trouvait faire partie pour toute sa vie d'une caste où les fortunes, comme dans une catégorie de contribuables, variaient entre tel et tel revenu. On savait quelles avaient été les fréquentations de son père, on savait donc quelles étaient les siennes, avec quelles personnes il était « en situation » de frayer. S'il en connaissait d'autres, c'étaient relations de jeune homme sur lesquelles des amis anciens de sa famille, comme étaient mes parents, fermaient d'autant plus bienveillamment les yeux qu'il continuait, depuis qu'il était orphelin, à venir très fidèlement nous voir ; mais il y avait fort à parier que ces gens inconnus de nous qu'il voyait, étaient de ceux qu'il n'aurait pas osé saluer si, étant avec nous, il les avait rencontrés. Si l'on avait voulu à toute force appliquer à Swann un coefficient social qui lui fût personnel, entre les autres fils d'agents de situation égale à celle de ses parents, ce coefficient eût été pour lui un peu inférieur parce que, très simple de façons et ayant toujours eu une « toquade » d'objets anciens et de peinture, il demeurait maintenant dans un vieil hôtel où il entassait ses collections et que ma grand'mère rêvait de visiter, mais qui était situé quai d'Orléans, quartier que ma grand'tante trouvait infamant d'habiter. « Êtes-vous seulement connaisseur ? Je vous demande cela dans votre intérêt, parce que vous devez vous faire repasser des croûtes par les marchands », lui disait ma grand'tante ; elle ne lui supposait en effet aucune compétence et n'avait pas haute idée, même au point de vue intellectuel, d'un homme qui dans la conversation, évitait les sujets sérieux et montrait une précision fort prosaïque, non seulement quand il nous donnait, en entrant dans les moindres détails, des recettes de cuisine, mais même quand les sœurs de ma grand'mère parlaient de sujets artistiques. Provoqué par elles à donner son avis, à exprimer son admiration pour un tableau, il gardait un silence presque désobligeant, et se rattrapait en revanche s'il pouvait fournir sur le musée où il se trouvait, sur la date où il avait été peint, un renseignement matériel. Mais d'habitude il se contentait de chercher à nous amuser en racontant chaque fois une histoire nouvelle qui venait de lui arriver avec des gens choisis parmi ceux que nous connaissions, avec le pharmacien de Combray, avec notre cuisinière, avec notre cocher. Certes ces récits faisaient rire ma grand'tante, mais sans qu'elle distinguât bien si c'était à cause du rôle ridicule que s'y donnait toujours Swann ou de l'esprit qu'il mettait à les conter : « On peut dire que vous êtes un vrai type, monsieur Swann ! » Comme elle était la seule personne un peu vulgaire de notre famille, elle avait soin de faire remarquer aux étrangers, quand on parlait de Swann, qu'il aurait pu, s'il avait voulu, habiter boulevard Haussmann ou avenue de l'Opéra, qu'il était le fils de M. Swann qui avait dû lui laisser quatre ou cinq millions, mais que c'était sa fantaisie. Fantaisie qu'elle jugeait du reste devoir être si divertissante pour les autres, qu'à Paris, quand M. Swann venait le 1er janvier lui apporter son sac de marrons glacés, elle ne manquait pas, s'il y avait du monde, de lui dire : « Eh bien ! M. Swann, vous habitez toujours près de l'Entrepôt des vins, pour être sûr de ne pas manquer le train quand vous prenez le chemin de Lyon ? » Et elle regardait du coin de l'œil, par-dessus son lorgnon, les autres visiteurs.

Mais si l'on avait dit à ma grand'mère que ce Swann qui en tant que fils Swann était parfaitement « qualifié » pour être reçu par toute la « belle bourgeoisie », par les notaires ou les avoués les plus estimés de Paris (privilège qu'il semblait laisser tomber en peu en quenouille), avait, comme en cachette, une vie toute différente ; qu'en sortant de chez nous, à Paris, après nous avoir dit qu'il rentrait se coucher, il rebroussait chemin à peine la rue tournée et se rendait dans tel salon que jamais l'œil d'aucun agent ou associé d'agent ne contempla, cela eût paru aussi extraordinaire à ma tante qu'aurait pu l'être pour une dame plus lettrée la pensée d'être personnellement liée avec Aristée dont elle aurait compris qu'il allait, après avoir causé avec elle, plonger au sein des royaumes de Thétis, dans un empire soustrait aux yeux des mortels, et où Virgile nous le montre reçu à bras ouverts ; ou, pour s'en tenir à une image qui avait plus de chance de lui venir à l'esprit, car elle l'avait vue peinte sur nos assiettes à petits fours de Combray, d'avoir eu à dîner Ali-Baba, lequel quand il se saura seul, pénétrera dans la caverne, éblouissante de trésors insoupçonnés.

Un jour qu'il était venu nous voir à Paris, après dîner, en s'excusant d'être en habit, Françoise ayant, après son départ, dit tenir du cocher qu'il avait dîné « chez une princesse », – « Oui, chez une princesse du demi-monde ! » avait répondu ma tante en haussant les épaules sans lever les yeux de sur son tricot, avec une ironie sereine.

Aussi, ma grand'tante en usait-elle cavalièrement avec lui. Comme elle croyait qu'il devait être flatté par nos invitations, elle trouvait tout naturel qu'il ne vînt pas nous voir l'été sans avoir à la main un panier de pêches ou de framboises de son jardin, et que de chacun de ses voyages d'Italie il m'eût rapporté des photographies de chefs-d'œuvre.

On ne se gênait guère pour l'envoyer quérir dès qu'on avait besoin d'une recette de sauce gribiche ou de salade à l'ananas pour de grands dîners où on ne l'invitait pas, ne lui trouvant pas un prestige suffisant pour qu'on pût le servir à des étrangers qui venaient pour la première fois. Si la conversation tombait sur les princes de la Maison de France : « des gens que nous ne connaîtrons jamais ni vous ni moi et nous nous en passons, n'est-ce pas », disait ma grand'tante à Swann qui avait peut-être dans sa poche une lettre de Twickenham ; elle lui faisait pousser le piano et tourner les pages les soirs où la sœur de ma grand'mère chantait, ayant, pour manier cet être ailleurs si recherché, la naïve brusquerie d'un enfant qui joue avec un bibelot de collection sans plus de précautions qu'avec un objet bon marché. Sans doute le Swann que connurent à la même époque tant de clubmen était bien différent de celui que créait ma grand'tante, quand le soir, dans le petit jardin de Combray, après qu'avaient retenti les deux coups hésitants de la clochette, elle injectait et vivifiait de tout ce qu'elle savait sur la famille Swann l'obscur et incertain personnage qui se détachait, suivi de ma grand'mère, sur un fond de ténèbres, et qu'on reconnaissait à la voix. Mais même au point de vue des plus insignifiantes choses de la vie, nous ne sommes pas un tout matériellement constitué, identique pour tout le monde et dont chacun n'a qu'à aller prendre connaissance comme d'un cahier des charges ou d'un testament ; notre personnalité sociale est une création de la pensée des autres. Même l'acte si simple que nous appelons « voir une personne que nous connaissons » est en partie un acte intellectuel. Nous remplissons l'apparence physique de l'être que nous voyons de toutes les notions que nous avons sur lui, et dans l'aspect total que nous nous représentons, ces notions ont certainement la plus grande part. Elles finissent par gonfler si parfaitement les joues, par suivre en une adhérence si exacte la ligne du nez, elles se mêlent si bien de nuancer la sonorité de la voix comme si celle-ci n'était qu'une transparente enveloppe, que chaque fois que nous voyons ce visage et que nous entendons cette voix, ce sont ces notions que nous retrouvons, que nous écoutons. Sans doute, dans le Swann qu'ils s'étaient constitué, mes parents avaient omis par ignorance de faire entrer une foule de particularités de sa vie mondaine qui étaient cause que d'autres personnes, quand elles étaient en sa présence, voyaient les élégances régner dans son visage et s'arrêter à son nez busqué comme à leur frontière naturelle ; mais aussi ils avaient pu entasser dans ce visage désaffecté de son prestige, vacant et spacieux, au fond de ces yeux dépréciés, le vague et doux résidu – mi-mémoire, mi-oubli – des heures oisives passées ensemble après nos dîners hebdomadaires, autour de la table de jeu ou au jardin, durant notre vie de bon voisinage campagnard. L'enveloppe corporelle de notre ami en avait été si bien bourrée, ainsi que de quelques souvenirs relatifs à ses parents, que ce Swann-là était devenu un être complet et vivant, et que j'ai l'impression de quitter une personne pour aller vers une autre qui en est distincte, quand, dans ma mémoire, du Swann que j'ai connu plus tard avec exactitude, je passe à ce premier Swann – à ce premier Swann dans lequel je retrouve les erreurs charmantes de ma jeunesse, et qui d'ailleurs ressemble moins à l'autre qu'aux personnes que j'ai connues à la même époque, comme s'il en était de notre vie ainsi que d'un musée où tous les portraits d'un même temps ont un air de famille, une même tonalité – à ce premier Swann rempli de loisir, parfumé par l'odeur du grand marronnier, des paniers de framboises et d'un brin d'estragon.

Pourtant un jour que ma grand'mère était allée demander un service à une dame qu'elle avait connue au Sacré-Cœur (et avec laquelle, à cause de notre conception des castes, elle n'avait pas voulu rester en relations, malgré une sympathie réciproque), la marquise de Villeparisis, de la célèbre famille de Bouillon, celle-ci lui avait dit : « Je crois que vous connaissez beaucoup M. Swann qui est un grand ami de mes neveux des Laumes ». Ma grand'mère était revenue de sa visite enthousiasmée par la maison qui donnait sur des jardins et où Mme de Villeparisis lui conseillait de louer, et aussi par un giletier et sa fille, qui avaient leur boutique dans la cour et chez qui elle était entrée demander qu'on fît un point à sa jupe qu'elle avait déchirée dans l'escalier. Ma grand'mère avait trouvé ces gens parfaits, elle déclarait que la petite était une perle et que le giletier était l'homme le plus distingué, le mieux qu'elle eût jamais vu. Car pour elle, la distinction était quelque chose d'absolument indépendant du rang social. Elle s'extasiait sur une réponse que le giletier lui avait faite, disant à maman : « Sévigné n'aurait pas mieux dit ! » et, en revanche, d'un neveu de Mme de Villeparisis qu'elle avait rencontré chez elle : « Ah ! ma fille, comme il est commun ! »

Or le propos relatif à Swann avait eu pour effet, non pas de relever celui-ci dans l'esprit de ma grand'tante, mais d'y abaisser Mme de Villeparisis. Il semblait que la considération que, sur la foi de ma grand'mère, nous accordions à Mme de Villeparisis, lui créât un devoir de ne rien faire qui l'en rendît moins digne et auquel elle avait manqué en apprenant l'existence de Swann, en permettant à des parents à elle de le fréquenter. « Comment ! elle connaît Swann ? Pour une personne que tu prétendais parente du maréchal de Mac-Mahon ! » Cette opinion de mes parents sur les relations de Swann leur parut ensuite confirmée par son mariage avec une femme de la pire société, presque une cocotte que, d'ailleurs, il ne chercha jamais à présenter, continuant à venir seul chez nous, quoique de moins en moins, mais d'après laquelle ils crurent pouvoir juger – supposant que c'était là qu'il l'avait prise – le milieu, inconnu d'eux, qu'il fréquentait habituellement.

Mais une fois, mon grand-père lut dans son journal que M. Swann était un des plus fidèles habitués des déjeuners du dimanche chez le duc de X..., dont le père et l'oncle avaient été les hommes d'État les plus en vue du règne de Louis-Philippe. Or mon grand-père était curieux de tous les petits faits qui pouvaient l'aider à entrer par la pensée dans la vie privée d'hommes comme Molé, comme le duc Pasquier, comme le duc de Broglie. Il fut enchanté d'apprendre que Swann fréquentait des gens qui les avaient connus. Ma grand'tante au contraire interpréta cette nouvelle dans un sens défavorable à Swann : quelqu'un qui choisissait ses fréquentations en dehors de la caste où il était né, en dehors de sa « classe » sociale, subissait à ses yeux un fâcheux déclassement. Il lui semblait qu'on renonçât d'un coup au fruit de toutes les belles relations avec des gens bien posés, qu'avaient honorablement entretenues et engrangées pour leurs enfants les familles prévoyantes (ma grand'tante avait même cessé de voir le fils d'un notaire de nos amis parce qu'il avait épousé une altesse et était par là descendu pour elle du rang respecté de fils de notaire à celui d'un de ces aventuriers, anciens valets de chambre ou garçons d'écurie, pour qui on raconte que les reines eurent parfois des bontés). Elle blâma le projet qu'avait mon grand-père d'interroger Swann, le soir prochain où il devait venir dîner, sur ces amis que nous lui découvrions. D'autre part les deux sœurs de ma grand'mère, vieilles filles qui avaient sa noble nature, mais non son esprit, déclarèrent ne pas comprendre le plaisir que leur beau-frère pouvait trouver à parler de niaiseries pareilles. C'étaient des personnes d'aspirations élevées et qui à cause de cela même étaient incapables de s'intéresser à ce qu'on appelle un potin, eût-il même un intérêt historique, et d'une façon générale à tout ce qui ne se rattachait pas directement à un objet esthétique ou vertueux. Le désintéressement de leur pensée était tel, à l'égard de tout ce qui, de près ou de loin semblait se rattacher à la vie mondaine, que leur sens auditif, – ayant fini par comprendre son inutilité momentanée dès qu'à dîner la conversation prenait un ton frivole ou seulement terre à terre sans que ces deux vieilles demoiselles aient pu la ramener aux sujets qui leur étaient chers, – mettait alors au repos ses organes récepteurs et leur laissait subir un véritable commencement d'atrophie. Si alors mon grand-père avait besoin d'attirer l'attention des deux sœurs, il fallait qu'il eût recours à ces avertissements physiques dont usent les médecins aliénistes à l'égard de certains maniaques de la distraction : coups frappés à plusieurs reprises sur un verre avec la lame d'un couteau, coïncidant avec une brusque interpellation de la voix et du regard, moyens violents que ces psychiatres transportent souvent dans les rapports courants avec des gens bien portants, soit par habitude professionnelle, soit qu'ils croient tout le monde un peu fou.

Elles furent plus intéressées quand la veille du jour où Swann devait venir dîner, et leur avait personnellement envoyé une caisse de vin d'Asti, ma tante, tenant un numéro du *Figaro* où à côté du nom d'un tableau qui était à une Exposition de Corot, il y avait ces mots : « de la collection de M. Charles Swann », nous dit : « Vous avez vu que Swann a « les honneurs » du *Figaro ?* » – « Mais je vous ai toujours dit qu'il avait beaucoup de goût », dit ma grand'mère. – « Naturellement toi, du moment qu'il s'agit d'être d'un autre avis que nous », répondit ma grand'tante qui, sachant que ma grand'mère n'était jamais du même avis qu'elle, et n'étant pas bien sûre que ce fût à elle-même que nous donnions toujours raison, voulait nous arracher une condamnation en bloc des opinions de ma grand'mère contre lesquelles elle tâchait de nous solidariser de force avec les siennes. Mais nous restâmes silencieux. Les sœurs de ma grand'mère ayant manifesté l'intention de parler à Swann de ce mot du *Figaro*, ma grand'tante le leur déconseilla. Chaque fois qu'elle voyait aux autres un avantage si petit fût-il qu'elle n'avait pas, elle se persuadait que c'était non un avantage mais un mal et elle les plaignait pour ne pas avoir à les envier. « Je crois que vous ne lui feriez pas plaisir ; moi je sais bien que cela me serait très désagréable de voir mon nom imprimé tout vif comme cela dans le journal, et je ne serais pas flattée du tout qu'on m'en parlât. » Elle ne s'entêta pas d'ailleurs à persuader les sœurs de ma grand'mère ; car celles-ci par horreur de la vulgarité poussaient si loin l'art de dissimuler sous des périphrases ingénieuses une allusion personnelle, qu'elle passait souvent inaperçue de celui même à qui elle s'adressait. Quant à ma mère, elle ne pensait qu'à tâcher d'obtenir de mon père qu'il consentît à parler à Swann non de sa femme, mais de sa fille qu'il adorait et à cause de laquelle, disait-on, il avait fini par faire ce mariage. « Tu pourrais ne lui dire qu'un mot, lui demander comment elle va. Cela doit être si cruel pour lui. » Mais mon père se fâchait : « Mais non ! tu as des idées absurdes. Ce serait ridicule. »

Mais le seul d'entre nous pour qui la venue de Swann devint l'objet d'une préoccupation douloureuse, ce fut moi. C'est que les soirs où des étrangers, ou seulement M. Swann, étaient là, maman ne montait pas dans ma chambre. Je dînais avant tout le monde et je venais ensuite m'asseoir à table, jusqu'à huit heures où il était convenu que je devais monter ; ce baiser précieux et fragile que maman me confiait d'habitude dans mon lit au moment de m'endormir, il me fallait le transporter de la salle à manger dans ma chambre et le garder pendant tout le temps que je me déshabillais, sans que se brisât sa douceur, sans que se répandît et s'évaporât sa vertu volatile et, justement ces soirs-là où j'aurais eu besoin de le recevoir avec plus de précaution, il fallait que je le prisse, que je dérobasse brusquement, publiquement, sans même avoir le temps et la liberté d'esprit nécessaires pour porter à ce que je faisais cette attention des maniaques qui s'efforcent de ne pas penser à autre chose pendant qu'ils ferment une porte, pour pouvoir, quand l'incertitude maladive leur revient, lui opposer victorieusement le souvenir du moment où ils l'ont fermée. Nous étions tous au jardin quand retentirent les deux coups hésitants de la clochette. On savait que c'était Swann ; néanmoins tout le monde se regarda d'un air interrogateur et on envoya ma grand'mère en reconnaissance. « Pensez à le remercier intelligiblement de son vin, vous savez qu'il est délicieux et la caisse est énorme », recommanda mon grand-père à ses deux belles-sœurs. « Ne commencez pas à chuchoter, dit ma grand'tante. Comme c'est confortable d'arriver dans une maison où tout le monde parle bas. » – « Ah ! voilà M. Swann. Nous allons lui demander s'il croit qu'il fera beau demain », dit mon père. Ma mère pensait qu'un mot d'elle effacerait toute la peine que dans notre famille on avait pu faire à Swann depuis son mariage. Elle trouva le moyen de l'emmener un peu à l'écart. Mais je la suivis ; je ne pouvais me décider à la quitter d'un pas en pensant que tout à l'heure il faudrait que je la laisse dans la salle à manger et que je remonte dans ma chambre sans avoir comme les autres soirs la consolation qu'elle vînt m'embrasser. « Voyons, monsieur Swann, lui dit-elle, parlez-moi un peu de votre fille ; je suis sûre qu'elle a déjà le goût des belles œuvres comme son papa. » – « Mais venez donc vous asseoir avec nous tous sous la véranda », dit mon grand-père en s'approchant. Ma mère fut obligée de s'interrompre, mais elle tira de cette contrainte même une pensée délicate de plus, comme les bons poètes que la tyrannie de la rime force à trouver leurs plus grandes beautés : « Nous reparlerons d'elle quand nous serons tous les deux, dit-elle à mi-voix à Swann. Il n'y a qu'une maman qui soit digne de vous comprendre. Je suis sûre que la sienne serait de mon avis. » Nous nous assîmes tous autour de la table de fer. J'aurais voulu ne pas penser aux heures d'angoisse que je passerais ce soir seul dans ma chambre sans pouvoir m'endormir ; je tâchais de me persuader qu'elles n'avaient aucune importance, puisque je les aurais oubliées demain matin, de m'attacher à des idées d'avenir qui auraient dû me conduire comme sur un pont au delà de l'abîme prochain qui m'effrayait. Mais mon esprit tendu par ma préoccupation, rendu convexe comme le regard que je dardais sur ma mère, ne se laissait pénétrer par aucune impression étrangère. Les pensées entraient bien en lui, mais à condition de laisser dehors tout élément de beauté ou simplement de drôlerie qui m'eût touché ou distrait. Comme un malade grâce à un anesthésique assiste avec une pleine lucidité à l'opération qu'on pratique sur lui, mais sans rien sentir, je pouvais me réciter des vers que j'aimais ou observer les efforts que mon grand-père faisait pour parler à Swann du duc d'Audiffret-Pasquier, sans que les premiers me fissent éprouver aucune émotion, les seconds aucune gaîté. Ces efforts furent infructueux. À peine mon grand-père eut-il posé à Swann une question relative à cet orateur qu'une des sœurs de ma grand'mère aux oreilles de qui cette question résonna comme un silence profond mais intempestif et qu'il était poli de rompre, interpella l'autre : « Imagine-toi, Céline, que j'ai fait la connaissance d'une jeune institutrice suédoise qui m'a donné sur les coopératives dans les pays scandinaves des détails tout ce qu'il y a de plus intéressants. Il faudra qu'elle vienne dîner ici un soir. » – « Je crois bien ! répondit sa sœur Flora, mais je n'ai pas perdu mon temps non plus. J'ai rencontré chez M. Vinteuil un vieux savant qui connaît beaucoup Maubant, et à qui Maubant a expliqué dans le plus grand détail comment il s'y prend pour composer un rôle. C'est tout ce qu'il y a de plus intéressant. C'est un voisin de M. Vinteuil, je n'en savais rien ; et il est très aimable. » – « Il n'y a pas que M. Vinteuil qui ait des voisins aimables », s'écria ma tante

Céline d'une voix que la timidité rendait forte et la préméditation, factice, tout en jetant sur Swann ce qu'elle appelait un regard significatif. En même temps ma tante Flora qui avait compris que cette phrase était le remerciement de Céline pour le vin d'Asti, regardait également Swann avec un air mêlé de congratulation et d'ironie, soit simplement pour souligner le trait d'esprit de sa sœur, soit qu'elle enviât Swann de l'avoir inspiré, soit qu'elle ne pût s'empêcher de se moquer de lui parce qu'elle le croyait sur la sellette. « Je crois qu'on pourra réussir à avoir ce monsieur à dîner, continua Flora ; quand on le met sur Maubant ou sur Mme Materna, il parle des heures sans s'arrêter. » – « Ce doit être délicieux », soupira mon grand-père dans l'esprit de qui la nature avait malheureusement aussi complètement omis d'inclure la possibilité de s'intéresser passionnément aux coopératives suédoises ou à la composition des rôles de Maubant, qu'elle avait oublié de fournir celui des sœurs de ma grand'mère du petit grain de sel qu'il faut ajouter soi-même, pour y trouver quelque saveur, à un récit sur la vie intime de Molé ou du comte de Paris. « Tenez, dit Swann à mon grand-père, ce que je vais vous dire a plus de rapports que cela n'en a l'air avec ce que vous me demandiez, car sur certains points les choses n'ont pas énormément changé. Je relisais ce matin dans Saint-Simon quelque chose qui vous aurait amusé. C'est dans le volume sur son ambassade d'Espagne ; ce n'est pas un des meilleurs, ce n'est guère qu'un journal merveilleusement écrit, ce qui fait déjà une première différence avec les assommants journaux que nous nous croyons obligés de lire matin et soir. » – « Je ne suis pas de votre avis, il y a des jours où la lecture des journaux me semble fort agréable... », interrompit ma tante Flora, pour montrer qu'elle avait lu la phrase sur le Corot de Swann dans le *Figaro*. « Quand ils parlent de choses ou de gens qui nous intéressent ! » enchérit ma tante Céline. « Je ne dis pas non, répondit Swann étonné. Ce que je reproche aux journaux, c'est de nous faire faire attention tous les jours à des choses insignifiantes tandis que nous lisons trois ou quatre fois dans notre vie les livres où il y a des choses essentielles. Du moment que nous déchirons fiévreusement chaque matin la bande du journal, alors on devrait changer les choses et mettre dans le journal, moi je ne sais pas, les... Pensées de Pascal ! (il détacha ce mot d'un ton d'emphase ironique pour ne pas avoir l'air pédant). Et c'est dans le volume doré sur tranches que nous n'ouvrons qu'une fois tous les dix ans, ajouta-t-il en témoignant pour les choses mondaines ce dédain qu'affectent certains hommes du monde, que nous lirions que la reine de Grèce est allée à Cannes ou que la princesse de Léon a donné un bal costumé. Comme cela la juste proportion serait rétablie. » Mais regrettant de s'être laissé aller à parler même légèrement de choses sérieuses : « Nous avons une bien belle conversation, dit-il ironiquement, je ne sais pas pourquoi nous abordons ces « sommets », et se tournant vers mon grand-père : « Donc Saint-Simon raconte que Maulevrier avait eu l'audace de tendre la main à ses fils. Vous savez, c'est ce Maulevrier dont il dit : « Jamais je ne vis dans cette épaisse bouteille que de l'humeur, de la grossièreté et des sottises. » – « Épaisses ou non, je connais des bouteilles où il y a tout autre chose », dit vivement Flora, qui tenait à avoir remercié Swann elle aussi, car le présent de vin d'Asti s'adressait aux deux. Céline se mit à rire. Swann interloqué reprit : « Je ne sais si ce fut ignorance ou panneau, écrit Saint-Simon, il voulut donner la main à mes enfants. Je m'en aperçus assez tôt pour l'en empêcher. » Mon grand-père s'extasiait déjà sur « ignorance ou panneau », mais Mlle Céline, chez qui le nom de Saint-Simon – un littérateur – avait empêché l'anesthésie complète des facultés auditives, s'indignait déjà : « Comment ? vous admirez cela ? Eh bien ! c'est du joli ! Mais qu'est-ce que cela peut vouloir dire ; est-ce qu'un homme n'est pas autant qu'un autre ? Qu'est-ce que cela peut faire qu'il soit duc ou cocher s'il a de l'intelligence et du cœur ? Il avait une belle manière d'élever ses enfants, votre Saint-Simon, s'il ne leur disait pas de donner la main à tous les honnêtes gens. Mais c'est abominable, tout simplement. Et vous osez citer cela ? » Et mon grand-père navré, sentant l'impossibilité, devant cette obstruction, de chercher à faire raconter à Swann les histoires qui l'eussent amusé, disait à voix basse à maman : « Rappelle-moi donc le vers que tu m'as appris et qui me soulage tant dans ces moments-là. Ah ! oui : « Seigneur, que de vertus vous nous faites haïr ! » Ah ! comme c'est bien ! »

Je ne quittais pas ma mère des yeux, je savais que quand on serait à table, on ne me permettrait pas de rester pendant toute la durée du dîner et que, pour ne pas contrarier mon père, maman ne me laisserait pas l'embrasser à plusieurs reprises devant le monde, comme si ç'avait été dans ma chambre. Aussi je me promettais, dans la salle à manger, pendant qu'on commencerait à dîner et que je sentirais approcher l'heure, de faire d'avance de ce baiser qui serait si court et furtif, tout ce que j'en pouvais faire seul, de choisir avec mon regard la place de la joue que j'embrasserais, de préparer ma pensée pour pouvoir grâce à ce commencement mental de baiser consacrer toute la minute que m'accorderait maman à sentir sa joue contre mes lèvres, comme un peintre qui ne peut obtenir que de courtes séances de pose, prépare sa palette, et a fait d'avance de souvenir, d'après ses notes, tout ce pour quoi il pouvait à la rigueur se passer de la présence du modèle. Mais voici qu'avant que le dîner fût sonné mon grand-père eut la férocité inconsciente de dire : « Le petit a l'air fatigué, il devrait monter se coucher. On dîne tard du reste ce soir. » Et mon père, qui ne gardait pas aussi scrupuleusement que ma grand'mère et que ma mère la foi des traités, dit : « Oui, allons, vas te coucher. » Je voulus embrasser maman, à cet instant on entendit la cloche du dîner. « Mais non, voyons, laisse ta mère, vous vous êtes assez dit bonsoir comme cela, ces manifestations sont ridicules. Allons, monte ! » Et il me fallut partir sans viatique ; il me fallut monter chaque marche de l'escalier, comme dit l'expression populaire, à « contre-cœur », montant contre mon cœur qui voulait retourner près de ma mère parce qu'elle ne lui avait pas, en m'embrassant, donné licence de me suivre. Cet escalier détesté où je m'engageais toujours si tristement, exhalait une odeur de vernis qui avait en quelque sorte absorbé, fixé, cette sorte particulière de chagrin que je ressentais chaque soir, et la rendait peut-être plus cruelle encore pour ma sensibilité parce que, sous cette forme olfactive, mon intelligence n'en pouvait plus prendre sa part. Quand nous dormons et qu'une rage de dents n'est encore perçue par nous que comme une jeune fille que nous nous efforçons deux cents fois de suite de tirer de l'eau ou que comme un vers de Molière que nous nous répétons sans arrêter, c'est un grand soulagement de nous réveiller et que notre intelligence puisse débarrasser l'idée de rage de dents, de tout déguisement héroïque ou cadencé. C'est l'inverse de ce soulagement que j'éprouvais quand mon chagrin de monter dans ma chambre entrait en moi d'une façon infiniment plus rapide, presque instantanée, à la fois insidieuse et brusque, par l'inhalation – beaucoup plus toxique que la pénétration morale – de l'odeur de vernis particulière à cet escalier. Une fois dans ma chambre, il fallut boucher toutes les issues, fermer les volets, creuser mon propre tombeau, en défaisant mes couvertures, revêtir le suaire de ma chemise de nuit. Mais avant de m'ensevelir dans le lit de fer qu'on avait ajouté dans la chambre parce que j'avais trop chaud l'été sous les courtines de reps du grand lit, j'eus un mouvement de révolte, je

39

voulus essayer d'une ruse de condamné. J'écrivis à ma mère en la suppliant de monter pour une chose grave que je ne pouvais lui dire dans ma lettre. Mon effroi était que Françoise, la cuisinière de ma tante qui était chargée de s'occuper de moi quand j'étais à Combray, refusât de porter mon mot. Je me doutais que pour elle, faire une commission à ma mère quand il y avait du monde lui paraîtrait aussi impossible que pour le portier d'un théâtre de remettre une lettre à un acteur pendant qu'il est en scène. Elle possédait à l'égard des choses qui peuvent ou ne peuvent pas se faire un code impérieux, abondant, subtil et intransigeant sur des distinctions insaisissables ou oiseuses (ce qui lui donnait l'apparence de ces lois antiques qui, à côté de prescriptions féroces comme de massacrer les enfants à la mamelle, défendent avec une délicatesse exagérée de faire bouillir le chevreau dans le lait de sa mère, ou de manger dans un animal le nerf de la cuisse). Ce code, si l'on en jugeait par l'entêtement soudain qu'elle mettait à ne pas vouloir faire certaines commissions que nous lui donnions, semblait avoir prévu des complexités sociales et des raffinements mondains tels que rien dans l'entourage de Françoise et dans sa vie de domestique de village n'avait pu les lui suggérer ; et l'on était obligé de se dire qu'il y avait en elle un passé français très ancien, noble et mal compris, comme dans ces cités manufacturières où de vieux hôtels témoignent qu'il y eut jadis une vie de cour, et où les ouvriers d'une usine de produits chimiques travaillent au milieu de délicates sculptures qui représentent le miracle de saint Théophile ou les quatre fils Aymon. Dans le cas particulier, l'article du code à cause duquel il était peu probable que sauf le cas d'incendie Françoise allât déranger maman en présence de M. Swann pour un aussi petit personnage que moi, exprimait simplement le respect qu'elle professait non seulement pour les parents – comme pour les morts, les prêtres et les rois – mais encore pour l'étranger à qui on donne l'hospitalité, respect qui m'aurait peut-être touché dans un livre mais qui m'irritait toujours dans sa bouche, à cause du ton grave et attendri qu'elle prenait pour en parler, et davantage ce soir où le caractère sacré qu'elle conférait au dîner avait pour effet qu'elle refuserait d'en troubler la cérémonie. Mais pour mettre une chance de mon côté, je n'hésitai pas à mentir et à lui dire que ce n'était pas du tout moi qui avais voulu écrire à maman, mais que c'était maman qui, en me quittant, m'avait recommandé de ne pas oublier de lui envoyer une réponse relativement à un objet qu'elle m'avait prié de chercher ; et elle serait certainement très fâchée si on ne lui remettait pas ce mot. Je pense que Françoise ne me crut pas, car, comme les hommes primitifs dont les sens étaient plus puissants que les nôtres, elle discernait immédiatement, à des signes insaisissables pour nous, toute vérité que nous voulions lui cacher ; elle regarda pendant cinq minutes l'enveloppe comme si l'examen du papier et l'aspect de l'écriture allaient la renseigner sur la nature du contenu ou lui apprendre à quel article de son code elle devait se référer. Puis elle sortit d'un air résigné qui semblait signifier : « C'est-il pas malheureux pour des parents d'avoir un enfant pareil ! » Elle revint au bout d'un moment me dire qu'on n'en était encore qu'à la glace, qu'il était impossible au maître d'hôtel de remettre la lettre en ce moment devant tout le monde, mais que, quand on serait aux rince-bouche, on trouverait le moyen de la faire passer à maman. Aussitôt mon anxiété tomba ; maintenant ce n'était plus comme tout à l'heure pour jusqu'à demain que j'avais quitté ma mère, puisque mon petit mot allait, la fâchant sans doute (et doublement parce que ce manège me rendrait ridicule aux yeux de Swann), me faire du moins entrer invisible et ravi dans la même pièce qu'elle, allait lui parler de moi à l'oreille ; puisque cette salle à manger interdite, hostile, où, il y avait un instant encore, la glace elle-même – le « granité » – et les rince-bouche me semblaient recéler des plaisirs malfaisants et mortellement tristes parce que maman les goûtait loin de moi, s'ouvrait à moi et, comme un fruit devenu doux qui brise son enveloppe, allait faire jaillir, projeter jusqu'à mon cœur enivré l'attention de maman tandis qu'elle lirait mes lignes. Maintenant je n'étais plus séparé d'elle ; les barrières étaient tombées, un fil délicieux nous réunissait. Et puis, ce n'était pas tout : maman allait sans doute venir !

L'angoisse que je venais d'éprouver, je pensais que Swann s'en serait bien moqué s'il avait lu ma lettre et en avait deviné le but ; or, au contraire, comme je l'ai appris plus tard, une angoisse semblable fut le tourment de longues années de sa vie, et personne aussi bien que lui peut-être, n'aurait pu me comprendre ; lui, cette angoisse qu'il y a à sentir l'être qu'on aime dans un lieu de plaisir où l'on n'est pas, où l'on ne peut pas le rejoindre, c'est l'amour qui la lui a fait connaître, l'amour auquel elle est en quelque sorte prédestinée, par lequel elle sera accaparée, spécialisée ; mais quand, comme pour moi, elle est entrée en nous avant qu'il ait encore fait son apparition dans notre vie, elle flotte en l'attendant, vague et libre, sans affectation déterminée, au service un jour d'un sentiment, le lendemain d'un autre, tantôt de la tendresse filiale ou de l'amitié pour un camarade. – Et la joie avec laquelle je fis mon premier apprentissage quand Françoise revint me dire que ma lettre serait remise, Swann l'avait bien connue aussi, cette joie trompeuse que nous donne quelque ami, quelque parent de la femme que nous aimons, quand arrivant à l'hôtel ou au théâtre où elle se trouve, pour quelque bal, redoute, ou première où il va la retrouver, cet ami nous aperçoit errant dehors, attendant désespérément quelque occasion de communiquer avec elle. Il nous reconnaît, nous aborde familièrement, nous demande ce que nous faisons là. Et comme nous inventons que nous avons quelque chose d'urgent à dire à sa parente ou amie, il nous assure que rien n'est plus simple, nous fait entrer dans le vestibule et nous promet de nous l'envoyer avant cinq minutes. Que nous l'aimons – comme en ce moment j'aimais Françoise – l'intermédiaire bien intentionné qui d'un mot vient de nous rendre supportable, humaine et presque propice la fête inconcevable, infernale, au sein de laquelle nous croyions que des tourbillons ennemis, pervers et délicieux entraînaient loin de nous, la faisant rire de nous, celle que nous aimons. Si nous en jugeons par lui, le parent qui nous a accosté et qui est lui aussi un des initiés des cruels mystères, les autres invités de la fête ne doivent rien avoir de bien démoniaque. Ces heures inaccessibles et suppliciantes où elle allait goûter des plaisirs inconnus, voici que par une brèche inespérée nous y pénétrons ; voici qu'un des moments dont la succession les aurait composées, un moment aussi réel que les autres, même peut-être plus important pour nous, parce que notre maîtresse y est plus mêlée, nous nous le représentons, nous le possédons, nous y intervenons, nous l'avons créé presque : le moment où on va lui dire que nous sommes là, en bas. Et sans doute les autres moments de la fête ne devaient pas être d'une essence bien différente de celui-là, ne devaient rien avoir de plus délicieux et qui dût tant nous faire souffrir, puisque l'ami bienveillant nous a dit : « Mais elle sera ravie de descendre ! Cela lui fera beaucoup plus de plaisir de causer avec vous que de s'ennuyer là-haut. » Hélas ! Swann en avait fait l'expérience, les bonnes intentions d'un tiers sont sans pouvoir sur une femme qui s'irrite de se sentir poursuivie jusque dans une fête par quelqu'un qu'elle n'aime pas. Souvent, l'ami redescend seul.

Ma mère ne vint pas, et sans ménagements pour mon amour-propre (engagé à ce que la fable de la recherche dont elle était censée m'avoir prié de lui dire le résultat ne fût pas démentie) me fit dire par Françoise ces mots : « Il n'y a pas de réponse » que depuis j'ai si souvent entendus des concierges de « palaces » ou des valets de pied de tripots, rapporter à quelque pauvre fille qui s'étonne : « Comment, il n'a rien dit, mais c'est impossible ! Vous avez pourtant bien remis ma lettre. C'est bien, je vais attendre encore. » Et – de même qu'elle assure invariablement n'avoir pas besoin du bec supplémentaire que le concierge veut allumer pour elle, et reste là, n'entendant plus que les rares propos sur le temps qu'il fait échangés entre le concierge et un chasseur qu'il envoie tout d'un coup, en s'apercevant de l'heure, faire rafraîchir dans la glace la boisson d'un client – ayant décliné l'offre de Françoise de me faire de la tisane ou de rester auprès de moi, je la laissai retourner à l'office, je me couchai et je fermai les yeux en tâchant de ne pas entendre la voix de mes parents qui prenaient le café au jardin. Mais au bout de quelques secondes, je sentis qu'en écrivant ce mot à maman, en m'approchant, au risque de la fâcher, si près d'elle que j'avais cru toucher le moment de la revoir, je m'étais barré la possibilité de m'endormir sans l'avoir revue, et les battements de mon cœur de minute en minute devenaient plus douloureux parce que j'augmentais mon agitation en me prêchant un calme qui était l'acceptation de mon infortune. Tout à coup mon anxiété tomba, une félicité m'envahit comme quand un médicament puissant commence à agir et nous enlève une douleur : je venais de prendre la résolution de ne plus essayer de m'endormir sans avoir revu maman, de l'embrasser coûte que coûte, bien que ce fût avec la certitude d'être ensuite fâché pour longtemps avec elle, quand elle remonterait se coucher. Le calme qui résultait de mes angoisses finies me mettait dans un allégresse extraordinaire, non moins que l'attente, la soif et la peur du danger. J'ouvris la fenêtre sans bruit et m'assis au pied de mon lit ; je ne faisais presque aucun mouvement afin qu'on ne m'entendît pas d'en bas. Dehors, les choses semblaient, elles aussi, figées en une muette attention à ne pas troubler le clair de lune, qui doublant et reculant chaque chose par l'extension devant elle de son reflet, plus dense et concret qu'elle-même, avait à la fois aminci et agrandi le paysage comme un plan replié jusque-là, qu'on développe. Ce qui avait besoin de bouger, quelque feuillage de marronnier, bougeait. Mais son frissonnement minutieux, total, exécuté jusque dans ses moindres nuances et ses dernières délicatesses, ne bavait pas sur le reste, ne se fondait pas avec lui, restait circonscrit. Exposés sur ce silence qui

43

n'en absorbait rien, les bruits les plus éloignés, ceux qui devaient venir de jardins situés à l'autre bout de la ville, se percevaient détaillés avec un tel « fini » qu'ils semblaient ne devoir cet effet de lointain qu'à leur pianissimo, comme ces motifs en sourdine si bien exécutés par l'orchestre du Conservatoire que, quoiqu'on n'en perde pas une note, on croit les entendre cependant loin de la salle du concert, et que tous les vieux abonnés – les sœurs de ma grand'mère aussi quand Swann leur avait donné ses places – tendaient l'oreille comme s'ils avaient écouté les progrès lointains d'une armée en marche qui n'aurait pas encore tourné la rue de Trévise.

Je savais que le cas dans lequel je me mettais était de tous celui qui pouvait avoir pour moi, de la part de mes parents, les conséquences les plus graves, bien plus graves en vérité qu'un étranger n'aurait pu le supposer, de celles qu'il aurait cru que pouvaient produire seules des fautes vraiment honteuses. Mais dans l'éducation qu'on me donnait, l'ordre des fautes n'était pas le même que dans l'éducation des autres enfants et on m'avait habitué à placer avant toutes les autres (parce que sans doute il n'y en avait pas contre lesquelles j'eusse besoin d'être plus soigneusement gardé) celles dont je comprends maintenant que leur caractère commun est qu'on y tombe en cédant à une impulsion nerveuse. Mais alors on ne prononçait pas ce mot, on ne déclarait pas cette origine qui aurait pu me faire croire que j'étais excusable d'y succomber ou même peut-être incapable d'y résister. Mais je les reconnaissais bien à l'angoisse qui les précédait comme à la rigueur du châtiment qui les suivait ; et je savais que celle que je venais de commettre était de la même famille que d'autres pour lesquelles j'avais été sévèrement puni, quoique infiniment plus grave. Quand j'irais me mettre sur le chemin de ma mère au moment où elle monterait se coucher, et qu'elle verrait que j'étais resté levé pour lui redire bonsoir dans le couloir, on ne me laisserait plus rester à la maison, on me mettrait au collège le lendemain, c'était certain. Eh bien ! dussé-je me jeter par la fenêtre cinq minutes après, j'aimerais encore mieux cela. Ce que je voulais maintenant c'était maman, c'était lui dire bonsoir, j'étais allé trop loin dans la voie qui menait à la réalisation de ce désir pour pouvoir rebrousser chemin.

J'entendis les pas de mes parents qui accompagnaient Swann ; et quand le grelot de la porte m'eut averti qu'il venait de partir, j'allai à la fenêtre. Maman demandait à mon père s'il avait trouvé la langouste bonne et si M. Swann avait repris de la glace au café et à la pistache. « Je l'ai trouvée bien quelconque, dit ma mère ; je crois que la prochaine fois il faudra essayer d'un autre parfum. » – « Je ne peux pas dire comme je trouve que Swann change, dit ma grand'tante, il est d'un vieux ! » Ma grand'tante avait tellement l'habitude de voir toujours en Swann un même adolescent, qu'elle s'étonnait de le trouver tout à coup moins jeune que l'âge qu'elle continuait à lui donner. Et mes parents du reste commençaient à lui trouver cette vieillesse anormale, excessive, honteuse et méritée des célibataires, de tous ceux pour qui il semble que le grand jour qui n'a pas de lendemain soit plus long que pour les autres, parce que pour eux il est vide, et que les moments s'y additionnent depuis le matin sans se diviser ensuite entre des enfants. « Je crois qu'il a beaucoup de soucis avec sa coquine de femme qui vit au su de tout Combray avec un certain monsieur de Charlus. C'est la fable de la ville. » Ma mère fit remarquer qu'il avait pourtant l'air bien moins triste depuis quelque temps. « Il fait aussi moins souvent ce geste qu'il a tout à fait comme son père de s'essuyer les yeux et de se passer la main sur le front. Moi je crois qu'au fond il n'aime plus cette femme. » – « Mais naturellement il ne l'aime plus, répondit mon grand-père. J'ai reçu de lui il y a déjà longtemps une lettre à ce sujet, à laquelle je me suis empressé de ne pas me conformer, et qui ne laisse aucun doute sur ses sentiments, au moins d'amour, pour sa femme. Hé bien ! vous voyez, vous ne l'avez pas remercié pour l'Asti », ajouta mon grand-père en se tournant vers ses deux belles-sœurs. « Comment, nous ne l'avons pas remercié ? je crois, entre nous, que je lui ai même tourné cela assez délicatement », répondit ma tante Flora. « Oui, tu as très bien arrangé cela : je t'ai admirée », dit ma tante Céline. – « Mais toi, tu as été très bien aussi. » – « Oui j'étais assez fière de ma phrase sur les voisins aimables. » – « Comment, c'est cela que vous appelez remercier ! s'écria mon grand-père. J'ai bien entendu cela, mais du diable si j'ai cru que c'était pour Swann. Vous pouvez être sûres qu'il n'a rien compris. » – « Mais voyons, Swann n'est pas bête, je suis certaine qu'il a apprécié. Je ne pouvais cependant pas lui dire le nombre de bouteilles et le prix du vin ! » Mon père et ma mère restèrent seuls, et s'assirent un instant ; puis mon père dit : « Hé bien ! si tu veux, nous allons monter nous coucher. » – « Si tu veux, mon ami, bien que je n'aie pas l'ombre de sommeil ; ce n'est pas cette glace au café si anodine qui a pu pourtant me tenir si éveillée ; mais j'aperçois de la lumière dans l'office et puisque la pauvre Françoise m'a attendue, je vais lui demander de dégrafer mon corsage pendant que tu vas te déshabiller. » Et ma mère ouvrit la porte treillagée du vestibule qui donnait sur l'escalier. Bientôt, je l'entendis qui montait fermer sa fenêtre. J'allai sans bruit dans le couloir ; mon cœur battait si fort que j'avais de la peine à avancer, mais du moins il ne battait plus d'anxiété, mais d'épouvante et de joie. Je vis dans la cage de l'escalier la lumière projetée par la bougie de maman. Puis je la vis elle-même, je m'élançai. À la première seconde, elle me regarda avec étonnement, ne comprenant pas ce qui était arrivé. Puis sa figure prit une expression de colère, elle ne me disait même pas un mot, et en effet pour bien moins que cela on ne m'adressait plus la parole pendant plusieurs jours. Si maman m'avait dit un mot, ç'aurait été admettre qu'on pouvait me reparler et d'ailleurs cela peut-être m'eût paru plus terrible encore, comme un signe que devant la gravité du châtiment qui allait se préparer, le silence, la brouille, eussent été puérils. Une parole c'eût été le calme avec lequel on répond à un domestique quand on vient de décider de le renvoyer ; le baiser qu'on donne à un fils qu'on envoie s'engager alors qu'on le lui aurait refusé si on devait se contenter d'être fâché deux jours avec lui. Mais elle entendit mon père qui montait du cabinet de toilette où il était allé se déshabiller, et, pour éviter la scène qu'il me ferait, elle me dit d'une voix entrecoupée par la colère : « Sauve-toi, sauve-toi, qu'au moins ton père ne t'ait vu ainsi attendant comme un fou ! » Mais je lui répétais : « Viens me dire bonsoir », terrifié en voyant que le reflet de la bougie de mon père s'élevait déjà sur le mur, mais aussi usant de son approche comme d'un moyen de chantage et espérant que maman, pour éviter que mon père me trouvât encore là si elle continuait à refuser, allait me dire : « Rentre dans ta chambre, je vais venir. » Il était trop tard, mon père était devant nous. Sans le vouloir, je murmurai ces mots que personne n'entendit : « Je suis perdu ! »

Il n'en fut pas ainsi. Mon père me refusait constamment des permissions qui m'avaient été consenties dans les pactes plus larges octroyés par ma mère et ma grand'mère, parce qu'il ne se souciait pas des « principes » et qu'il n'y avait pas avec lui de « Droit des gens ». Pour une raison toute contingente, ou même sans raison, il me supprimait au dernier moment telle promenade si habituelle, si consacrée, qu'on ne pouvait m'en priver sans parjure, ou bien, comme il avait encore fait ce soir, longtemps avant l'heure rituelle, il me disait : « Allons, monte te coucher, pas d'explication ! » Mais aussi, parce qu'il n'avait pas de principes (dans le sens de ma grand'mère), il n'avait pas à proprement parler d'intransigeance. Il me regarda un instant d'un air étonné et fâché, puis dès que maman lui eut expliqué en quelques mots embarrassés ce qui était arrivé, il lui dit : « Mais va donc avec lui, puisque tu disais justement que tu n'as pas envie de dormir, reste un peu dans sa chambre, moi je n'ai besoin de rien. » – « Mais, mon ami, répondit timidement ma mère, que j'aie envie ou non de dormir, ne change rien à la chose, on ne peut pas habituer cet enfant... » – « Mais il ne s'agit pas d'habituer, dit mon père en haussant les épaules, tu vois bien que ce petit a du chagrin, il a l'air désolé, cet enfant ; voyons, nous ne sommes pas des bourreaux ! Quand tu l'auras rendu malade, tu seras bien avancée ! Puisqu'il y a deux lits dans sa chambre, dis donc à Françoise de te préparer le grand lit et couche pour cette nuit auprès de lui. Allons, bonsoir, moi qui ne suis pas si nerveux que vous, je vais me coucher. »

On ne pouvait pas remercier mon père ; on l'eût agacé par ce qu'il appelait des sensibleries. Je restai sans oser faire un mouvement ; il était encore devant nous, grand, dans sa robe de nuit blanche sous le cachemire de l'Inde violet et rosé qu'il nouait autour de sa tête depuis qu'il avait des névralgies, avec le geste d'Abraham dans la gravure d'après Benozzo Gozzoli que m'avait donnée M. Swann, disant à Sarah qu'elle a à se départir du côté d'Isaac. Il y a bien des années de cela. La muraille de l'escalier où je vis monter le reflet de sa bougie n'existe plus depuis longtemps. En moi aussi bien des choses ont été détruites que je croyais devoir durer toujours, et de nouvelles se sont édifiées donnant naissance à des peines et à des joies nouvelles que je n'aurais pu prévoir alors, de même que les anciennes me sont devenues difficiles à comprendre. Il y a bien longtemps aussi que mon père a cessé de pouvoir dire à maman : « Va avec le petit. » La possibilité de telles heures ne renaîtra jamais pour moi. Mais depuis peu de temps, je recommence à très bien percevoir si je prête l'oreille, les sanglots que j'eus la force de contenir devant mon père et qui n'éclatèrent que quand je me retrouvai seul avec maman. En réalité ils n'ont jamais cessé ; et c'est seulement parce que la vie se tait maintenant davantage autour de moi que je les entends de nouveau, comme ces cloches de couvents que couvrent si bien les bruits de la ville pendant le jour qu'on les croirait arrêtées mais qui se remettent à sonner dans le silence du soir.

Maman passa cette nuit-là dans ma chambre ; au moment où je venais de commettre une faute telle que je m'attendais à être obligé de quitter la maison, mes parents m'accordaient plus que je n'eusse jamais obtenu d'eux comme récompense d'une belle action. Même à l'heure où elle se manifestait par cette grâce, la conduite de mon père à mon égard gardait ce quelque chose d'arbitraire et d'immérité qui la caractérisait, et qui tenait à ce que généralement elle résultait plutôt de convenances fortuites que d'un plan prémédité. Peut-être même que ce que j'appelais sa sévérité, quand il m'envoyait me coucher, méritait moins ce nom que celle de ma mère ou de ma grand'mère, car sa nature, plus différente en certains points de la mienne que n'était la leur, n'avait probablement pas deviné jusqu'ici combien j'étais malheureux tous les soirs, ce que ma mère et ma grand'mère savaient bien ; mais elles m'aimaient assez pour ne pas consentir à m'épargner de la souffrance, elles voulaient m'apprendre à la dominer afin de diminuer ma sensibilité nerveuse et fortifier ma volonté. Pour mon père, dont l'affection pour moi était d'une autre sorte, je ne sais pas s'il aurait eu ce courage : pour une fois où il venait de comprendre que j'avais du chagrin, il avait dit à ma mère : « Va donc le consoler. » Maman resta cette nuit-là dans ma chambre et, comme pour ne gâter d'aucun remords ces heures si différentes de ce que j'avais eu le droit d'espérer, quand Françoise, comprenant qu'il se passait quelque chose d'extraordinaire en voyant maman assise près de moi, qui me tenait la main et me laissait pleurer sans me gronder, lui demanda : « Mais Madame, qu'a donc Monsieur à pleurer ainsi ? » maman lui répondit : « Mais il ne sait pas lui-même, Françoise, il est énervé ; préparez-moi vite le grand lit et montez vous coucher. » Ainsi, pour la première fois, ma tristesse n'était plus considérée comme une faute punissable mais comme un mal involontaire qu'on venait de reconnaître officiellement, comme un état nerveux dont je n'étais pas responsable ; j'avais le soulagement de n'avoir plus à mêler de scrupules à l'amertume de mes larmes, je pouvais pleurer sans péché. Je n'étais pas non plus médiocrement fier vis-à-vis de Françoise de ce retour des choses humaines, qui, une heure après que maman avait refusé de monter dans ma chambre et m'avait fait dédaigneusement répondre que je devrais dormir, m'élevait à la dignité de grande personne et m'avait fait atteindre tout d'un coup à une sorte de puberté du chagrin, d'émancipation des larmes. J'aurais dû être heureux : je ne l'étais pas. Il me semblait que ma mère venait de me faire une première concession qui devait lui être douloureuse, que c'était une première abdication de sa part devant l'idéal qu'elle avait conçu pour moi, et que pour la première fois, elle, si courageuse, s'avouait vaincue. Il me semblait que si je venais de remporter une victoire c'était contre elle, que j'avais réussi comme auraient pu faire la maladie, des chagrins, ou l'âge, à détendre sa volonté, à faire fléchir sa raison, et que cette soirée commençait une ère, resterait comme une triste date. Si j'avais osé maintenant, j'aurais dit à maman : « Non je ne veux pas, ne couche pas ici.» Mais je connaissais la sagesse pratique, réaliste comme on dirait aujourd'hui, qui tempérait en elle la nature ardemment idéaliste de ma grand'mère, et je savais que, maintenant que le mal était fait, elle aimerait mieux m'en laisser du moins goûter le plaisir calmant et ne pas déranger mon père. Certes, le beau visage de ma mère brillait encore de jeunesse ce soir-là où elle me tenait si doucement les mains et cherchait à arrêter mes larmes ; mais justement il me semblait que cela n'aurait pas dû être, sa colère eût été moins triste pour moi que cette douceur nouvelle que n'avait pas connue mon enfance ; il me semblait que je venais d'une main impie et secrète de tracer dans son âme une première ride et d'y faire apparaître un premier cheveu blanc. Cette pensée redoubla mes sanglots, et alors je vis maman, qui jamais ne se laissait aller à aucun attendrissement avec moi, être tout d'un coup gagnée par le mien et essayer de retenir une envie de pleurer. Comme elle sentit que je m'en étais aperçu, elle me dit en riant : « Voilà mon petit jaunet, mon petit serin, qui va rendre sa maman aussi bêtasse que lui, pour peu que cela continue. Voyons, puisque tu n'as pas sommeil ni ta maman non plus, ne restons pas à nous énerver, faisons quelque chose, prenons un de tes livres. » Mais je n'en avais pas là. « Est-ce que tu aurais moins de plaisir si je sortais déjà les livres que ta grand'mère doit te donner pour ta fête ? Pense bien : tu ne seras pas déçu de ne rien avoir après-demain ? » J'étais au contraire enchanté et maman alla chercher un paquet de livres dont je ne pus deviner, à travers le papier qui les enveloppait, que la taille courte et large, mais qui, sous ce premier aspect, pourtant sommaire et voilé, éclipsaient déjà la boîte à couleurs du Jour de l'An et les vers à soie de l'an dernier. C'était *la Mare au Diable, François le Champi,* la *Petite Fadette* et les *Maîtres Sonneurs*. Ma grand'mère, ai-je su depuis, avait d'abord choisi les poésies de Musset, un volume de Rousseau et *Indiana* ; car si elle jugeait les lectures futiles aussi malsaines que les bonbons et les pâtisseries, elle ne pensait pas que les grands souffles du génie eussent sur l'esprit même d'un enfant une influence plus dangereuse et moins vivifiante que sur son corps le grand air et le vent du large. Mais mon père l'ayant presque traitée de folle en apprenant les livres qu'elle voulait me donner, elle était retournée elle-même à Jouy-le-Vicomte chez le libraire pour que je ne risquasse pas de ne pas avoir mon cadeau (c'était un jour brûlant et elle était rentrée si souffrante que le médecin avait averti ma mère de ne pas la laisser se fatiguer ainsi) et elle s'était rabattue sur les quatre romans champêtres de George Sand. « Ma fille, disait-elle à maman, je ne pourrais me décider à donner à cet enfant quelque chose de mal écrit. »

En réalité, elle ne se résignait jamais à rien acheter dont on ne pût tirer un profit intellectuel, et surtout celui que nous procurent les belles choses en nous apprenant à chercher notre plaisir ailleurs que dans les satisfactions du bien-être et de la vanité. Même quand elle avait à faire à quelqu'un un cadeau dit utile, quand elle avait à donner un fauteuil, des couverts, une canne, elle les cherchait « anciens », comme si leur longue désuétude ayant effacé leur caractère d'utilité, ils paraissaient plutôt disposés pour nous raconter la vie des hommes d'autrefois que pour servir aux besoins de la nôtre. Elle eût aimé que j'eusse dans ma chambre des photographies des monuments ou des paysages les plus beaux. Mais au moment d'en faire l'emplette, et bien que la chose représentée eût une valeur esthétique, elle trouvait que la vulgarité, l'utilité reprenaient trop vite leur place dans le mode mécanique de représentation, la photographie. Elle essayait de ruser et, sinon d'éliminer entièrement la banalité commerciale, du moins de la réduire, d'y substituer, pour la plus grande partie, de l'art encore, d'y introduire comme plusieurs « épaisseurs » d'art : au lieu de photographies de la Cathédrale de Chartres, des Grandes Eaux de Saint-Cloud, du Vésuve, elle se renseignait auprès de Swann si quelque grand peintre ne les avait pas représentés, et préférait me donner des photographies de la Cathédrale de Chartres par Corot, des Grandes Eaux de Saint-Cloud par Hubert Robert, du Vésuve par Turner, ce qui faisait un degré d'art de plus. Mais si le photographe avait été écarté de la représentation du chef-d'œuvre ou de la nature et remplacé par un grand artiste, il reprenait ses droits pour reproduire cette interprétation même. Arrivée à l'échéance de la vulgarité, ma grand'mère tâchait de la reculer encore. Elle demandait à Swann si l'œuvre n'avait pas été gravée, préférant, quand c'était possible, des gravures anciennes et ayant encore un intérêt au delà d'elles-mêmes, par exemple celles qui représentent un chef-d'œuvre dans un état où nous ne pouvons plus le voir aujourd'hui (comme la gravure de la *Cène* de Léonard avant sa dégradation, par Morgan). Il faut dire que les résultats de cette manière de comprendre l'art de faire un cadeau ne furent pas toujours très brillants. L'idée que je pris de Venise d'après un dessin du Titien qui est censé avoir pour fond la lagune, était certainement beaucoup moins exacte que celle que m'eussent donnée de simples photographies. On ne pouvait plus faire le compte à la maison, quand ma grand'tante voulait dresser un réquisitoire contre ma grand'mère, des fauteuils offerts par elle à de jeunes fiancés ou à de vieux époux, qui, à la première tentative qu'on avait faite pour s'en servir, s'étaient immédiatement effondrés sous le poids d'un des destinataires. Mais ma grand'mère aurait cru mesquin de trop s'occuper de la solidité d'une boiserie où se distinguaient encore une fleurette, un sourire, quelquefois une belle imagination du passé. Même ce qui dans ces meubles répondait à un besoin, comme c'était d'une façon à laquelle nous ne sommes plus habitués, la charmait comme les vieilles manières de dire où nous voyons une métaphore, effacée, dans notre moderne langage, par l'usure de l'habitude. Or, justement, les romans champêtres de George Sand qu'elle me donnait pour ma fête, étaient pleins, ainsi qu'un mobilier ancien, d'expressions tombées en désuétude et redevenues imagées, comme on n'en trouve plus qu'à la campagne. Et ma grand'mère les avait achetés de préférence à d'autres, comme elle eût loué plus volontiers une propriété où il y aurait eu un pigeonnier gothique, ou quelqu'une de ces vieilles choses qui exercent sur l'esprit une heureuse influence en lui donnant la nostalgie d'impossibles voyages dans le temps.

Maman s'assit à côté de mon lit ; elle avait pris *François le Champi* à qui sa couverture rougeâtre et son titre incompréhensible donnaient pour moi une personnalité distincte et un attrait mystérieux. Je n'avais jamais lu encore de vrais romans. J'avais entendu dire que George Sand était le type du romancier. Cela me disposait déjà à imaginer dans *François le Champi* quelque chose d'indéfinissable et de délicieux. Les procédés de narration destinés à exciter la curiosité ou l'attendrissement, certaines façons de dire qui éveillent l'inquiétude et la mélancolie, et qu'un lecteur un peu instruit reconnaît pour communs à beaucoup de romans, me paraissaient simples – à moi qui considérais un livre nouveau non comme une chose ayant beaucoup de semblables, mais comme une personne unique, n'ayant de raison d'exister qu'en soi – une émanation troublante de l'essence particulière à *François le Champi*. Sous ces événements si journaliers, ces choses si communes, ces mots si courants, je sentais comme une intonation, une accentuation étrange. L'action s'engagea ; elle me parut d'autant plus obscure que dans ce temps-là, quand je lisais, je rêvassais souvent, pendant des pages entières, à tout autre chose. Et aux lacunes que cette distraction laissait dans le récit, s'ajoutait, quand c'était maman qui me lisait à haute voix, qu'elle passait toutes les scènes d'amour. Aussi tous les changements bizarres qui se produisent dans l'attitude respective de la meunière et de l'enfant et qui ne trouvent leur explication que dans les progrès d'un amour naissant me paraissaient empreints d'un profond mystère dont je me figurais volontiers que la source devait être dans ce nom inconnu et si doux de « Champi » qui mettait sur l'enfant, qui le portait sans que je susse pourquoi, sa couleur vive, empourprée et charmante. Si ma mère était une lectrice infidèle, c'était aussi, pour les ouvrages où elle trouvait l'accent d'un sentiment vrai, une lectrice admirable par le respect et la simplicité de l'interprétation, par la beauté et la douceur du son. Même dans la vie, quand c'étaient des êtres et non des œuvres d'art qui excitaient ainsi son attendrissement ou son admiration, c'était touchant de voir avec quelle déférence elle écartait de sa voix, de son geste, de ses propos, tel éclat de gaîté qui eût pu faire mal à cette mère qui avait autrefois perdu un enfant, tel rappel de fête, d'anniversaire, qui aurait pu faire penser ce vieillard à son grand âge, tel propos de ménage qui aurait paru fastidieux à ce jeune savant. De même, quand elle lisait la prose de George Sand, qui respire toujours cette bonté, cette distinction morale que maman avait appris de ma grand'mère à tenir pour supérieures à tout dans la vie, et que je ne devais lui apprendre que bien plus tard à ne pas tenir également pour supérieures à tout dans les livres, attentive à bannir de sa voix toute petitesse, toute affectation qui eût pu empêcher le flot puissant d'y être reçu, elle fournissait toute la tendresse naturelle, toute l'ample douceur qu'elles réclamaient à ces phrases qui semblaient écrites pour sa voix et qui pour ainsi dire tenaient tout entières dans le registre de sa sensibilité. Elle retrouvait pour les attaquer dans le ton qu'il faut l'accent cordial qui leur préexiste et les dicta, mais que les mots n'indiquent pas ; grâce à lui elle amortissait au passage toute crudité dans les temps des verbes, donnait à l'imparfait et au passé défini la douceur qu'il y a dans la bonté, la mélancolie qu'il y a dans la tendresse, dirigeait la phrase qui finissait vers celle qui allait commencer, tantôt pressant, tantôt ralentissant la marche des syllabes pour les faire entrer, quoique leurs quantités fussent différentes, dans un rythme uniforme, elle insufflait à cette prose si commune une sorte de vie sentimentale et continue.

Mes remords étaient calmés, je me laissais aller à la douceur de cette nuit où j'avais ma mère auprès de moi. Je savais qu'une telle nuit ne pourrait se renouveler ; que le plus grand désir que j'eusse au monde, garder ma mère dans ma chambre pendant ces tristes heures nocturnes, était trop en opposition avec les nécessités de la vie et le vœu de tous, pour que l'accomplissement qu'on lui avait accordé ce soir pût être autre chose que factice et exceptionnel. Demain mes angoisses reprendraient et maman ne resterait pas là. Mais quand mes angoisses étaient calmées, je ne les comprenais plus ; puis demain soir était encore lointain ; je me disais que j'aurais le temps d'aviser, bien que ce temps-là ne pût m'apporter aucun pouvoir de plus, puisqu'il s'agissait de choses qui ne dépendaient pas de ma volonté et que seul me faisait paraître plus évitables l'intervalle qui les séparait encore de moi.

* * *

C'est ainsi que, pendant longtemps, quand, réveillé la nuit, je me ressouvenais de Combray, je n'en revis jamais que cette sorte de pan lumineux, découpé au milieu d'indistinctes ténèbres, pareil à ceux que l'embrasement d'un feu de bengale ou quelque projection électrique éclairent et sectionnent dans un édifice dont les autres parties restent plongées dans la nuit : à la base assez large, le petit salon, la salle à manger, l'amorce de l'allée obscure par où arriverait M. Swann, l'auteur inconscient de mes tristesses, le vestibule où je m'acheminais vers la première marche de l'escalier, si cruel à monter, qui constituait à lui seul le tronc fort étroit de cette pyramide irrégulière ; et, au faîte, ma chambre à coucher avec le petit couloir à porte vitrée pour l'entrée de maman ; en un mot, toujours vu à la même heure, isolé de tout ce qu'il pouvait y avoir autour, se détachant seul sur l'obscurité, le décor strictement nécessaire (comme celui qu'on voit indiqué en tête des vieilles pièces pour les représentations en province) au drame de mon déshabillage ; comme si Combray n'avait consisté qu'en deux étages reliés par un mince escalier et comme s'il n'y avait jamais été que sept heures du soir. À vrai dire, j'aurais pu répondre à qui m'eût interrogé que Combray comprenait encore autre chose et existait à d'autres heures. Mais comme ce que je m'en serais rappelé m'eût été fourni seulement par la mémoire volontaire, la mémoire de l'intelligence, et comme les renseignements qu'elle donne sur le passé ne conservent rien de lui, je n'aurais jamais eu envie de songer à ce reste de Combray. Tout cela était en réalité mort pour moi.

Mort à jamais ? C'était possible.

Il y a beaucoup de hasard en tout ceci, et un second hasard, celui de notre mort, souvent ne nous permet pas d'attendre longtemps les faveurs du premier.

Je trouve très raisonnable la croyance celtique que les âmes de ceux que nous avons perdus sont captives dans quelque être inférieur, dans une bête, un végétal, une chose inanimée, perdues en effet pour nous jusqu'au jour, qui pour beaucoup ne vient jamais, où nous nous trouvons passer près de l'arbre, entrer en possession de l'objet qui est leur prison. Alors elles tressaillent, nous appellent, et sitôt que nous les avons reconnues, l'enchantement est brisé. Délivrées par nous, elles ont vaincu la mort et reviennent vivre avec nous.

Il en est ainsi de notre passé. C'est peine perdue que nous cherchions à l'évoquer, tous les efforts de notre intelligence sont inutiles. Il est caché hors de son domaine et de sa portée, en quelque objet matériel (en la sensation que nous donnerait cet objet matériel), que nous ne soupçonnons pas. Cet objet, il dépend du hasard que nous le rencontrions avant de mourir, ou que nous ne le rencontrions pas.

Il y avait déjà bien des années que, de Combray, tout ce qui n'était pas le théâtre et le drame de mon coucher n'existait plus pour moi, quand un jour d'hiver, comme je rentrais à la maison, ma mère, voyant que j'avais froid, me proposa de me faire prendre, contre mon habitude, un peu de thé. Je refusai d'abord et, je ne sais pourquoi, me ravisai. Elle envoya chercher un de ces gâteaux courts et dodus appelés Petites Madeleines qui semblent avoir été moulés dans la valve rainurée d'une coquille de Saint-Jacques. Et bientôt, machinalement, accablé par la morne journée et la perspective d'un triste lendemain, je portai à mes lèvres une cuillerée du thé où j'avais laissé s'amollir un morceau de madeleine. Mais à l'instant même où la gorgée mêlée des miettes du gâteau toucha mon palais, je tressaillis, attentif à ce qui se passait d'extraordinaire en moi. Un plaisir délicieux m'avait envahi, isolé, sans la notion de sa cause. Il m'avait aussitôt rendu les vicissitudes de la vie indifférentes, ses désastres inoffensifs, sa brièveté illusoire, de la même façon qu'opère l'amour, en me remplissant d'une essence précieuse : ou plutôt cette essence n'était pas en moi, elle était moi. J'avais cessé de me sentir médiocre, contingent, mortel. D'où avait pu me venir cette puissante joie ? Je sentais qu'elle était liée au goût du thé et du gâteau, mais qu'elle le dépassait infiniment, ne devait pas être de même nature. D'où venait-elle ? Que signifiait-elle ? Où l'appréhender ? Je bois une seconde gorgée où je ne trouve rien de plus que dans la première, une troisième qui m'apporte un peu moins que la seconde. Il est temps que je m'arrête, la vertu du breuvage semble diminuer. Il est clair que la vérité que je cherche n'est pas en lui, mais en moi. Il l'y a éveillée, mais ne la connaît pas, et ne peut que répéter indéfiniment, avec de moins en moins de force, ce même témoignage que je ne sais pas interpréter et que je veux au moins pouvoir lui redemander et retrouver intact à ma disposition, tout à l'heure, pour un éclaircissement décisif. Je pose la tasse et me tourne vers mon esprit. C'est à lui de trouver la vérité. Mais comment ? Grave incertitude, toutes les fois que l'esprit se sent dépassé par lui-même ; quand lui, le chercheur, est tout ensemble le pays obscur où il doit chercher et où tout son bagage ne lui sera de rien. Chercher ? pas seulement : créer. Il est en face de quelque chose qui n'est pas encore et que seul il peut réaliser, puis faire entrer dans sa lumière.

Et je recommence à me demander quel pouvait être cet état inconnu, qui n'apportait aucune preuve logique, mais l'évidence de sa félicité, de sa réalité devant laquelle les autres s'évanouissaient. Je veux essayer de le faire réapparaître. Je rétrograde par la pensée au moment où je pris la première cuillerée de thé. Je retrouve le même état, sans une clarté nouvelle. Je demande à mon esprit un effort de plus, de ramener encore une fois la sensation qui s'enfuit. Et, pour que rien ne brise l'élan dont il va tâcher de la ressaisir, j'écarte tout obstacle, toute idée étrangère, j'abrite mes oreilles et mon attention contre les bruits de la chambre voisine. Mais sentant mon esprit qui se fatigue sans réussir, je le force au contraire à prendre cette distraction que je lui refusais, à penser à autre chose, à se refaire avant une tentative suprême. Puis une deuxième fois, je fais le vide devant lui, je remets en face de lui la saveur encore récente de cette première gorgée et je sens tressaillir en moi quelque chose qui se déplace, voudrait s'élever, quelque chosc qu'on aurait désancré, à une grande profondeur ; je ne sais ce que c'est, mais cela monte lentement ; j'éprouve la résistance et j'entends la rumeur des distances traversées.

Certes, ce qui palpite ainsi au fond de moi, ce doit être l'image, le souvenir visuel, qui, lié à cette saveur, tente de la suivre jusqu'à moi. Mais il se débat trop loin, trop confusément ; à peine si je perçois le reflet neutre où se confond l'insaisissable tourbillon des couleurs remuées ; mais je ne puis distinguer la forme, lui demander comme au seul interprète possible, de me traduire le témoignage de sa contemporaine, de son inséparable compagne, la saveur, lui demander de m'apprendre de quelle circonstance particulière, de quelle époque du passé il s'agit.

Arrivera-t-il jusqu'à la surface de ma claire conscience, ce souvenir, l'instant ancien que l'attraction d'un instant identique est venue de si loin solliciter, émouvoir, soulever tout au fond de moi ? Je ne sais. Maintenant je ne sens plus rien, il est arrêté, redescendu peut-être ; qui sait s'il remontera jamais de sa nuit ? Dix fois il me faut recommencer, me pencher vers lui. Et chaque fois la lâcheté qui nous détourne de toute tâche difficile, de toute œuvre importante, m'a conseillé de laisser cela, de boire mon thé en pensant simplement à mes ennuis d'aujourd'hui, à mes désirs de demain qui se laissent remâcher sans peine.

Et tout d'un coup le souvenir m'est apparu. Ce goût, c'était celui du petit morceau de madeleine que le dimanche matin à Combray (parce que ce jour-là je ne sortais pas avant l'heure de la messe), quand j'allais lui dire bonjour dans sa chambre, ma tante Léonie m'offrait après l'avoir trempé dans son infusion de thé ou de tilleul. La vue de la petite madeleine ne m'avait rien rappelé avant que je n'y eusse goûté ; peut-être parce que, en ayant souvent aperçu depuis, sans en manger, sur les tablettes des pâtissiers, leur image avait quitté ces jours de Combray pour se lier à d'autres plus récents ; peut-être parce que, de ces souvenirs abandonnés si longtemps hors de la mémoire, rien ne survivait, tout s'était désagrégé ; les formes – et celle aussi du petit coquillage de pâtisserie, si grassement sensuel sous son plissage sévère et dévot – s'étaient abolies, ou, ensommeillées, avaient perdu la force d'expansion qui leur eût permis de rejoindre la conscience. Mais, quand d'un passé ancien rien ne subsiste, après la mort des êtres, après la destruction des choses, seules, plus frêles mais plus vivaces, plus immatérielles, plus persistantes, plus fidèles, l'odeur et la saveur restent encore longtemps, comme des âmes, à se rappeler, à attendre, à espérer, sur la ruine de tout le reste, à porter sans fléchir, sur leur gouttelette presque impalpable, l'édifice immense du souvenir.

Et dès que j'eus reconnu le goût du morceau de madeleine trempé dans le tilleul que me donnait ma tante (quoique je ne susse pas encore et dusse remettre à bien plus tard de découvrir pourquoi ce souvenir me rendait si heureux), aussitôt la vieille maison grise sur la rue, où était sa chambre, vint comme un décor de théâtre s'appliquer au petit pavillon donnant sur le jardin, qu'on avait construit pour mes parents sur ses derrières (ce pan tronqué que seul j'avais revu jusque-là) ; et avec la maison, la ville, la Place où on m'envoyait avant déjeuner, les rues où j'allais faire des courses depuis le matin jusqu'au soir et par tous les temps, les chemins qu'on prenait si le temps était beau. Et comme dans ce jeu où les Japonais s'amusent à tremper dans un bol de porcelaine rempli d'eau de petits morceaux de papier jusque-là indistincts qui, à peine y sont-ils plongés s'étirent, se contournent, se colorent, se différencient, deviennent des fleurs, des maisons, des personnages consistants et reconnaissables, de même maintenant toutes les fleurs de notre jardin et celles du parc de M. Swann, et les nymphéas de la Vivonne, et les bonnes gens du village et leurs petits logis et l'église et tout Combray et ses environs, tout cela qui prend forme et solidité, est sorti, ville et jardins, de ma tasse de thé.

II

Combray de loin, à dix lieues à la ronde, vu du chemin de fer quand nous y arrivions la dernière semaine avant Pâques, ce n'était qu'une église résumant la ville, la représentant, parlant d'elle et pour elle aux lointains, et, quand on approchait, tenant serrés autour de sa haute mante sombre, en plein champ, contre le vent, comme une pastoure ses brebis, les dos laineux et gris des maisons rassemblées qu'un reste de remparts du moyen âge cernait çà et là d'un trait aussi parfaitement circulaire qu'une petite ville dans un tableau de primitif. À l'habiter, Combray était un peu triste, comme ses rues dont les maisons construites en pierres noirâtres du pays, précédées de degrés extérieurs, coiffées de pignons qui rabattaient l'ombre devant elles, étaient assez obscures pour qu'il fallût dès que le jour commençait à tomber relever les rideaux dans les « salles » ; des rues aux graves noms de saints (desquels plusieurs se rattachaient à l'histoire des premiers seigneurs de Combray) : rue Saint-Hilaire, rue Saint-Jacques où était la maison de ma tante, rue Sainte-Hildegarde, où donnait la grille, et rue du Saint-Esprit sur laquelle s'ouvrait la petite porte latérale de son jardin ; et ces rues de Combray existent dans une partie de ma mémoire si reculée, peinte de couleurs si différentes de celles qui maintenant revêtent pour moi le monde, qu'en vérité elles me paraissent toutes, et l'église qui les dominait sur la Place, plus irréelles encore que les projections de la lanterne magique ; et qu'à certains moments, il me semble que pouvoir encore traverser la rue Saint-Hilaire, pouvoir louer une chambre rue de l'Oiseau – à la vieille hôtellerie de l'Oiseau Flesché, des soupiraux de laquelle montait une odeur de cuisine qui s'élève encore par moments en moi aussi intermittente et aussi chaude – serait une entrée en contact avec l'Au-delà plus merveilleusement surnaturelle que de faire la connaissance de Golo et de causer avec Geneviève de Brabant.

La cousine de mon grand-père – ma grand'tante – chez qui nous habitions, était la mère de cette tante Léonie qui, depuis la mort de son mari, mon oncle Octave, n'avait plus voulu quitter, d'abord Combray, puis à Combray sa maison, puis sa chambre, puis son lit et ne « descendait » plus, toujours couchée dans un état incertain de chagrin, de débilité physique, de maladie, d'idée fixe et de dévotion. Son appartement particulier donnait sur la rue Saint-Jacques qui aboutissait beaucoup plus loin au Grand-Pré (par opposition au Petit-Pré, verdoyant au milieu de la ville, entre trois rues), et qui, unie, grisâtre, avec les trois hautes marches de grès presque devant chaque porte, semblait comme un défilé pratiqué par un tailleur d'images gothiques à même la pierre où il eût sculpté une crèche ou un calvaire. Ma tante n'habitait plus effectivement que deux chambres contiguës, restant l'après-midi dans l'une pendant qu'on aérait l'autre. C'étaient de ces chambres de province qui – de même qu'en certains pays des parties entières de l'air ou de la mer sont illuminées ou parfumées par des myriades de protozoaires que nous ne voyons pas – nous enchantent des mille odeurs qu'y dégagent les vertus, la sagesse, les habitudes, toute une vie secrète, invisible, surabondante et morale que l'atmosphère y tient en suspens ; odeurs naturelles encore, certes, et couleur du temps comme celles de la campagne voisine, mais déjà casanières, humaines et renfermées, gelée exquise, industrieuse et limpide de tous les fruits de l'année qui ont quitté le verger pour l'armoire ; saisonnières, mais mobilières et domestiques, corrigeant le piquant de la gelée blanche par la douceur du pain chaud, oisives et ponctuelles comme une horloge de village, flâneuses et rangées, insoucieuses et prévoyantes, lingères, matinales, dévotes, heureuses d'une paix qui n'apporte qu'un surcroît d'anxiété et d'un prosaïsme qui sert de grand réservoir de poésie à celui qui la traverse sans y avoir vécu. L'air y était saturé de la fine fleur d'un silence si nourricier, si succulent que je ne m'y avançais qu'avec une sorte de gourmandise, surtout par ces premiers matins encore froids de la semaine de Pâques où je le goûtais mieux parce que je venais seulement d'arriver à Combray : avant que j'entrasse souhaiter le bonjour à ma tante on me faisait attendre un instant dans la première pièce où le soleil, d'hiver encore, était venu se mettre au chaud devant le feu, déjà allumé entre les deux briques et qui badigeonnait toute la chambre d'une odeur de suie, en faisait comme un de ces grands « devants de four » de campagne, ou de ces manteaux de cheminée de châteaux, sous lesquels on souhaite que se déclarent dehors la pluie, la neige, même quelque catastrophe diluvienne pour ajouter au confort de la réclusion la poésie de l'hivernage ; je faisais quelques pas du prie-Dieu aux fauteuils en velours frappé, toujours revêtus d'un appui-tête au crochet ; et le feu cuisant comme une pâte les appétissantes odeurs dont l'air de la

chambre était tout grumeleux et qu'avait déjà fait travailler et
« lever » la fraîcheur humide et ensoleillée du matin, il les feuilletait,
les dorait, les godait, les boursouflait, en faisant un invisible et
palpable gâteau provincial, un immense « chausson » où, à peine
goûtés les arômes plus croustillants, plus fins, plus réputés, mais plus
secs aussi du placard, de la commode, du papier à ramages, je
revenais toujours avec une convoitise inavouée m'engluer dans
l'odeur médiane, poisseuse, fade, indigeste et fruitée du couvre-lit à
fleurs.

Dans la chambre voisine, j'entendais ma tante qui causait toute
seule à mi-voix. Elle ne parlait jamais qu'assez bas parce qu'elle
croyait avoir dans la tête quelque chose de cassé et de flottant qu'elle
eût déplacé en parlant trop fort, mais elle ne restait jamais
longtemps, même seule, sans dire quelque chose, parce qu'elle
croyait que c'était salutaire pour sa gorge et qu'en empêchant le sang
de s'y arrêter, cela rendrait moins fréquents les étouffements et les
angoisses dont elle souffrait ; puis, dans l'inertie absolue où elle
vivait, elle prêtait à ses moindres sensations une importance
extraordinaire ; elle les douait d'une motilité qui lui rendait difficile
de les garder pour elle, et à défaut de confident à qui les
communiquer, elle se les annonçait à elle-même, en un perpétuel
monologue qui était sa seule forme d'activité. Malheureusement,
ayant pris l'habitude de penser tout haut, elle ne faisait pas toujours
attention à ce qu'il n'y eût personne dans la chambre voisine, et je
l'entendais souvent se dire à elle-même : « Il faut que je me rappelle
bien que je n'ai pas dormi » (car ne jamais dormir était sa grande
prétention dont notre langage à tous gardait le respect et la trace : le
matin Françoise ne venait pas « l'éveiller », mais « entrait » chez
elle ; quand ma tante voulait faire un somme dans la journée, on
disait qu'elle voulait « réfléchir » ou « reposer » ; et quand il lui
arrivait de s'oublier en causant jusqu'à dire : « ce qui m'a réveillée »
ou « j'ai rêvé que », elle rougissait et se reprenait au plus vite).

Au bout d'un moment, j'entrais l'embrasser ; Françoise faisait
infuser son thé ; ou, si ma tante se sentait agitée, elle demandait à la
place sa tisane, et c'était moi qui étais chargé de faire tomber du sac
de pharmacie dans une assiette la quantité de tilleul qu'il fallait
mettre ensuite dans l'eau bouillante. Le desséchement des tiges les
avait incurvées en un capricieux treillage dans les entrelacs duquel
s'ouvraient les fleurs pâles, comme si un peintre les eût arrangées,
les eût fait poser de la façon la plus ornementale. Les feuilles, ayant

perdu ou changé leur aspect, avaient l'air des choses les plus disparates, d'une aile transparente de mouche, de l'envers blanc d'une étiquette, d'un pétale de rose, mais qui eussent été empilées, concassées ou tressées comme dans la confection d'un nid. Mille petits détails inutiles – charmante prodigalité du pharmacien – qu'on eût supprimés dans une préparation factice, me donnaient, comme un livre où on s'émerveille de rencontrer le nom d'une personne de connaissance, le plaisir de comprendre que c'était bien des tiges de vrais tilleuls, comme ceux que je voyais avenue de la Gare, modifiées, justement parce que c'étaient non des doubles, mais elles-mêmes et qu'elles avaient vieilli. Et chaque caractère nouveau n'y étant que la métamorphose d'un caractère ancien, dans de petites boules grises je reconnaissais les boutons verts qui ne sont pas venus à terme ; mais surtout l'éclat rose, lunaire et doux qui faisait se détacher les fleurs dans la forêt fragile des tiges où elles étaient suspendues comme de petites roses d'or – signe, comme la lueur qui révèle encore sur une muraille la place d'une fresque effacée, de la différence entre les parties de l'arbre qui avaient été « en couleur » et celles qui ne l'avaient pas été – me montrait que ces pétales étaient bien ceux qui avant de fleurir le sac de pharmacie avaient embaumé les soirs de printemps. Cette flamme rose de cierge, c'était leur couleur encore, mais à demi éteinte et assoupie dans cette vie diminuée qu'était la leur maintenant et qui est comme le crépuscule des fleurs. Bientôt ma tante pouvait tremper dans l'infusion bouillante dont elle savourait le goût de feuille morte ou de fleur fanée une petite madeleine dont elle me tendait un morceau quand il était suffisamment amolli.

D'un côté de son lit était une grande commode jaune en bois de citronnier et une table qui tenait à la fois de l'officine et du maître-autel, où, au-dessus d'une statuette de la Vierge et d'une bouteille de Vichy-Célestins, on trouvait des livres de messe et des ordonnances de médicaments, tous ce qu'il fallait pour suivre de son lit les offices et son régime, pour ne manquer l'heure ni de la pepsine, ni des Vêpres. De l'autre côté, son lit longeait la fenêtre, elle avait la rue sous les yeux et y lisait du matin au soir, pour se désennuyer, à la façon des princes persans, la chronique quotidienne mais immémoriale de Combray, qu'elle commentait ensuite avec Françoise.

Je n'étais pas avec ma tante depuis cinq minutes, qu'elle me renvoyait par peur que je la fatigue. Elle tendait à mes lèvres son triste front pâle et fade sur lequel, à cette heure matinale, elle n'avait pas encore arrangé ses faux cheveux, et où les vertèbres transparaissaient comme les pointes d'une couronne d'épines ou les grains d'un rosaire, et elle me disait : « Allons, mon pauvre enfant, va-t'en, va te préparer pour la messe ; et si en bas tu rencontres Françoise, dis-lui de ne pas s'amuser trop longtemps avec vous, qu'elle monte bientôt voir si je n'ai besoin de rien. »

Françoise, en effet, qui était depuis des années à son service et ne se doutait pas alors qu'elle entrerait un jour tout à fait au nôtre, délaissait un peu ma tante pendant les mois où nous étions là. Il y avait eu dans mon enfance, avant que nous allions à Combray, quand ma tante Léonie passait encore l'hiver à Paris chez sa mère, un temps où je connaissais si peu Françoise que, le 1er janvier, avant d'entrer chez ma grand'tante, ma mère me mettait dans la main une pièce de cinq francs et me disait : « Surtout ne te trompe pas de personne. Attends pour donner que tu m'entendes dire : « Bonjour Françoise » ; en même temps je te toucherai légèrement le bras. » À peine arrivions-nous dans l'obscure antichambre de ma tante que nous apercevions dans l'ombre, sous les tuyaux d'un bonnet éblouissant, raide et fragile comme s'il avait été de sucre filé, les remous concentriques d'un sourire de reconnaissance anticipé. C'était Françoise, immobile et debout dans l'encadrement de la petite porte du corridor comme une statue de sainte dans sa niche. Quand on était un peu habitué à ces ténèbres de chapelle, on distinguait sur son visage l'amour désintéressé de l'humanité, le respect attendri pour les hautes classes qu'exaltait dans les meilleures régions de son cœur l'espoir des étrennes. Maman me pinçait le bras avec violence et disait d'une voix forte : « Bonjour Françoise. » À ce signal mes doigts s'ouvraient et je lâchais la pièce qui trouvait pour la recevoir une main confuse, mais tendue. Mais depuis que nous allions à Combray je ne connaissais personne mieux que Françoise ; nous étions ses préférés, elle avait pour nous, au moins pendant les premières années, avec autant de considération que pour ma tante, un goût plus vif, parce que nous ajoutions, au prestige de faire partie de la famille (elle avait pour les liens invisibles que noue entre les membres d'une famille la circulation d'un même sang, autant de respect qu'un tragique grec), le charme de n'être pas ses maîtres habituels. Aussi, avec quelle joie elle nous recevait, nous plaignant de n'avoir pas encore plus beau temps, le jour de notre arrivée, la veille de Pâques, où souvent il faisait un vent glacial, quand maman lui demandait des nouvelles de sa fille et de ses neveux, si son petit-fils était gentil, ce qu'on comptait faire de lui, s'il ressemblerait à sa grand'mère.

Et quand il n'y avait plus de monde là, maman qui savait que Françoise pleurait encore ses parents morts depuis des années, lui parlait d'eux avec douceur, lui demandait mille détails sur ce qu'avait été leur vie.

Elle avait deviné que Françoise n'aimait pas son gendre et qu'il lui gâtait le plaisir qu'elle avait à être avec sa fille, avec qui elle ne causait pas aussi librement quand il était là. Aussi, quand Françoise allait les voir, à quelques lieues de Combray, maman lui disait en souriant : « N'est-ce pas Françoise, si Julien a été obligé de s'absenter et si vous avez Marguerite à vous toute seule pour toute la journée, vous serez désolée, mais vous vous ferez une raison ? » Et Françoise disait en riant : « Madame sait tout ; madame est pire que les rayons X (elle disait x avec une difficulté affectée et un sourire pour se railler elle-même, ignorante, d'employer ce terme savant), qu'on a fait venir pour Mme Octave et qui voient ce que vous avez dans le cœur », et disparaissait, confuse qu'on s'occupât d'elle, peut-être pour qu'on ne la vît pas pleurer ; maman était la première personne qui lui donnât cette douce émotion de sentir que sa vie, ses bonheurs, ses chagrins de paysanne pouvaient présenter de l'intérêt, être un motif de joie ou de tristesse pour une autre qu'elle-même. Ma tante se résignait à se priver un peu d'elle pendant notre séjour, sachant combien ma mère appréciait le service de cette bonne si intelligente et active, qui était aussi belle dès cinq heures du matin dans sa cuisine, sous son bonnet dont le tuyautage éclatant et fixe avait l'air d'être en biscuit, que pour aller à la grand'messe ; qui faisait tout bien, travaillant comme un cheval, qu'elle fût bien portante ou non, mais sans bruit, sans avoir l'air de rien faire, la seule des bonnes de ma tante qui, quand maman demandait de l'eau chaude ou du café noir, les apportait vraiment bouillants ; elle était un de ces serviteurs qui, dans une maison, sont à la fois ceux qui déplaisent le plus au premier abord à un étranger, peut-être parce qu'ils ne prennent pas la peine de faire sa conquête et n'ont pas pour lui de prévenance, sachant très bien qu'ils n'ont aucun besoin de lui, qu'on cesserait de le recevoir plutôt que de les renvoyer ; et qui sont en revanche ceux à qui tiennent le plus les maîtres qui ont éprouvé leur capacités réelles, et ne se soucient pas de cet agrément superficiel, de ce bavardage servile qui fait favorablement impression à un visiteur, mais qui recouvre souvent une inéducable nullité.

Quand Françoise, après avoir veillé à ce que mes parents eussent tout ce qu'il leur fallait, remontait une première fois chez ma tante pour lui donner sa pepsine et lui demander ce qu'elle prendrait pour déjeuner, il était bien rare qu'il ne fallût pas donner déjà son avis ou fournir des explications sur quelque événement d'importance :

– Françoise, imaginez-vous que Mme Goupil est passée plus d'un quart d'heure en retard pour aller chercher sa sœur ; pour peu qu'elle s'attarde sur son chemin cela ne me surprendrait point qu'elle arrive après l'élévation.

– Hé ! il n'y aurait rien d'étonnant, répondait Françoise.

– Françoise, vous seriez venue cinq minutes plus tôt, vous auriez vu passer Mme Imbert qui tenait des asperges deux fois grosses comme celles de la mère Callot ; tâchez donc de savoir par sa bonne où elle les a eues. Vous qui, cette année, nous mettez des asperges à toutes les sauces, vous auriez pu en prendre de pareilles pour nos voyageurs.

– Il n'y aurait rien d'étonnant qu'elles viennent de chez M. le Curé, disait Françoise.

– Ah ! je vous crois bien, ma pauvre Françoise, répondait ma tante en haussant les épaules. Chez M. le Curé ! Vous savez bien qu'il ne fait pousser que de petites méchantes asperges de rien. Je vous dis que celles-là étaient grosses comme le bras. Pas comme le vôtre, bien sûr, mais comme mon pauvre bras qui a encore tant maigri cette année.

– Françoise, vous n'avez pas entendu ce carillon qui m'a cassé la tête ?

– Non, madame Octave.

– Ah ! ma pauvre fille, il faut que vous l'ayez solide votre tête, vous pouvez remercier le Bon Dieu. C'était la Maguelone qui était venue chercher le docteur Piperaud. Il est ressorti tout de suite avec elle et ils ont tourné par la rue de l'Oiseau. Il faut qu'il y ait quelque enfant de malade.

– Eh ! là, mon Dieu, soupirait Françoise, qui ne pouvait pas entendre parler d'un malheur arrivé à un inconnu, même dans une partie du monde éloignée, sans commencer à gémir.

– Françoise, mais pour qui donc a-t-on sonné la cloche des morts ? Ah ! mon Dieu, ce sera pour Mme Rousseau. Voilà-t-il pas que j'avais oublié qu'elle a passé l'autre nuit. Ah ! il est temps que le Bon Dieu me rappelle, je ne sais plus ce que j'ai fait de ma tête depuis la mort de mon pauvre Octave. Mais je vous fais perdre votre temps, ma fille.

– Mais non, madame Octave, mon temps n'est pas si cher ; celui qui l'a fait ne nous l'a pas vendu. Je vas seulement voir si mon feu ne s'éteint pas.

Ainsi Françoise et ma tante appréciaient-elles ensemble au cours de cette séance matinale, les premiers événements du jour. Mais quelquefois ces événements revêtaient un caractère si mystérieux et si grave que ma tante sentait qu'elle ne pourrait pas attendre le moment où Françoise monterait, et quatre coups de sonnette formidables retentissaient dans la maison.

– Mais, madame Octave, ce n'est pas encore l'heure de la pepsine, disait Françoise. Est-ce que vous vous êtes senti une faiblesse ?

– Mais non, Françoise, disait ma tante, c'est-à-dire, si, vous savez bien que maintenant les moments où je n'ai pas de faiblesse sont bien rares ; un jour je passerai comme Mme Rousseau sans avoir eu le temps de me reconnaître ; mais ce n'est pas pour cela que je sonne. Croyez-vous pas que je viens de voir comme je vous vois Mme Goupil avec une fillette que je ne connais point. Allez donc chercher deux sous de sel chez Camus. C'est bien rare si Théodore ne peut pas vous dire qui c'est.

– Mais ça sera la fille de M. Pupin, disait Françoise qui préférait s'en tenir à une explication immédiate, ayant été déjà deux fois depuis le matin chez Camus.

– La fille de M. Pupin ! Oh ! je vous crois bien, ma pauvre Françoise ! Avec cela que je ne l'aurais pas reconnue ?

– Mais je ne veux pas dire la grande, madame Octave, je veux dire la gamine, celle qui est en pension à Jouy. Il me ressemble de l'avoir déjà vue ce matin.

– Ah ! à moins de ça, disait ma tante. Il faudrait qu'elle soit venue pour les fêtes. C'est cela ! Il n'y a pas besoin de chercher, elle sera venue pour les fêtes. Mais alors nous pourrions bien voir tout à l'heure Mme Sazerat venir sonner chez sa sœur pour le déjeuner. Ce sera ça ! J'ai vu le petit de chez Galopin qui passait avec une tarte ! Vous verrez que la tarte allait chez Mme Goupil.

– Dès l'instant que Mme Goupil a de la visite, madame Octave, vous n'allez pas tarder à voir tout son monde rentrer pour le déjeuner, car il commence à ne plus être de bonne heure, disait Françoise qui, pressée de redescendre s'occuper du déjeuner, n'était pas fâchée de laisser à ma tante cette distraction en perspective.

– Oh ! pas avant midi, répondait ma tante d'un ton résigné, tout en jetant sur la pendule un coup d'œil inquiet, mais furtif pour ne pas laisser voir qu'elle, qui avait renoncé à tout, trouvait pourtant, à apprendre que Mme Goupil avait à déjeuner, un plaisir aussi vif, et qui se ferait malheureusement attendre encore un peu plus d'une heure. Et encore cela tombera pendant mon déjeuner ! ajouta-t-elle à mi-voix pour elle-même. Son déjeuner lui était une distraction suffisante pour qu'elle n'en souhaitât pas une autre en même temps. « Vous n'oublierez pas au moins de me donner mes œufs à la crème dans une assiette plate ? » C'étaient les seules qui fussent ornées de sujets, et ma tante s'amusait à chaque repas à lire la légende de celle qu'on lui servait ce jour-là. Elle mettait ses lunettes, déchiffrait : Alibaba et quarante voleurs, Aladin ou la Lampe merveilleuse, et disait en souriant : Très bien, très bien.

– Je serais bien allée chez Camus... disait Françoise en voyant que ma tante ne l'y enverrait plus.

– Mais non, ce n'est plus la peine, c'est sûrement Mlle Pupin. Ma pauvre Françoise, je regrette de vous avoir fait monter pour rien.

Mais ma tante savait bien que ce n'était pas pour rien qu'elle avait sonné Françoise, car, à Combray, une personne « qu'on ne connaissait point » était un être aussi peu croyable qu'un dieu de la mythologie, et de fait on ne se souvenait pas que, chaque fois que s'était produite, dans la rue de Saint-Esprit ou sur la place, une de ces apparitions stupéfiantes, des recherches bien conduites n'eussent pas fini par réduire le personnage fabuleux aux proportions d'une « personne qu'on connaissait », soit personnellement, soit abstraitement, dans son état civil, en tant qu'ayant tel degré de parenté avec des gens de Combray. C'était le fils de Mme Sauton qui rentrait du service, la nièce de l'abbé Perdreau qui sortait de couvent, le frère du curé, percepteur à Châteaudun qui venait de prendre sa retraite ou qui était venu passer les fêtes. On avait eu en les apercevant l'émotion de croire qu'il y avait à Combray des gens qu'on ne connaissait point simplement parce qu'on ne les avait pas reconnus ou identifiés tout de suite. Et pourtant, longtemps à l'avance, Mme Sauton et le curé avaient prévenu qu'ils attendaient leurs « voyageurs ». Quand le soir, je montais, en rentrant, raconter notre promenade à ma tante, si j'avais l'imprudence de lui dire que nous avions rencontré près du Pont-Vieux, un homme que mon grand-père ne connaissait pas : « Un homme que grand-père ne connaissait point, s'écriait-elle. Ah ! je te crois bien ! » Néanmoins un peu émue de cette nouvelle, elle voulait en avoir le cœur net, mon grand-père était mandé. « Qui donc est-ce que vous avez rencontré près du Pont-Vieux, mon oncle ? un homme que vous ne connaissiez point ? » – « Mais si, répondait mon grand-père, c'était Prosper le frère du jardinier de Mme Bouillebœuf. » – « Ah ! bien », disait ma tante, tranquillisée et un peu rouge ; haussant les épaules avec un sourire ironique, elle ajoutait : « Aussi il me disait que vous aviez rencontré un homme que vous ne connaissiez point ! » Et on me recommandait d'être plus circonspect une autre fois et de ne plus agiter ainsi ma tante par des paroles irréfléchies. On connaissait tellement bien tout le monde, à Combray, bêtes et gens, que si ma tante avait vu par hasard passer un chien « qu'elle ne connaissait point », elle ne cessait d'y penser et de consacrer à ce fait incompréhensible ses talents d'induction et ses heures de liberté.

– Ce sera le chien de Mme Sazerat, disait Françoise, sans grande conviction, mais dans un but d'apaisement et pour que ma tante ne se « fende pas la tête ».

– Comme si je ne connaissais pas le chien de Mme Sazerat ! répondait ma tante donc l'esprit critique n'admettait pas si facilement un fait.

– Ah ! ce sera le nouveau chien que M. Galopin a rapporté de Lisieux.

– Ah ! à moins de ça.

– Il paraît que c'est une bête bien affable, ajoutait Françoise qui tenait le renseignement de Théodore, spirituelle comme une personne, toujours de bonne humeur, toujours aimable, toujours quelque chose de gracieux. C'est rare qu'une bête qui n'a que cet âge-là soit déjà si galante. Madame Octave, il va falloir que je vous quitte, je n'ai pas le temps de m'amuser, voilà bientôt dix heures, mon fourneau n'est seulement pas éclairé, et j'ai encore à plumer mes asperges.

– Comment, Françoise, encore des asperges ! mais c'est une vraie maladie d'asperges que vous avez cette année, vous allez en fatiguer nos Parisiens !

– Mais non, madame Octave, ils aiment bien ça. Ils rentreront de l'église avec de l'appétit et vous verrez qu'ils ne les mangeront pas avec le dos de la cuiller.

– Mais à l'église, ils doivent y être déjà ; vous ferez bien de ne pas perdre de temps. Allez surveiller votre déjeuner.

Pendant que ma tante devisait ainsi avec Françoise, j'accompagnais mes parents à la messe. Que je l'aimais, que je la revois bien, notre église ! Son vieux porche par lequel nous entrions, noir, grêlé comme une écumoire, était dévié et profondément creusé aux angles (de même que le bénitier où il nous conduisait) comme si le doux effleurement des mantes des paysannes entrant à l'église et de leurs doigts timides prenant de l'eau bénite, pouvait, répété pendant des siècles, acquérir une force destructive, infléchir la pierre et l'entailler de sillons comme en trace la roue des carrioles dans la borne contre laquelle elle bute tous les jours. Ses pierres tombales, sous lesquelles la noble poussière des abbés de Combray, enterrés là, faisait au chœur comme un pavage spirituel, n'étaient plus elles-mêmes de la matière inerte et dure, car le temps les avait rendues douces et fait couler comme du miel hors des limites de leur propre équarrissure qu'ici elles avaient dépassées d'un flot blond, entraînant à la dérive une majuscule gothique en fleurs, noyant les violettes blanches du marbre ; et en deçà desquelles, ailleurs, elles s'étaient résorbées, contractant encore l'elliptique inscription latine, introduisant un caprice de plus dans la disposition de ces caractères abrégés, rapprochant deux lettres d'un mot dont les autres avaient été démesurément distendues. Ses vitraux ne chatoyaient jamais tant que les jours où le soleil se montrait peu, de sorte que, fît-il gris dehors, on était sûr qu'il ferait beau dans l'église ; l'un était rempli dans toute sa grandeur par un seul personnage pareil à un Roi de jeu de cartes, qui vivait là-haut, sous un dais architectural, entre ciel et terre ; (et dans le reflet oblique et bleu duquel, parfois les jours de semaine, à midi, quand il n'y a pas d'office – à l'un de ces rares moments où l'église aérée, vacante, plus humaine, luxueuse, avec du soleil sur son riche mobilier, avait l'air presque habitable comme le hall de pierre sculptée et de verre peint, d'un hôtel de style moyen âge – on voyait s'agenouiller un instant Mme Sazerat, posant sur le prie-Dieu voisin un paquet tout ficelé de petits fours qu'elle venait de prendre chez le pâtissier d'en face et qu'elle allait rapporter pour le déjeuner) ; dans un autre une montagne de neige rose, au pied de laquelle se livrait un combat, semblait avoir givré à même la verrière qu'elle boursouflait de son trouble grésil comme une vitre à laquelle il serait resté des flocons éclairés par quelque aurore (par la même sans doute qui empourprait le retable de l'autel de tons si frais qu'ils semblaient plutôt posés là momentanément par une lueur du dehors prête à s'évanouir que par des couleurs attachées à jamais à la pierre) ; et tous étaient si anciens qu'on voyait çà et là leur vieillesse argentée étinceler de la poussière des siècles et montrer brillante et usée jusqu'à la corde la trame de leur douce tapisserie de verre. Il y en avait un qui était un haut compartiment divisé en une centaine de petits vitraux rectangulaires où dominait le bleu, comme un grand jeu de cartes pareil à ceux qui devaient distraire le roi Charles VI ; mais soit qu'un rayon eût brillé, soit que mon regard en bougeant eût promené à travers la verrière tour à tour éteinte et rallumée un mouvant et précieux incendie, l'instant d'après elle avait pris l'éclat changeant d'une traîne de paon, puis elle tremblait et ondulait en une pluie flamboyante et fantastique qui dégouttait du haut de la voûte sombre et rocheuse, le long des parois humides, comme si c'était dans la nef de quelque grotte irisée de sinueux stalactites que je suivais mes parents, qui portaient leur paroissien ; un instant après les petits vitraux en losange avaient pris la transparence profonde, l'infrangible dureté de saphirs qui eussent été juxtaposés sur quelque immense pectoral, mais derrière lesquels on sentait, plus aimé que toutes ces richesses, un sourire momentané de soleil ; il était aussi reconnaissable dans le flot bleu et doux dont il baignait les pierreries que sur le pavé de la place ou la paille du marché ; et, même à nos premiers dimanches quand nous étions arrivés avant Pâques, il me consolait que la terre fût encore nue et noire, en faisant épanouir, comme en un printemps historique et qui datait des successeurs de saint Louis, ce tapis éblouissant et doré de myosotis en verre.

Deux tapisseries de haute lice représentaient le couronnement d'Esther (la tradition voulait qu'on eût donné à Assuérus les traits d'un roi de France et à Esther ceux d'une dame de Guermantes dont il était amoureux) auxquelles leurs couleurs, en fondant, avaient ajouté une expression, un relief, un éclairage : un peu de rose flottait aux lèvres d'Esther au delà du dessin de leur contour ; le jaune de sa robe s'étalait si onctueusement, si grassement, qu'elle en prenait une sorte de consistance et s'enlevait vivement sur l'atmosphère refoulée ; et la verdure des arbres restée vive dans les parties basses du panneau de soie et de laine, mais ayant « passé » dans le haut, faisait se détacher en plus pâle, au-dessus des troncs foncés, les hautes branches jaunissantes, dorées et comme à demi effacées par la brusque et oblique illumination d'un soleil invisible. Tout cela, et plus encore les objets précieux venus à l'église de personnages qui étaient pour moi presque des personnages de légende (la croix d'or travaillée, disait-on, par saint Éloi et donnée par Dagobert, le tombeau des fils de Louis le Germanique, en porphyre et en cuivre émaillé), à cause de quoi je m'avançais dans l'église, quand nous gagnions nos chaises, comme dans une vallée visitée des fées, où le paysan s'émerveille de voir dans un rocher, dans un arbre, dans une mare, la trace palpable de leur passage surnaturel ; tout cela faisait d'elle pour moi quelque chose d'entièrement différent du reste de la ville : un édifice occupant, si l'on peut dire, un espace à quatre dimensions – la quatrième étant celle du Temps – déployant à travers les siècles son vaisseau qui, de travée en travée, de chapelle en chapelle, semblait vaincre et franchir, non pas seulement quelques mètres, mais des époques successives d'où il sortait victorieux ; dérobant le rude et farouche XIe siècle dans l'épaisseur de ses murs, d'où il n'apparaissait avec ses lourds cintres bouchés et aveuglés de grossiers moellons que par la profonde entaille que creusait près du porche l'escalier du clocher, et, même là, dissimulé par les gracieuses arcades gothiques qui se pressaient coquettement devant lui comme de plus grandes sœurs, pour le cacher aux étrangers, se placent en souriant devant un jeune frère rustre, grognon et mal vêtu ; élevant dans le ciel au-dessus de la Place, sa tour qui avait contemplé saint Louis et semblait le voir encore ; et s'enfonçant avec sa crypte dans une nuit mérovingienne où, nous guidant à tâtons sous la voûte obscure et puissamment nervurée comme la membrane d'une immense chauve-souris de pierre, Théodore et sa sœur nous éclairaient d'une bougie le tombeau de la petite fille de Sigebert, sur lequel une profonde valve – comme la trace d'un fossile – avait été creusée, disait-on, « par une lampe de cristal qui, le soir du meurtre de la princesse franque, s'était détachée d'elle-même des chaînes d'or où elle était suspendue à la place de l'actuelle abside, et, sans que le cristal se brisât, sans que la flamme s'éteignît, s'était enfoncée dans la pierre et l'avait fait mollement céder sous elle ».

L'abside de l'église de Combray, peut-on vraiment en parler ? Elle était si grossière, si dénuée de beauté artistique et même d'élan religieux. Du dehors, comme le croisement des rues sur lequel elle donnait était en contre-bas, sa grossière muraille s'exhaussait d'un soubassement en moellons nullement polis, hérissés de cailloux, et qui n'avait rien de particulièrement ecclésiastique, les verrières semblaient percées à une hauteur excessive, et le tout avait plus l'air d'un mur de prison que d'église. Et certes, plus tard, quand je me rappelais toutes les glorieuses absides que j'ai vues, il ne me serait jamais venu à la pensée de rapprocher d'elles l'abside de Combray. Seulement, un jour, au détour d'une petite rue provinciale, j'aperçus, en face du croisement de trois ruelles, une muraille fruste et surélevée, avec des verrières percées en haut et offrant le même aspect asymétrique que l'abside de Combray. Alors je ne me suis pas demandé comme à Chartres ou à Reims avec quelle puissance y était exprimé le sentiment religieux, mais je me suis involontairement écrié : « L'Église ! »

L'église ! Familière ; mitoyenne, rue Saint-Hilaire, où était sa porte nord, de ses deux voisines, la pharmacie de M. Rapin et la maison de Mme Loiseau, qu'elle touchait sans aucune séparation ; simple citoyenne de Combray qui aurait pu avoir son numéro dans la rue si les rues de Combray avaient eu des numéros, et où il semble que le facteur aurait dû s'arrêter le matin quand il faisait sa distribution, avant d'entrer chez Mme Loiseau et en sortant de chez M. Rapin, il y avait pourtant entre elle et tout ce qui n'était pas elle une démarcation que mon esprit n'a jamais pu arriver à franchir. Mme Loiseau avait beau avoir à sa fenêtre des fuchsias, qui prenaient la mauvaise habitude de laisser leurs branches courir toujours partout tête baissée, et dont les fleurs n'avaient rien de plus pressé, quand elles étaient assez grandes, que d'aller rafraîchir leurs joues violettes et congestionnées contre la sombre façade de l'église, les fuchsias ne devenaient pas sacrés pour cela pour moi ; entre les fleurs et la pierre noircie sur laquelle elles s'appuyaient, si mes yeux ne percevaient pas d'intervalle, mon esprit réservait un abîme.

On reconnaissait le clocher de Saint-Hilaire de bien loin, inscrivant sa figure inoubliable à l'horizon où Combray n'apparaissait pas encore ; quand du train qui, la semaine de Pâques, nous amenait de Paris, mon père l'apercevait qui filait tour à tour sur tous les sillons du ciel, faisant courir en tous sens son petit coq de fer, il nous disait : « Allons, prenez les couvertures, on est arrivé. » Et dans une des plus grandes promenades que nous faisions de Combray, il y avait un endroit où la route resserrée débouchait tout à coup sur un immense plateau fermé à l'horizon par des forêts déchiquetées que dépassait seul la fine pointe du clocher de Saint-Hilaire, mais si mince, si rose, qu'elle semblait seulement rayée sur le ciel par un ongle qui aurait voulu donner à ce paysage, à ce

71

tableau rien que de nature, cette petite marque d'art, cette unique indication humaine. Quand on se rapprochait et qu'on pouvait apercevoir le reste de la tour carrée et à demi détruite qui, moins haute, subsistait à côté de lui, on était frappé surtout du ton rougeâtre et sombre des pierres ; et, par un matin brumeux d'automne, on aurait dit, s'élevant au-dessus du violet orageux des vignobles, une ruine de pourpre presque de la couleur de la vigne vierge.

Souvent sur la place, quand nous rentrions, ma grand'mère me faisait arrêter pour le regarder. Des fenêtres de sa tour, placées deux par deux les unes au-dessus des autres, avec cette juste et originale proportion dans les distances qui ne donne pas de la beauté et de la dignité qu'aux visages humains, il lâchait, laissait tomber à intervalles réguliers des volées de corbeaux qui, pendant un moment, tournoyaient en criant, comme si les vieilles pierres qui les laissaient s'ébattre sans paraître les voir, devenues tout d'un coup inhabitables et dégageant un principe d'agitation infinie, les avait frappés et repoussés. Puis, après avoir rayé en tous sens le velours violet de l'air du soir, brusquement calmés ils revenaient s'absorber dans la tour, de néfaste redevenue propice, quelques-uns posés çà et là, ne semblant pas bouger, mais happant peut-être quelque insecte, sur la pointe d'un clocheton, comme une mouette arrêtée avec l'immobilité d'un pêcheur à la crête d'une vague. Sans trop savoir pourquoi, ma grand'mère trouvait au clocher de Saint-Hilaire cette absence de vulgarité, de prétention, de mesquinerie, qui lui faisait aimer et croire riches d'une influence bienfaisante la nature quand la main de l'homme ne l'avait pas, comme faisait le jardinier de ma grand'tante, rapetissée, et les œuvres de génie. Et sans doute, toute partie de l'église qu'on apercevait la distinguait de tout autre édifice par une sorte de pensée qui lui était infuse, mais c'était dans son clocher qu'elle semblait prendre conscience d'elle-même, affirmer une existence individuelle et responsable. C'était lui qui parlait pour elle. Je crois surtout que, confusément, ma grand'mère trouvait au clocher de Combray ce qui pour elle avait le plus de prix au monde, l'air naturel et l'air distingué. Ignorante en architecture, elle disait : « Mes enfants, moquez-vous de moi si vous voulez, il n'est peut-être pas beau dans les règles, mais sa vieille figure bizarre me plaît. Je suis sûre que s'il jouait du piano, il ne jouerait pas *sec*. » Et en le regardant, en suivant des yeux la douce tension, l'inclinaison fervente de ses pentes de pierre qui se rapprochaient en s'élevant comme des mains jointes qui prient, elle s'unissait si bien à l'effusion de la flèche, que son regard semblait s'élancer avec elle ; et en même temps elle souriait amicalement aux vieilles pierres usées dont le couchant n'éclairait plus que le faîte et qui, à partir du moment où elles entraient dans cette zone ensoleillée, adoucies par la lumière, paraissaient tout d'un coup montées bien plus haut, lointaines, comme un chant repris « en voix de tête » une octave au-dessus.

C'était le clocher de Saint-Hilaire qui donnait à toutes les occupations, à toutes les heures, à tous les points de vue de la ville, leur figure, leur couronnement, leur consécration. De ma chambre, je ne pouvais apercevoir que sa base qui avait été recouverte d'ardoises ; mais quand, le dimanche, je les voyais, par une chaude matinée d'été, flamboyer comme un soleil noir, je me disais : « Mon Dieu ! neuf heures ! il faut se préparer pour aller à la grand'messe si je veux avoir le temps d'aller embrasser tante Léonie avant », et je savais exactement la couleur qu'avait le soleil sur la place, la chaleur et la poussière du marché, l'ombre que faisait le store du magasin où maman entrerait peut-être avant la messe, dans une odeur de toile écrue, faire emplette de quelque mouchoir que lui ferait montrer, en cambrant la taille, le patron qui, tout en se préparant à fermer, venait d'aller dans l'arrière-boutique passer sa veste du dimanche et se savonner les mains qu'il avait l'habitude, toutes les cinq minutes, même dans les circonstances les plus mélancoliques, de frotter l'une contre l'autre d'un air d'entreprise, de partie fine et de réussite.

Quand après la messe, on entrait dire à Théodore d'apporter une brioche plus grosse que d'habitude parce que nos cousins avaient profité du beau temps pour venir de Thiberzy déjeuner avec nous, on avait devant soi le clocher qui, doré et cuit lui-même comme une plus grande brioche bénie, avec des écailles et des égouttements gommeux de soleil, piquait sa pointe aiguë dans le ciel bleu. Et le soir, quand je rentrais de promenade et pensais au moment où il faudrait tout à l'heure dire bonsoir à ma mère et ne plus la voir, il était au contraire si doux, dans la journée finissante, qu'il avait l'air d'être posé et enfoncé comme un coussin de velours brun sur le ciel pâli qui avait cédé sous sa pression, s'était creusé légèrement pour lui faire sa place et refluait sur ses bords ; et les cris des oiseaux qui tournaient autour de lui semblaient accroître son silence, élancer encore sa flèche et lui donner quelque chose d'ineffable.

Même dans les courses qu'on avait à faire derrière l'église, là où on ne la voyait pas, tout semblait ordonné par rapport au clocher surgi ici ou là entre les maisons, peut-être plus émouvant encore quand il apparaissait ainsi sans l'église. Et certes, il y en a bien d'autres qui sont plus beaux vus de cette façon, et j'ai dans mon souvenir des vignettes de clochers dépassant les toits, qui ont un autre caractère d'art que celles que composaient les tristes rues de Combray. Je n'oublierai jamais dans une curieuse ville de Normandie voisine de Balbec, deux charmants hôtels du XVIIIe siècle, qui me sont à beaucoup d'égards chers et vénérables et entre lesquels, quand on la regarde du beau jardin qui descend des perrons vers la rivière, la flèche gothique d'une église qu'ils cachent s'élance, ayant l'air de terminer, de surmonter leurs façades, mais d'une matière si différente, si précieuse, si annelée, si rose, si vernie, qu'on voit bien qu'elle n'en fait pas plus partie que de deux beaux galets unis, entre lesquels elle est prise sur la plage, la flèche purpurine et crénelée de quelque coquillage fuselé en tourelle et glacé d'émail. Même à Paris, dans un des quartiers les plus laids de la ville, je sais une fenêtre où on voit après un premier, un second et même un troisième plan fait des toits amoncelés de plusieurs rues, une cloche violette, parfois rougeâtre, parfois aussi, dans les plus nobles « épreuves » qu'en tire l'atmosphère, d'un noir décanté de cendres, laquelle n'est autre que le dôme Saint-Augustin et qui donne à cette vue de Paris le caractère de certaines vues de Rome par Piranesi. Mais comme dans aucune de ces petites gravures, avec quelque goût que ma mémoire ait pu les exécuter, elle ne put mettre ce que j'avais perdu depuis longtemps, le sentiment qui nous fait non pas considérer une chose comme un spectacle, mais y croire comme en un être sans équivalent, aucune d'elles ne tient sous sa dépendance toute une partie profonde de ma vie, comme fait le souvenir de ces aspects du clocher de Combray dans les rues qui sont derrière l'église. Qu'on le vît à cinq heures, quand on allait chercher les lettres à la poste, à quelques maisons de soi, à gauche, surélevant brusquement d'une cime isolée la ligne de faîte des toits ; que si, au contraire, on voulait entrer demander des nouvelles de Mme Sazerat, on suivît des yeux cette ligne redevenue basse après la descente de son autre versant en sachant qu'il faudrait tourner à la deuxième rue après le clocher ; soit qu'encore, poussant plus loin, si on allait à la gare, on le vît obliquement, montrant de profil des arêtes et des surfaces nouvelles comme un solide surpris à un moment inconnu de sa révolution ; ou que, des bords de la Vivonne, l'abside musculeusement ramassée et remontée par la perspective semblât jaillir de l'effort que le clocher faisait pour lancer sa flèche au cœur du ciel ; c'était toujours à lui qu'il fallait revenir, toujours lui qui dominait tout, sommant les maisons d'un pinacle inattendu, levé devant moi comme le doigt de Dieu dont le corps eût été caché dans la foule des humains sans que je le confondisse pour cela avec elle. Et aujourd'hui encore si, dans une grande ville de province ou dans un quartier de Paris que je connais mal, un passant qui m'a « mis dans mon chemin » me montre au loin, comme un point de repère, tel beffroi d'hôpital, tel clocher de couvent levant la pointe de son bonnet ecclésiastique au coin d'une rue que je dois prendre, pour peu que ma mémoire puisse obscurément lui trouver quelque trait de ressemblance avec la figure chère et disparue, le passant, s'il se retourne pour s'assurer que je ne m'égare pas, peut, à son étonnement, m'apercevoir qui, oublieux de la promenade entreprise ou de la course obligée, reste là, devant le clocher, pendant des heures, immobile, essayant de me souvenir, sentant au fond de moi des terres reconquises sur l'oubli qui s'assèchent et se rebâtissent ; et sans doute alors, et plus anxieusement que tout à l'heure quand je lui demandais de me renseigner, je cherche encore mon chemin, je tourne une rue... mais... c'est dans mon cœur...

En rentrant de la messe, nous rencontrions souvent M. Legrandin qui, retenu à Paris par sa profession d'ingénieur, ne pouvait, en dehors des grandes vacances, venir à sa propriété de Combray que du samedi soir au lundi matin. C'était un de ces hommes qui, en dehors d'une carrière scientifique où ils ont d'ailleurs brillamment réussi, possèdent une culture toute différente, littéraire, artistique, que leur spécialisation professionnelle n'utilise pas et dont profite leur conversation. Plus lettrés que bien des littérateurs (nous ne savions pas à cette époque que M. Legrandin eût une certaine réputation comme écrivain et nous fûmes très étonnés de voir qu'un musicien célèbre avait composé une mélodie sur des vers de lui), doués de plus de « facilité » que bien des peintres, ils s'imaginent que la vie qu'ils mènent n'est pas celle qui leur aurait convenu et apportent à leurs occupations positives soit une insouciance mêlée de fantaisie, soit une application soutenue et hautaine, méprisante, amère et consciencieuse. Grand, avec une belle tournure, un visage pensif et fin aux longues moustaches blondes, au regard bleu et désenchanté, d'une politesse raffinée, causeur comme nous n'en avions jamais entendu, il était aux yeux de ma famille, qui le citait toujours en exemple, le type de l'homme d'élite, prenant la vie de la façon la plus noble et la plus délicate. Ma grand'mère lui reprochait seulement de parler un peu trop bien, un peu trop comme un livre, de ne pas avoir dans son langage le naturel qu'il y avait dans ses cravates lavallière toujours flottantes, dans son veston droit presque d'écolier. Elle s'étonnait aussi des tirades enflammées qu'il entamait souvent contre l'aristocratie, la vie mondaine, le snobisme, « certainement le péché auquel pense saint Paul quand il parle du péché pour lequel il n'y a pas de rémission. »

L'ambition mondaine était un sentiment que ma grand'mère était si incapable de ressentir et presque de comprendre, qu'il lui paraissait bien inutile de mettre tant d'ardeur à la flétrir. De plus, elle ne trouvait pas de très bon goût que M. Legrandin, dont la sœur était mariée près de Balbec avec un gentilhomme bas-normand, se livrât à des attaques aussi violentes contre les nobles, allant jusqu'à reprocher à la Révolution de ne les avoir pas tous guillotinés.

– Salut, amis ! nous disait-il en venant à notre rencontre. Vous êtes heureux d'habiter beaucoup ici ; demain il faudra que je rentre à Paris, dans ma niche.

– Oh ! ajoutait-il, avec ce sourire doucement ironique et déçu, un peu distrait, qui lui était particulier, certes il y a dans ma maison toutes les choses inutiles. Il n'y manque que le nécessaire, un grand morceau de ciel comme ici. Tâchez de garder toujours un morceau de ciel au-dessus de votre vie, petit garçon, ajoutait-il en se tournant vers moi. Vous avez une jolie âme, d'une qualité rare, une nature d'artiste, ne la laissez pas manquer de ce qu'il lui faut.

Quand, à notre retour, ma tante nous faisait demander si Mme Goupil était arrivée en retard à la messe, nous étions incapables de la renseigner. En revanche nous ajoutions à son trouble en lui disant qu'un peintre travaillait dans l'église à copier le vitrail de Gilbert le Mauvais. Françoise, envoyée aussitôt chez l'épicier, était revenue bredouille par la faute de l'absence de Théodore à qui sa double profession de chantre ayant une part de l'entretien de l'église, et de garçon épicier donnait, avec des relations dans tous les mondes, un savoir universel.

– Ah ! soupirait ma tante, je voudrais que ce soit déjà l'heure d'Eulalie. Il n'y a vraiment qu'elle qui pourra me dire cela.

Eulalie était une fille boiteuse, active et sourde qui s'était « retirée » après la mort de Mme de la Bretonnerie où elle avait été en place depuis son enfance, et qui avait pris à côté de l'église une chambre, d'où elle descendait tout le temps soit aux offices, soit, en dehors des offices, dire une petite prière ou donner un coup de main à Théodore ; le reste du temps elle allait voir des personnes malades comme ma tante Léonie à qui elle racontait ce qui s'était passé à la messe ou aux vêpres. Elle ne dédaignait pas d'ajouter quelque casuel à la petite rente que lui servait la famille de ses anciens maîtres en allant de temps en temps visiter le linge du curé ou de quelque autre personnalité marquante du monde clérical de Combray. Elle portait au-dessus d'une mante de drap noir un petit béguin blanc, presque de religieuse, et une maladie de peau donnait à une partie de ses joues et à son nez recourbé, les tons rose vif de la balsamine. Ses visites étaient la grande distraction de ma tante Léonie qui ne recevait plus guère personne d'autre, en dehors de M. le Curé. Ma tante avait peu à peu évincé tous les autres visiteurs parce qu'ils avaient le tort à ses yeux de rentrer tous dans l'une ou l'autre des deux catégories de gens qu'elle détestait. Les uns, les pires et dont elle s'était débarrassée les premiers, étaient ceux qui lui conseillaient de ne pas « s'écouter » et professaient, fût-ce négativement et en ne la manifestant que par certains silences de désapprobation ou par certains sourires de doute, la doctrine subversive qu'une petite promenade au soleil et un bon bifteck saignant (quand elle gardait quatorze heures sur l'estomac deux méchantes gorgées d'eau de Vichy !) lui feraient plus de bien que son lit et ses médecines. L'autre catégorie se composait des personnes qui avaient l'air de croire qu'elle était plus gravement malade qu'elle ne pensait, qu'elle était aussi gravement malade qu'elle le disait. Aussi, ceux qu'elle avait laissé monter après quelques hésitations et sur les officieuses instances de Françoise et qui, au cours de leur visite, avaient montré combien ils étaient indignes de la faveur qu'on leur faisait en risquant timidement un : « Ne croyez-vous pas que si vous vous secouiez un peu par un beau temps », ou qui, au contraire, quand elle leur avait dit : « Je suis bien bas, bien bas, c'est la fin, mes pauvres amis », lui avaient répondu : « Ah ! quand on n'a pas la santé ! Mais vous pouvez durer encore comme ça », ceux-là, les uns comme les autres, étaient sûrs de ne plus jamais être reçus. Et si Françoise s'amusait de l'air épouvanté de ma tante quand de son lit elle avait aperçu dans la rue du Saint-Esprit une de ces personnes qui avait l'air de venir chez elle ou quand elle avait entendu un coup de sonnette, elle riait encore bien plus, et comme d'un bon tour, des ruses toujours victorieuses de ma tante pour arriver à les faire congédier et de leur mine déconfite en s'en retournant sans l'avoir vue, et, au fond, admirait sa maîtresse qu'elle jugeait supérieure à tous ces gens puisqu'elle ne voulait pas les recevoir. En somme, ma tante exigeait à la fois qu'on l'approuvât dans son régime, qu'on la plaignît pour ses souffrances et qu'on la rassurât sur son avenir.

C'est à quoi Eulalie excellait. Ma tante pouvait lui dire vingt fois en une minute : « C'est la fin, ma pauvre Eulalie », vingt fois Eulalie répondait : « Connaissant votre maladie comme vous la connaissez, madame Octave, vous irez à cent ans, comme me disait hier encore Mme Sazerin. » (Une des plus fermes croyances d'Eulalie, et que le nombre imposant des démentis apportés par l'expérience n'avait pas suffi à entamer, était que Mme Sazerat s'appelait Mme Sazerin.)

– Je ne demande pas à aller à cent ans, répondait ma tante, qui préférait ne pas voir assigner à ses jours un terme précis.

Et comme Eulalie savait avec cela comme personne distraire ma tante sans la fatiguer, ses visites qui avaient lieu régulièrement tous les dimanches sauf empêchement inopiné, étaient pour ma tante un plaisir dont la perspective l'entretenait ces jours-là dans un état agréable d'abord, mais bien vite douloureux comme une faim excessive, pour peu qu'Eulalie fût en retard. Trop prolongée, cette volupté d'attendre Eulalie tournait en supplice, ma tante ne cessait de regarder l'heure, bâillait, se sentait des faiblesses. Le coup de sonnette d'Eulalie, s'il arrivait tout à la fin de la journée, quand elle ne l'espérait plus, la faisait presque se trouver mal. En réalité, le dimanche, elle ne pensait qu'à cette visite et sitôt le déjeuner fini, Françoise avait hâte que nous quittions la salle à manger pour qu'elle pût monter « occuper » ma tante. Mais (surtout à partir du moment où les beaux jours s'installaient à Combray) il y avait bien longtemps que l'heure altière de midi, descendue de la tour de Saint-Hilaire qu'elle armoriait des douze fleurons momentanés de sa couronne sonore, avait retenti autour de notre table, auprès du pain bénit venu lui aussi familièrement en sortant de l'église, quand nous étions encore assis devant les assiettes des Mille et une Nuits, appesantis par la chaleur et surtout par le repas. Car, au fond permanent d'œufs, de côtelettes, de pommes de terre, de confitures, de biscuits, qu'elle ne nous annonçait même plus, Françoise ajoutait – selon les travaux des champs et des vergers, le fruit de la marée, les hasards du commerce, les politesses des voisins et son propre génie, et si bien que notre menu, comme ces quatre-feuilles qu'on sculptait au XIIIe siècle au portail des cathédrales, reflétait un peu le rythme des saisons et des épisodes de la vie – : une barbue parce que la marchande lui en avait garanti la fraîcheur, une dinde parce qu'elle en avait vu une belle au marché de Roussainville-le-Pin, des cardons à la moelle parce qu'elle ne nous en avait pas encore fait de cette manière-là, un gigot rôti parce que le grand air creuse et qu'il avait bien le temps de descendre d'ici sept heures, des épinards pour changer, des abricots parce que c'était encore une rareté, des groseilles parce que dans quinze jours il n'y en aurait plus, des framboises que M. Swann avait apportées exprès, des cerises, les premières qui vinssent du cerisier du jardin après deux ans qu'il n'en donnait plus, du fromage à la crème que j'aimais bien autrefois, un gâteau aux amandes parce qu'elle l'avait commandé la veille, une brioche parce que c'était notre tour de l'offrir. Quand tout cela était fini, composée expressément pour nous, mais dédiée plus spécialement à mon père qui était amateur, une crème au chocolat, inspiration, attention personnelle de Françoise, nous était offerte, fugitive et légère comme une œuvre de circonstance où elle avait mis tout son talent. Celui qui eût refusé d'en goûter en disant : « J'ai fini, je n'ai plus faim », se serait immédiatement ravalé au rang de ces goujats qui, même dans le présent qu'un artiste leur fait d'une de ses œuvres, regardent au poids et à la matière alors que n'y valent que l'intention et la signature. Même en laisser une seule goutte dans le plat eût témoigné de la même impolitesse que se lever avant la fin du morceau au nez du compositeur.

Enfin ma mère me disait : « Voyons, ne reste pas ici indéfiniment, monte dans ta chambre si tu as trop chaud dehors, mais va d'abord prendre l'air un instant pour ne pas lire en sortant de table. » J'allais m'asseoir près de la pompe et de son auge, souvent ornée, comme un fond gothique, d'une salamandre, qui sculptait sur la pierre fruste le relief mobile de son corps allégorique et fuselé, sur le banc sans dossier ombragé d'un lilas, dans ce petit coin du jardin qui s'ouvrait par une porte de service sur la rue du Saint-Esprit et de la terre peu soignée duquel s'élevait par deux degrés, en saillie de la maison, et comme une construction indépendante, l'arrière-cuisine. On apercevait son dallage rouge et luisant comme du porphyre. Elle avait moins l'air de l'antre de Françoise que d'un petit temple de Vénus. Elle regorgeait des offrandes du crémier, du fruitier, de la marchande de légumes, venus parfois de hameaux assez lointains pour lui dédier les prémices de leurs champs. Et son faîte était toujours couronné du roucoulement d'une colombe.

Autrefois, je ne m'attardais pas dans le bois consacré qui

l'entourait, car, avant de monter lire, j'entrais dans le petit cabinet de repos que mon oncle Adolphe, un frère de mon grand-père, ancien militaire qui avait pris sa retraite comme commandant, occupait au rez-de-chaussée, et qui, même quand les fenêtres ouvertes laissaient entrer la chaleur, sinon les rayons du soleil qui atteignaient rarement jusque-là, dégageait inépuisablement cette odeur obscure et fraîche, à la fois forestière et ancien régime, qui fait rêver longuement les narines quand on pénètre dans certains pavillons de chasse abandonnés. Mais depuis nombre d'années je n'entrais plus dans le cabinet de mon oncle Adolphe, ce dernier ne venant plus à Combray à cause d'une brouille qui était survenue entre lui et ma famille, par ma faute, dans les circonstances suivantes :

Une ou deux fois par mois, à Paris, on m'envoyait lui faire une visite, comme il finissait de déjeuner, en simple vareuse, servi par son domestique en veste de travail de coutil rayé violet et blanc. Il se plaignait en ronchonnant que je n'étais pas venu depuis longtemps, qu'on l'abandonnait ; il m'offrait un massepain ou une mandarine, nous traversions un salon dans lequel on ne s'arrêtait jamais, où on ne faisait jamais de feu, dont les murs étaient ornés de moulures dorées, les plafonds peints d'un bleu qui prétendait imiter le ciel et les meubles capitonnés en satin comme chez mes grands-parents, mais jaune ; puis nous passions dans ce qu'il appelait son cabinet de « travail » aux murs duquel étaient accrochées de ces gravures représentant sur fond noir une déesse charnue et rose conduisant un char, montée sur un globe, ou une étoile au front, qu'on aimait sous le second Empire parce qu'on leur trouvait un air pompéien, puis qu'on détesta, et qu'on recommence à aimer pour une seule et même raison, malgré les autres qu'on donne, et qui est qu'elles ont l'air second Empire. Et je restais avec mon oncle jusqu'à ce que son valet de chambre vînt lui demander, de la part du cocher, pour quelle heure celui-ci devait atteler. Mon oncle se plongeait alors dans une méditation qu'aurait craint de troubler d'un seul mouvement son valet de chambre émerveillé, et dont il attendait avec curiosité le résultat, toujours identique. Enfin, après une hésitation suprême, mon oncle prononçait infailliblement ces mots : « Deux heures et quart », que le valet de chambre répétait avec étonnement, mais sans discuter : « Deux heures et quart ? bien...je vais le dire... »

À cette époque j'avais l'amour du théâtre, amour platonique, car mes parents ne m'avaient encore jamais permis d'y aller, et je me représentais d'une façon si peu exacte les plaisirs qu'on y goûtait que je n'étais pas éloigné de croire que chaque spectateur regardait comme dans un stéréoscope un décor qui n'était que pour lui, quoique semblable au millier d'autres que regardait, chacun pour soi, le reste des spectateurs. Tous les matins je courais jusqu'à la colonne Moriss pour voir les spectacles qu'elle annonçait. Rien n'était plus désintéressé et plus heureux que les rêves offerts à mon imagination par chaque pièce annoncée, et qui étaient conditionnés à la fois par les images inséparables des mots qui en composaient le titre et aussi de la couleur des affiches encore humides et boursouflées de colle sur lesquelles il se détachait. Si ce n'est une de ces œuvres étranges comme *le Testament de César Girodot* et *Oedipe-Roi* lesquelles s'inscrivaient, non sur l'affiche verte de l'Opéra-Comique, mais sur l'affiche lie de vin de la Comédie-Française, rien ne me paraissait plus différent de l'aigrette étincelante et blanche des *Diamants de la Couronne* que le satin lisse et mystérieux du *Domino Noir*, et, mes parents m'ayant dit que quand j'irais pour la première fois au théâtre j'aurais à choisir entre ces deux pièces, cherchant à approfondir successivement le titre de l'une et le titre de l'autre, puisque c'était tout ce que je connaissais d'elles, pour tâcher de saisir en chacun le plaisir qu'il me promettait et de le comparer à celui que recélait l'autre, j'arrivais à me représenter avec tant de force, d'une part une pièce éblouissante et fière, de l'autre une pièce douce et veloutée, que j'étais aussi incapable de décider laquelle aurait ma préférence, que si, pour le dessert, on m'avait donné à opter entre du riz à l'Impératrice et de la crème au chocolat.

Toutes mes conversations avec mes camarades portaient sur ces acteurs dont l'art, bien qu'il me fût encore inconnu, était la première forme, entre toutes celles qu'il revêt, sous laquelle se laissait pressentir par moi l'Art. Entre la manière que l'un ou l'autre avait de débiter, de nuancer une tirade, les différences les plus minimes me semblaient avoir une importance incalculable. Et, d'après ce que l'on m'avait dit d'eux, je les classais par ordre de talent, dans des listes que je me récitais toute la journée, et qui avaient fini par durcir dans mon cerveau et par le gêner de leur inamovibilité.

Plus tard, quand je fus au collège, chaque fois que pendant les classes je correspondais, aussitôt que le professeur avait la tête tournée, avec un nouvel ami, ma première question était toujours pour lui demander s'il était déjà allé au théâtre et s'il trouvait que le plus grand acteur était bien Got, le second Delaunay, etc. Et si, à son avis, Febvre ne venait qu'après Thiron, ou Delaunay qu'après Coquelin, la soudaine motilité que Coquelin, perdant la rigidité de la pierre, contractait dans mon esprit pour y passer au deuxième rang, et l'agilité miraculeuse, la féconde animation dont se voyait doué Delaunay pour reculer au quatrième, rendait la sensation du fleurissement et de la vie à mon cerveau assoupli et fertilisé.

Mais si les acteurs me préoccupaient ainsi, si la vue de Maubant sortant un après-midi du Théâtre-Français m'avait causé le saisissement et les souffrances de l'amour, combien le nom d'une étoile flamboyant à la porte d'un théâtre, combien, à la glace d'un coupé qui passait dans la rue avec ses chevaux fleuris de roses au frontail, la vue du visage d'une femme que je pensais être peut-être une actrice laissait en moi un trouble plus prolongé, un effort impuissant et douloureux pour me représenter sa vie. Je classais par ordre de talent les plus illustres : Sarah Bernhardt, la Berma, Bartet, Madeleine Brohan, Jeanne Samary, mais toutes m'intéressaient. Or mon oncle en connaissait beaucoup et aussi des cocottes que je ne distinguais pas nettement des actrices. Il les recevait chez lui. Et si nous n'allions le voir qu'à certains jours c'est que, les autres jours, venaient des femmes avec lesquelles sa famille n'aurait pas pu se rencontrer, du moins à son avis à elle, car, pour mon oncle, au contraire, sa trop grande facilité à faire à de jolies veuves qui n'avaient peut-être jamais été mariées, à des comtesses de nom ronflant, qui n'était sans doute qu'un nom de guerre, la politesse de les présenter à ma grand'mère ou même à leur donner des bijoux de famille, l'avait déjà brouillé plus d'une fois avec mon grand-père. Souvent, à un nom d'actrice qui venait dans la conversation, j'entendais mon père dire à ma mère, en souriant : « Une amie de ton oncle » ; et je pensais que le stage que peut-être pendant des années des hommes importants faisaient inutilement à la porte de telle femme qui ne répondait pas à leurs lettres et les faisait chasser par le concierge de son hôtel, mon oncle aurait pu en dispenser un gamin comme moi en le présentant chez lui à l'actrice, inapprochable à tant d'autres, qui était pour lui une intime amie.

Aussi – sous le prétexte qu'une leçon qui avait été déplacée tombait maintenant si mal qu'elle m'avait empêché plusieurs fois et m'empêcherait encore de voir mon oncle – un jour, autre que celui qui était réservé aux visites que nous lui faisions, profitant de ce que mes parents avaient déjeuné de bonne heure, je sortis et au lieu d'aller regarder la colonne d'affiches, pour quoi on me laissait aller seul, je courus jusqu'à lui. Je remarquai devant sa porte une voiture attelée de deux chevaux qui avaient aux œillères un œillet rouge comme avait le cocher à sa boutonnière. De l'escalier j'entendis un rire et une voix de femme, et dès que j'eus sonné, un silence, puis le bruit de portes qu'on fermait. Le valet de chambre vint ouvrir, et en me voyant parut embarrassé, me dit que mon oncle était très occupé, ne pourrait sans doute pas me recevoir, et, tandis qu'il allait pourtant le prévenir, la même voix que j'avais entendue disait : « Oh, si ! laisse-le entrer ; rien qu'une minute, cela m'amuserait tant. Sur la photographie qui est sur ton bureau, il ressemble tant à sa maman, ta nièce, dont la photographie est à côté de la sienne, n'est-ce pas ? Je voudrais le voir rien qu'un instant, ce gosse. »

J'entendis mon oncle grommeler, se fâcher ; finalement le valet de chambre me fit entrer.

Sur la table, il y avait la même assiette de massepains que d'habitude ; mon oncle avait sa vareuse de tous les jours, mais en face de lui, en robe de soie rose avec un grand collier de perles au cou, était assise une jeune femme qui achevait de manger une mandarine. L'incertitude où j'étais s'il fallait dire madame ou mademoiselle me fit rougir et, n'osant pas trop tourner les yeux de son côté de peur d'avoir à lui parler, j'allai embrasser mon oncle. Elle me regardait en souriant, mon oncle lui dit : « Mon neveu », sans lui dire mon nom, ni me dire le sien, sans doute parce que, depuis les difficultés qu'il avait eues avec mon grand-père, il tâchait autant que possible d'éviter tout trait d'union entre sa famille et ce genre de relations.

– Comme il ressemble à sa mère, dit-elle.

– Mais vous n'avez jamais vu ma nièce qu'en photographie, dit vivement mon oncle d'un ton bourru.

– Je vous demande pardon, mon cher ami, je l'ai croisée dans l'escalier l'année dernière quand vous avez été si malade. Il est vrai que je ne l'ai vue que le temps d'un éclair et que votre escalier est bien noir, mais cela m'a suffi pour l'admirer. Ce petit jeune homme a ses beaux yeux et aussi *ça*, dit-elle, en traçant avec son doigt une ligne sur le bas de son front. Est-ce que madame votre nièce porte le même nom que vous, ami ? demanda-t-elle à mon oncle.

– Il ressemble surtout à son père, grogna mon oncle qui ne se souciait pas plus de faire des présentations à distance en disant le nom de maman que d'en faire de près. C'est tout à fait son père et aussi ma pauvre mère.

– Je ne connais pas son père, dit la dame en rose avec une légère inclinaison de tête, et je n'ai jamais connu votre pauvre mère, mon ami. Vous vous souvenez, c'est peu après votre grand chagrin que nous nous sommes connus.

J'éprouvais une petite déception, car cette jeune dame ne différait pas des autres jolies femmes que j'avais vues quelquefois dans ma famille, notamment de la fille d'un de nos cousins chez lequel j'allais tous les ans le premier janvier. Mieux habillée seulement, l'amie de mon oncle avait le même regard vif et bon, elle avait l'air aussi franc et aimant. Je ne lui trouvais rien de l'aspect théâtral que j'admirais dans les photographies d'actrices, ni de l'expression diabolique qui eût été en rapport avec la vie qu'elle devait mener. J'avais peine à croire que ce fût une cocotte et surtout je n'aurais pas cru que ce fût une cocotte chic si je n'avais pas vu la voiture à deux chevaux, la robe rose, le collier de perles, si je n'avais pas su que mon oncle n'en connaissait que de la plus haute volée. Mais je me demandais comment le millionnaire qui lui donnait sa voiture et son hôtel et ses bijoux pouvait avoir du plaisir à manger sa fortune pour une personne qui avait l'air si simple et comme il faut. Et pourtant, en pensant à ce que devait être sa vie, l'immoralité m'en troublait peut-être plus que si elle avait été concrétisée devant moi en une apparence spéciale – d'être ainsi invisible comme le secret de quelque roman, de quelque scandale qui avait fait sortir de chez ses parents bourgeois et voué à tout le monde, qui avait fait épanouir en beauté et haussé jusqu'au demi-monde et à la notoriété, celle que ses jeux de physionomie, ses intonations de voix, pareils à tant d'autres que je connaissais déjà, me faisaient malgré moi considérer comme une jeune fille de bonne famille, qui n'était plus d'aucune famille.

On était passé dans le « cabinet de travail », et mon oncle, d'un air un peu gêné par ma présence, lui offrit des cigarettes.

– Non, dit-elle, cher, vous savez que je suis habituée à celles que le grand-duc m'envoie. Je lui ai dit que vous en étiez jaloux. Et elle tira d'un étui des cigarettes couvertes d'inscriptions étrangères et dorées. « Mais si, reprit-elle tout d'un coup, je dois avoir rencontré chez vous le père de ce jeune homme. N'est-ce pas votre neveu ? Comment ai-je pu l'oublier ? Il a été tellement bon, tellement exquis pour moi », dit-elle d'un air modeste et sensible. Mais en pensant à ce qu'avait pu être l'accueil rude, qu'elle disait avoir trouvé exquis, de mon père, moi qui connaissais sa réserve et sa froideur, j'étais gêné, comme par une indélicatesse qu'il aurait commise, de cette inégalité entre la reconnaissance excessive qui lui était accordée et son amabilité insuffisante. Il m'a semblé plus tard que c'était un des côtés touchants du rôle de ces femmes oisives et studieuses, qu'elles consacrent leur générosité, leur talent, un rêve disponible de beauté sentimentale – car, comme les artistes, elles ne le réalisent pas, ne le font pas entrer dans le cadre de l'existence commune – et un or qui leur coûte peu, à enrichir d'un sertissage précieux et fin la vie fruste et mal dégrossie des hommes. Comme celle-ci, dans le fumoir où mon oncle était en vareuse pour la recevoir, répandait son corps si doux, sa robe de soie rose, ses perles, l'élégance qui émane de l'amitié d'un grand-duc, de même elle avait pris quelque propos insignifiant de mon père, elle l'avait travaillé avec délicatesse, lui avait donné un tour, une appellation précieuse et y enchâssant un de ses regards d'une si belle eau, nuancé d'humilité et de gratitude, elle le rendait changé en un bijou artiste, en quelque chose de « tout à fait exquis ».

– Allons, voyons, il est l'heure que tu t'en ailles, me dit mon oncle.

Je me levai, j'avais une envie irrésistible de baiser la main de la dame en rose, mais il me semblait que c'eût été quelque chose d'audacieux comme un enlèvement. Mon cœur battait tandis que je me disais : « Faut-il le faire, faut-il ne pas le faire », puis je cessai de me demander ce qu'il fallait faire pour pouvoir faire quelque chose. Et d'un geste aveugle et insensé, dépouillé de toutes les raisons que je trouvais il y avait un moment en sa faveur, je portai à mes lèvres la main qu'elle me tendait.

– Comme il est gentil ! il est déjà galant, il a un petit œil pour les femmes : il tient de son oncle. Ce sera un parfait gentleman, ajouta-t-elle en serrant les dents pour donner à la phrase un accent légèrement britannique. Est-ce qu'il ne pourrait pas venir une fois prendre *a cup of tea*, comme disent nos voisins les Anglais ; il n'aurait qu'à m'envoyer un « bleu » le matin.

Je ne savais pas ce que c'était qu'un « bleu ». Je ne comprenais pas la moitié des mots que disait la dame, mais la crainte que n'y fut cachée quelque question à laquelle il eût été impoli de ne pas répondre, m'empêchait de cesser de les écouter avec attention, et j'en éprouvais une grande fatigue.

– Mais non, c'est impossible, dit mon oncle, en haussant les épaules, il est très tenu, il travaille beaucoup. Il a tous les prix à son cours, ajouta-t-il, à voix basse pour que je n'entende pas ce mensonge et que je n'y contredise pas. Qui sait ? ce sera peut-être un petit Victor Hugo, une espèce de Vaulabelle, vous savez.

– J'adore les artistes, répondit la dame en rose, il n'y a qu'eux qui comprennent les femmes... Qu'eux et les êtres d'élite comme vous. Excusez mon ignorance, ami. Qui est Vaulabelle ? Est-ce les volumes dorés qu'il y a dans la petite bibliothèque vitrée de votre boudoir ? Vous savez que vous m'avez promis de me les prêter, j'en aurai grand soin.

Mon oncle qui détestait prêter ses livres ne répondit rien et me conduisit jusqu'à l'antichambre. Éperdu d'amour pour la dame en rose, je couvris de baisers fous les joues pleines de tabac de mon vieil oncle, et tandis qu'avec assez d'embarras il me laissait entendre sans oser me le dire ouvertement qu'il aimerait autant que je ne parlasse pas de cette visite à mes parents, je lui disais, les larmes aux yeux, que le souvenir de sa bonté était en moi si fort que je trouverais bien un jour le moyen de lui témoigner ma reconnaissance. Il était si fort en effet que deux heures plus tard, après quelques phrases mystérieuses et qui ne me parurent pas donner à mes parents une idée assez nette de la nouvelle importance dont j'étais doué, je trouvai plus explicite de leur raconter dans les moindres détails la visite que je venais de faire. Je ne croyais pas ainsi causer d'ennuis à mon oncle. Comment l'aurais-je cru, puisque je ne le désirais pas. Et je ne pouvais supposer que mes parents trouveraient du mal dans une visite où je n'en trouvais pas. N'arrive-t-il pas tous les jours qu'un ami nous demande de ne pas manquer de l'excuser auprès d'une femme à qui il a été empêché d'écrire, et que nous négligions de le faire, jugeant que cette personne ne peut pas attacher d'importance à un silence qui n'en a pas pour nous. Je m'imaginais, comme tout le monde, que le cerveau des autres était un réceptacle inerte et docile, sans pouvoir de réaction spécifique sur ce qu'on y introduisait ; et je ne doutais pas qu'en déposant dans celui de mes parents la nouvelle de la connaissance que mon oncle m'avait fait faire, je ne leur transmisse en même temps comme je le souhaitais le jugement bienveillant que je portais sur cette présentation. Mes parents malheureusement s'en remirent à des principes entièrement différents de ceux que je leur suggérais d'adopter, quand ils voulurent apprécier l'action de mon oncle. Mon père et mon grand-père eurent avec lui des explications violentes ; j'en fus indirectement informé. Quelques jours après, croisant dehors mon oncle qui passait en voiture découverte, je ressentis la douleur, la reconnaissance, le remords que j'aurais voulu lui exprimer. À côté de leur immensité, je trouvai qu'un coup de chapeau serait mesquin et pourrait faire supposer à mon oncle que je ne me croyais pas tenu envers lui à plus qu'à une banale politesse. Je résolus de m'abstenir de ce geste insuffisant et je détournai la tête. Mon oncle pensa que je suivais en cela des ordres de mes parents, il ne le leur pardonna pas, et il est mort bien des années après sans qu'aucun de nous l'ait jamais revu.

Aussi je n'entrais plus dans le cabinet de repos maintenant fermé de mon oncle Adolphe, et, après m'être attardé aux abords de l'arrière-cuisine, quand Françoise, apparaissant sur le parvis, me disait : « Je vais laisser ma fille de cuisine servir le café et monter l'eau chaude, il faut que je me sauve chez Mme Octave », je me décidais à rentrer et montais directement lire chez moi. La fille de cuisine était une personne morale, une institution permanente à qui des attributions invariables assuraient une sorte de continuité et d'identité, à travers la succession des formes passagères en lesquelles elle s'incarnait, car nous n'eûmes jamais la même deux ans de suite. L'année où nous mangeâmes tant d'asperges, la fille de cuisine habituellement chargée de les « plumer » était une pauvre créature maladive, dans un état de grossesse déjà assez avancé quand nous arrivâmes à Pâques, et on s'étonnait même que Françoise lui laissât faire tant de courses et de besogne, car elle commençait à porter difficilement devant elle la mystérieuse corbeille, chaque jour plus remplie, dont on devinait sous ses amples sarraus la forme magnifique. Ceux-ci rappelaient les houppelandes qui revêtent certaines des figures symboliques de Giotto dont M. Swann m'avait donné des photographies. C'est lui-même qui nous l'avait fait remarquer et quand il nous demandait des nouvelles de la fille de cuisine, il nous disait : « Comment va la Charité de Giotto ? » D'ailleurs elle-même, la pauvre fille, engraissée par sa grossesse, jusqu'à la figure, jusqu'aux joues qui tombaient droites et carrées, ressemblait en effet assez à ces vierges, fortes et hommasses, matrones plutôt, dans lesquelles les vertus sont personnifiées à l'Arena. Et je me rends compte maintenant que ces Vertus et ces Vices de Padoue lui ressemblaient encore d'une autre manière. De même que l'image de cette fille était accrue par le symbole ajouté qu'elle portait devant son ventre, sans avoir l'air d'en comprendre le sens, sans que rien dans son visage en traduisît la beauté et l'esprit, comme un simple et pesant fardeau, de même c'est sans paraître s'en douter que la puissante ménagère qui est représentée à l'Arena au-dessous du nom « Caritas » et dont la reproduction était accrochée au mur de ma salle d'études, à Combray, incarne cette vertu, c'est sans qu'aucune pensée de charité semble avoir jamais pu être exprimée par son visage énergique et vulgaire. Par une belle invention du peintre elle foule aux pieds les trésors de la terre, mais absolument comme si elle piétinait des raisins pour en extraire le jus ou plutôt comme elle aurait monté sur des sacs pour se hausser ; et elle tend à Dieu son cœur enflammé, disons mieux, elle le lui « passe », comme une cuisinière passe un tire-bouchon par le soupirail de son sous-sol à quelqu'un qui le lui demande à la fenêtre du rez-de-chaussée. L'Envie, elle, aurait eu davantage une certaine expression d'envie. Mais dans cette fresque-là encore, le symbole tient tant de place et est représenté comme si réel, le serpent qui siffle aux lèvres de l'Envie est si gros, il lui remplit si complètement sa bouche grande ouverte, que les muscles de sa figure sont distendus pour pouvoir le contenir, comme ceux d'un enfant qui gonfle un ballon avec son souffle, et que l'attention de l'Envie – et la nôtre du même coup – tout entière concentrée sur l'action de ses lèvres, n'a guère de temps à donner à d'envieuses pensées.

Malgré toute l'admiration que M. Swann professait pour ces figures de Giotto, je n'eus longtemps aucun plaisir à considérer dans notre salle d'études, où on avait accroché les copies qu'il m'en avait rapportées, cette Charité sans charité, cette Envie qui avait l'air d'une planche illustrant seulement dans un livre de médecine la compression de la glotte ou de la luette par une tumeur de la langue ou par l'introduction de l'instrument de l'opérateur, une Justice, dont le visage grisâtre et mesquinement régulier était celui-là même qui, à Combray, caractérisait certaines jolies bourgeoises pieuses et sèches que je voyais à la messe et dont plusieurs étaient enrôlées d'avance dans les milices de réserve de l'Injustice. Mais plus tard j'ai compris que l'étrangeté saisissante, la beauté spéciale de ces fresques tenait à la grande place que le symbole y occupait, et que le fait qu'il fût représenté non comme un symbole puisque la pensée symbolisée n'était pas exprimée, mais comme réel, comme effectivement subi ou matériellement manié, donnait à la signification de l'œuvre quelque chose de plus littéral et de plus précis, à son enseignement quelque chose de plus concret et de plus frappant. Chez la pauvre fille de cuisine, elle aussi, l'attention n'était-elle pas sans cesse ramenée à son ventre par le poids qui le tirait ; et de même encore, bien souvent la pensée des agonisants est tournée vers le côté effectif, douloureux, obscur, viscéral, vers cet envers de la mort qui est précisément le côté qu'elle leur présente, qu'elle leur fait rudement sentir et qui ressemble beaucoup plus à un fardeau qui les écrase, à une difficulté de respirer, à un besoin de boire, qu'à ce que nous appelons l'idée de la mort.

Il fallait que ces Vertus et ces Vices de Padoue eussent en eux bien de la réalité puisqu'ils m'apparaissaient comme aussi vivants que la servante enceinte, et qu'elle-même ne me semblait pas beaucoup moins allégorique. Et peut-être cette non-participation (du moins apparente) de l'âme d'un être à la vertu qui agit par lui a aussi en dehors de sa valeur esthétique une réalité sinon psychologique, au moins, comme on dit, physiognomonique. Quand, plus tard, j'ai eu l'occasion de rencontrer, au cours de ma vie, dans des couvents par exemple, des incarnations vraiment saintes de la charité active, elles avaient généralement un air allègre, positif, indifférent et brusque de chirurgien pressé, ce visage où ne se lit aucune commisération, aucun attendrissement devant la souffrance humaine, aucune crainte de la heurter, et qui est le visage sans douceur, le visage antipathique et sublime de la vraie bonté.

Pendant que la fille de cuisine – faisant briller involontairement la supériorité de Françoise, comme l'Erreur, par le contraste, rend plus éclatant le triomphe de la Vérité – servait du café qui, selon maman, n'était que de l'eau chaude, et montait ensuite dans nos chambres de l'eau chaude qui était à peine tiède, je m'étais étendu sur mon lit, un livre à la main, dans ma chambre qui protégeait en tremblant sa fraîcheur transparente et fragile contre le soleil de l'après-midi derrière ses volets presque clos où un reflet de jour avait pourtant trouvé moyen de faire passer ses ailes jaunes, et restait immobile entre le bois et le vitrage, dans un coin, comme un papillon posé. Il faisait à peine assez clair pour lire, et la sensation de la splendeur de la lumière ne m'était donnée que par les coups frappés dans la rue de la Cure par Camus (averti par Françoise que ma tante ne « reposait pas » et qu'on pouvait faire du bruit) contre des caisses poussiéreuses, mais qui, retentissant dans l'atmosphère sonore, spéciale aux temps chauds, semblaient faire voler au loin des astres écarlates ; et aussi par les mouches qui exécutaient devant moi, dans leur petit concert, comme la musique de chambre de l'été : elle ne l'évoque pas à la façon d'un air de musique humaine, qui, entendu par hasard à la belle saison, vous la rappelle ensuite ; elle est unie à l'été par un lien plus nécessaire : née des beaux jours, ne renaissant qu'avec eux, contenant un peu de leur essence, elle n'en réveille pas seulement l'image dans notre mémoire, elle en certifie le retour, la présence effective, ambiante, immédiatement accessible.

Cette obscure fraîcheur de ma chambre était au plein soleil de la rue ce que l'ombre est au rayon, c'est-à-dire aussi lumineuse que lui et offrait à mon imagination le spectacle total de l'été dont mes sens, si j'avais été en promenade, n'auraient pu jouir que par morceaux ; et ainsi elle s'accordait bien à mon repos qui (grâce aux aventures racontées par mes livres et qui venaient l'émouvoir) supportait pareil au repos d'une main immobile au milieu d'une eau courante, le choc et l'animation d'un torrent d'activité.

Mais ma grand'mère, même si le temps trop chaud s'était gâté, si un orage ou seulement un grain était survenu, venait me supplier de sortir. Et ne voulant pas renoncer à ma lecture, j'allais du moins la continuer au jardin, sous le marronnier, dans une petite guérite en sparterie et en toile au fond de laquelle j'étais assis et me croyais caché aux yeux des personnes qui pourraient venir faire visite à mes parents.

Et ma pensée n'était-elle pas aussi comme une autre crèche au fond de laquelle je sentais que je restais enfoncé, même pour regarder ce qui se passait au dehors ? Quand je voyais un objet extérieur, la conscience que je le voyais restait entre moi et lui, le bordait d'un mince liseré spirituel qui m'empêchait de jamais toucher directement sa matière ; elle se volatilisait en quelque sorte avant que je prisse contact avec elle, comme un corps incandescent qu'on approche d'un objet mouillé ne touche pas son humidité parce qu'il se fait toujours précéder d'une zone d'évaporation. Dans l'espèce d'écran diapré d'états différents que, tandis que je lisais, déployait simultanément ma conscience, et qui allaient des aspirations les plus profondément cachées en moi-même jusqu'à la vision tout extérieure de l'horizon que j'avais, au bout du jardin, sous les yeux, ce qu'il y avait d'abord en moi de plus intime, la poignée sans cesse en mouvement qui gouvernait le reste, c'était ma croyance en la richesse philosophique, en la beauté du livre que je lisais, et mon désir de me les approprier, quel que fût ce livre. Car, même si je l'avais acheté à Combray, en l'apercevant devant l'épicerie Borange, trop distante de la maison pour que Françoise pût s'y fournir comme chez Camus, mais mieux achalandée comme papeterie et librairie, retenu par des ficelles dans la mosaïque des brochures et des livraisons qui revêtaient les deux vantaux de sa porte plus mystérieuse, plus semée de pensées qu'une porte de cathédrale, c'est que je l'avais reconnu pour m'avoir été cité comme un ouvrage remarquable par le professeur ou le camarade qui me paraissait à cette époque détenir le secret de la vérité et de la beauté à demi pressenties, à demi incompréhensibles, dont la connaissance était le but vague mais permanent de ma pensée.

Après cette croyance centrale qui, pendant ma lecture, exécutait d'incessants mouvements du dedans au dehors, vers la découverte de la vérité, venaient les émotions que me donnait l'action à laquelle je prenais part, car ces après-midi-là étaient plus remplis d'événements dramatiques que ne l'est souvent toute une vie. C'était les événements qui survenaient dans le livre que je lisais ; il est vrai que les personnages qu'ils affectaient n'étaient pas « réels », comme disait Françoise. Mais tous les sentiments que nous font éprouver la joie ou l'infortune d'un personnage réel ne se produisent en nous que par l'intermédiaire d'une image de cette joie ou de cette infortune ; l'ingéniosité du premier romancier consista à comprendre que dans l'appareil de nos émotions, l'image étant le seul élément essentiel, la simplification qui consisterait à supprimer purement et simplement les personnages réels serait un perfectionnement décisif. Un être réel, si profondément que nous sympathisions avec lui, pour une grande part est perçu par nos sens, c'est-à-dire nous reste opaque, offre un poids mort que notre sensibilité ne peut soulever. Qu'un malheur le frappe, ce n'est qu'en une petite partie de la notion totale que nous avons de lui que nous pourrons en être émus ; bien plus, ce n'est qu'en une partie de la notion totale qu'il a de soi qu'il pourra l'être lui-même. La trouvaille du romancier a été d'avoir l'idée de remplacer ces parties impénétrables à l'âme par une quantité égale de parties immatérielles, c'est-à-dire que notre âme peut s'assimiler. Qu'importe dès lors que les actions, les émotions de ces êtres d'un nouveau genre nous apparaissent comme vraies, puisque nous les avons faites nôtres, puisque c'est en nous qu'elles se produisent, qu'elles tiennent sous leur dépendance, tandis que nous tournons fiévreusement les pages du livre, la rapidité de notre respiration et l'intensité de notre regard. Et une fois que le romancier nous a mis dans cet état, où comme dans tous les états purement intérieurs toute émotion est décuplée, où son livre va nous troubler à la façon d'un rêve mais d'un rêve plus clair que ceux que nous avons en dormant et dont le souvenir durera davantage, alors, voici qu'il déchaîne en nous pendant une heure tous les bonheurs et tous les malheurs possibles dont nous mettrions dans la vie des années à connaître quelques-uns, et dont les plus intenses ne nous seraient jamais révélés parce que la lenteur avec laquelle ils se produisent nous en ôte la perception ; (ainsi notre cœur change, dans la vie, et c'est la pire douleur ; mais nous ne la connaissons que dans la lecture, en imagination : dans la réalité il change, comme certains phénomènes de la nature se produisent assez lentement pour que, si nous pouvons constater successivement chacun de ses états différents, en revanche, la sensation même du changement nous soit épargnée).

Déjà moins intérieur à mon corps que cette vie des personnages, venait ensuite, à demi projeté devant moi, le paysage où se déroulait l'action et qui exerçait sur ma pensée une bien plus grande influence que l'autre, que celui que j'avais sous les yeux quand je les levais du livre. C'est ainsi que pendant deux étés, dans la chaleur du jardin de Combray, j'ai eu, à cause du livre que je lisais alors, la nostalgie d'un pays montueux et fluviatile, où je verrais beaucoup de scieries et où, au fond de l'eau claire, des morceaux de bois pourrissaient sous des touffes de cresson : non loin montaient le long de murs bas des grappes de fleurs violettes et rougeâtres. Et comme le rêve d'une femme qui m'aurait aimé était toujours présent à ma pensée, ces étés-là ce rêve fut imprégné de la fraîcheur des eaux courantes ; et quelle que fût la femme que j'évoquais, des grappes de fleurs violettes et rougeâtres s'élevaient aussitôt de chaque côté d'elle comme des couleurs complémentaires.

Ce n'était pas seulement parce qu'une image dont nous rêvons reste toujours marquée, s'embellit et bénéficie du reflet des couleurs étrangères qui par hasard l'entourent dans notre rêverie ; car ces paysages des livres que je lisais n'étaient pas pour moi que des paysages plus vivement représentés à mon imagination que ceux que Combray mettait sous mes yeux, mais qui eussent été analogues. Par le choix qu'en avait fait l'auteur, par la foi avec laquelle ma pensée allait au-devant de sa parole comme d'une révélation, ils me semblaient être – impression que ne me donnait guère le pays où je me trouvais, et surtout notre jardin, produit sans prestige de la correcte fantaisie du jardinier que méprisait ma grand'mère – une part véritable de la Nature elle-même, digne d'être étudiée et approfondie.

Si mes parents m'avaient permis, quand je lisais un livre, d'aller visiter la région qu'il décrivait, j'aurais cru faire un pas inestimable dans la conquête de la vérité. Car si on a la sensation d'être toujours entouré de son âme, ce n'est pas comme d'une prison immobile : plutôt on est comme emporté avec elle dans un perpétuel élan pour la dépasser, pour atteindre à l'extérieur, avec une sorte de découragement, entendant toujours autour de soi cette sonorité identique qui n'est pas écho du dehors, mais retentissement d'une vibration interne. On cherche à retrouver dans les choses, devenues par là précieuses, le reflet que notre âme a projeté sur elles ; on est déçu en constatant qu'elles semblent dépourvues dans la nature, du charme qu'elles devaient, dans notre pensée, au voisinage de certaines idées ; parfois on convertit toutes les forces de cette âme en habileté, en splendeur pour agir sur des êtres dont nous sentons bien qu'ils sont situés en dehors de nous et que nous ne les atteindrons jamais. Aussi, si j'imaginais toujours autour de la femme que j'aimais les lieux que je désirais le plus alors, si j'eusse voulu que ce fût elle qui me les fît visiter, qui m'ouvrît l'accès d'un monde inconnu, ce n'était pas par le hasard d'une simple association de pensée ; non, c'est que mes rêves de voyage et d'amour n'étaient que des moments – que je sépare artificiellement aujourd'hui comme si je pratiquais des sections à des hauteurs différentes d'un jet d'eau irisé et en apparence immobile – dans un même et infléchissable jaillissement de toutes les forces de ma vie.

Enfin, en continuant à suivre du dedans au dehors les états simultanément juxtaposés dans ma conscience, et avant d'arriver jusqu'à l'horizon réel qui les enveloppait, je trouve des plaisirs d'un autre genre, celui d'être bien assis, de sentir la bonne odeur de l'air, de ne pas être dérangé par une visite : et, quand une heure sonnait au clocher de Saint-Hilaire, de voir tomber morceau par morceau ce qui de l'après-midi était déjà consommé, jusqu'à ce que j'entendisse le dernier coup qui me permettait de faire le total et après lequel, le long silence qui le suivait semblait faire commencer, dans le ciel bleu, toute la partie qui m'était encore concédée pour lire jusqu'au bon dîner qu'apprêtait Françoise et qui me réconforterait des fatigues prises, pendant la lecture du livre, à la suite de son héros. Et à chaque heure il me semblait que c'était quelques instants seulement auparavant que la précédente avait sonné ; la plus récente venait s'inscrire tout près de l'autre dans le ciel et je ne pouvais croire que soixante minutes eussent tenu dans ce petit arc bleu qui était compris entre leurs deux marques d'or. Quelquefois même cette heure prématurée sonnait deux coups de plus que la dernière ; il y en avait donc une que je n'avais pas entendue, quelque chose qui avait eu lieu n'avait pas eu lieu pour moi ; l'intérêt de la lecture, magique comme un profond sommeil, avait donné le change à mes oreilles hallucinées et effacé la cloche d'or sur la surface azurée du silence. Beaux après-midi du dimanche sous le marronnier du jardin de Combray, soigneusement vidés par moi des incidents médiocres de mon existence personnelle que j'y avais remplacés par une vie d'aventures et d'aspirations étranges au sein d'un pays arrosé d'eaux vives, vous m'évoquez encore cette vie quand je pense à vous et vous la contenez en effet pour l'avoir peu à peu contournée et enclose – tandis que je progressais dans ma lecture et que tombait la chaleur du jour – dans le cristal successif, lentement changeant et traversé de feuillages, de vos heures silencieuses, sonores, odorantes et limpides.

Quelquefois j'étais tiré de ma lecture, dès le milieu de l'après-midi, par la fille du jardinier, qui courait comme une folle, renversant sur son passage un oranger, se coupant un doigt, se cassant une dent et criant : « Les voilà, les voilà ! » pour que Françoise et moi nous accourions et ne manquions rien du spectacle. C'était les jours où, pour des manœuvres de garnison, la troupe traversait Combray, prenant généralement la rue Sainte-Hildegarde. Tandis que nos domestiques assis en rang sur des chaises en dehors de la grille regardaient les promeneurs dominicaux de Combray et se faisaient voir d'eux, la fille du jardinier, par la fente que laissaient entre elles deux maisons lointaines de l'avenue de la Gare, avait aperçu l'éclat des casques. Les domestiques avaient rentré précipitamment leurs chaises, car quand les cuirassiers défilaient rue Sainte-Hildegarde, ils en remplissaient toute la largeur, et le galop des chevaux rasait les maisons, couvrant les trottoirs submergés comme des berges qui offrent un lit trop étroit à un torrent déchaîné.

– Pauvres enfants, disait Françoise à peine arrivée à la grille et déjà en larmes ; pauvre jeunesse qui sera fauchée comme un pré ; rien que d'y penser j'en suis choquée, ajoutait-elle en mettant la main sur son cœur, là où elle avait reçu ce *choc*.

– C'est beau, n'est-ce pas, madame Françoise, de voir des jeunes gens qui ne tiennent pas à la vie ? disait le jardinier pour la faire « monter ».

Il n'avait pas parlé en vain :

– De ne pas tenir à la vie ? Mais à quoi donc qu'il faut tenir, si ce n'est pas à la vie, le seul cadeau que le bon Dieu ne fasse jamais deux fois. Hélas ! mon Dieu ! C'est pourtant vrai qu'ils n'y tiennent pas ! Je les ai vus en 70 ; ils n'ont plus peur de la mort, dans ces misérables guerres ; c'est ni plus ni moins des fous ; et puis ils ne valent plus la corde pour les pendre, ce n'est pas des hommes, c'est des lions. (Pour Françoise la comparaison d'un homme à un lion, qu'elle prononçait li-on, n'avait rien de flatteur.)

La rue Sainte-Hildegarde tournait trop court pour qu'on pût voir venir de loin, et c'était par cette fente entre les deux maisons de l'avenue de la gare qu'on apercevait toujours de nouveaux casques courant et brillant au soleil. Le jardinier aurait voulu savoir s'il y en avait encore beaucoup à passer, et il avait soif, car le soleil tapait. Alors tout d'un coup sa fille s'élançait comme d'une place assiégée, faisait une sortie, atteignait l'angle de la rue, et après avoir bravé cent fois la mort, venait nous rapporter, avec une carafe de coco, la nouvelle qu'ils étaient bien un mille qui venaient sans arrêter du côté de Thiberzy et de Méséglise. Françoise et le jardinier, réconciliés, discutaient sur la conduite à tenir en cas de guerre :

– Voyez-vous, Françoise, disait le jardinier, la révolution vaudrait mieux, parce que quand on la déclare il n'y a que ceux qui veulent partir qui y vont.

– Ah ! oui, au moins je comprends cela, c'est plus franc.

Le jardinier croyait qu'à la déclaration de guerre on arrêtait tous les chemins de fer.

– Pardi, pour pas qu'on se sauve, disait Françoise.

Et le jardinier : « Ah ! ils sont malins », car il n'admettait pas que la guerre ne fût pas une espèce de mauvais tour que l'État essayait de jouer au peuple et que, si on avait eu le moyen de le faire, il n'est pas une seule personne qui n'eût filé.

Mais Françoise se hâtait de rejoindre ma tante, je retournais à mon livre, les domestiques se réinstallaient devant la porte à regarder tomber la poussière et l'émotion qu'avaient soulevées les soldats. Longtemps après que l'accalmie était venue, un flot inaccoutumé de promeneurs noircissait encore les rues de Combray. Et devant chaque maison, même celles où ce n'était pas l'habitude, les domestiques ou même les maîtres, assis et regardant, festonnaient le seuil d'un liséré capricieux et sombre comme celui des algues et des coquilles dont une forte marée laisse le crêpe et la broderie au rivage, après qu'elle s'est éloignée.

Sauf ces jours-là, je pouvais d'habitude, au contraire, lire tranquille. Mais l'interruption et le commentaire qui furent apportés une fois par une visite de Swann à la lecture que j'étais en train de faire du livre d'un auteur tout nouveau pour moi, Bergotte, eut cette conséquence que, pour longtemps, ce ne fut plus sur un mur décoré de fleurs violettes en quenouille, mais sur un fond tout autre, devant le portail d'une cathédrale gothique, que se détacha désormais l'image d'une des femmes dont je rêvais.

J'avais entendu parler de Bergotte pour la première fois par un de mes camarades plus âgé que moi et pour qui j'avais une grande admiration, Bloch. En m'entendant lui avouer mon admiration pour la *Nuit d'Octobre*, il avait fait éclater un rire bruyant comme une trompette et m'avait dit : « Défie-toi de ta dilection assez basse pour le sieur de Musset. C'est un coco des plus malfaisants et une assez sinistre brute. Je dois confesser, d'ailleurs, que lui et même le nommé Racine, ont fait chacun dans leur vie un vers assez bien rythmé, et qui a pour lui, ce qui est selon moi le mérite suprême, de ne signifier absolument rien. C'est : « La blanche Oloossone et la blanche Camire » et « La fille de Minos et de Pasiphaé ». Ils m'ont été signalés à la décharge de ces deux malandrins par un article de mon très cher maître, le père Lecomte, agréable aux Dieux immortels. À propos voici un livre que je n'ai pas le temps de lire en ce moment qui est recommandé, paraît-il, par cet immense bonhomme. Il tient, m'a-t-on dit, l'auteur, le sieur Bergotte, pour un coco des plus subtils ; et bien qu'il fasse preuve, des fois, de mansuétudes assez mal explicables, sa parole est pour moi oracle delphique. Lis donc ces proses lyriques, et si le gigantesque assembleur de rythmes qui a écrit *Bhagavat* et le *Levrier de Magnus* a dit vrai, par Apollon tu goûteras, cher maître, les joies nectaréennes de l'Olympos. » C'est sur un ton sarcastique qu'il m'avait demandé de l'appeler « cher maître » et qu'il m'appelait lui-même ainsi. Mais en réalité nous prenions un certain plaisir à ce jeu, étant encore rapprochés de l'âge où on croit qu'on crée ce qu'on nomme.

Malheureusement, je ne pus pas apaiser en causant avec Bloch et en lui demandant des explications, le trouble où il m'avait jeté quand il m'avait dit que les beaux vers (à moi qui n'attendais d'eux rien moins que la révélation de la vérité) étaient d'autant plus beaux qu'ils ne signifiaient rien du tout. Bloch en effet ne fut pas réinvité à la maison. Il y avait d'abord été bien accueilli. Mon grand-père, il est vrai, prétendait que chaque fois que je me liais avec un de mes camarades plus qu'avec les autres et que je l'amenais chez nous, c'était toujours un juif, ce qui ne lui eût pas déplu en principe – même son ami Swann était d'origine juive – s'il n'avait trouvé que ce n'était pas d'habitude parmi les meilleurs que je le choisissais.

Aussi quand j'amenais un nouvel ami, il était bien rare qu'il ne fredonnât pas : « *Ô Dieu de nos Pères* » de *la Juive* ou bien « *Israël romps ta chaîne* », ne chantant que l'air naturellement (Ti la lam ta lam, talim), mais j'avais peur que mon camarade ne le connût et ne rétablît les paroles.

Avant de les avoir vus, rien qu'en entendant leur nom qui, bien souvent, n'avait rien de particulièrement israélite, il devinait non seulement l'origine juive de ceux de mes amis qui l'étaient en effet, mais même ce qu'il y avait quelquefois de fâcheux dans leur famille.

– Et comment s'appelle-t-il ton ami qui vient ce soir ?

– Dumont, grand-père.

– Dumont ! Oh ! je me méfie.

Et il chantait :

« *Archers, faites bonne garde !*
Veillez sans trêve et sans bruit ; »

Et après nous avoir posé adroitement quelques questions plus précises, il s'écriait : « À la garde ! À la garde ! » ou, si c'était le patient lui-même déjà arrivé qu'il avait forcé à son insu, par un interrogatoire dissimulé, à confesser ses origines, alors, pour nous montrer qu'il n'avait plus aucun doute, il se contentait de nous regarder en fredonnant imperceptiblement :

« *De ce timide Israëlite*
Quoi ! vous guidez ici les pas ! »

ou :

« *Champs paternels, Hébron, douce vallée.* »

ou encore :

« *Oui, je suis de la race élue.* »

Ces petites manies de mon grand-père n'impliquaient aucun sentiment malveillant à l'endroit de mes camarades. Mais Bloch avait déplu à mes parents pour d'autres raisons. Il avait commencé par agacer mon père qui, le voyant mouillé, lui avait dit avec intérêt :

– Mais, monsieur Bloch, quel temps fait-il donc ? est-ce qu'il a plu ? Je n'y comprends rien, le baromètre était excellent.

Il n'en avait tiré que cette réponse :

– Monsieur, je ne puis absolument vous dire s'il a plu. Je vis si résolument en dehors des contingences physiques que mes sens ne prennent pas la peine de me les notifier.

– Mais, mon pauvre fils, il est idiot ton ami, m'avait dit mon père quand Bloch fut parti. Comment ! il ne peut même pas me dire le temps qu'il fait ! Mais il n'y a rien de plus intéressant ! C'est un imbécile.

Puis Bloch avait déplu à ma grand'mère parce que, après le déjeuner comme elle disait qu'elle était un peu souffrante, il avait étouffé un sanglot et essuyé des larmes.

– Comment veux-tu que ça soit sincère, me dit-elle, puisqu'il ne me connaît pas ; ou bien alors il est fou.

Et enfin il avait mécontenté tout le monde parce que, étant venu déjeuner une heure et demie en retard et couvert de boue, au lieu de s'excuser, il avait dit :

– Je ne me laisse jamais influencer par les perturbations de l'atmosphère ni par les divisions conventionnelles du temps. Je réhabiliterais volontiers l'usage de la pipe d'opium et du kriss malais, mais j'ignore celui de ces instruments infiniment plus pernicieux et d'ailleurs platement bourgeois, la montre et le parapluie.

Il serait malgré tout revenu à Combray. Il n'était pas pourtant l'ami que mes parents eussent souhaité pour moi ; ils avaient fini par penser que les larmes que lui avait fait verser l'indisposition de ma grand'mère n'étaient pas feintes ; mais ils savaient d'instinct ou par expérience que les élans de notre sensibilité ont peu d'empire sur la suite de nos actes et la conduite de notre vie, et que le respect des obligations morales, la fidélité aux amis, l'exécution d'une œuvre, l'observance d'un régime, ont un fondement plus sûr dans des habitudes aveugles que dans ces transports momentanés, ardents et stériles. Ils auraient préféré pour moi à Bloch des compagnons qui ne me donneraient pas plus qu'il n'est convenu d'accorder à ses amis, selon les règles de la morale bourgeoise ; qui ne m'enverraient pas inopinément une corbeille de fruits parce qu'ils auraient ce jour-là pensé à moi avec tendresse, mais qui, n'étant pas capables de faire pencher en ma faveur la juste balance des devoirs et des exigences de l'amitié sur un simple mouvement de leur imagination et de leur sensibilité, ne la fausseraient pas davantage à mon préjudice. Nos torts même font difficilement départir de ce qu'elles nous doivent ces natures dont ma grand'tante était le modèle, elle qui brouillée depuis des années avec une nièce à qui elle ne parlait jamais, ne modifia pas pour cela le testament où elle lui laissait toute sa fortune, parce que c'était sa plus proche parente et que cela « se devait ».

Mais j'aimais Bloch, mes parents voulaient me faire plaisir, les problèmes insolubles que je me posais à propos de la beauté dénuée de signification de la fille de Minos et de Pasiphaé me fatiguaient davantage et me rendaient plus souffrant que n'auraient fait de nouvelles conversations avec lui, bien que ma mère les jugeât pernicieuses. Et on l'aurait encore reçu à Combray si, après ce dîner, comme il venait de m'apprendre – nouvelle qui plus tard eut beaucoup d'influence sur ma vie, et la rendit plus heureuse, puis plus malheureuse – que toutes les femmes ne pensaient qu'à l'amour et qu'il n'y en a pas dont on ne pût vaincre les résistances, il ne m'avait assuré avoir entendu dire de la façon la plus certaine que ma grand'tante avait eu une jeunesse orageuse et avait été publiquement entretenue. Je ne pus me tenir de répéter ces propos à mes parents, on le mit à la porte quand il revint, et quand je l'abordai ensuite dans la rue, il fut extrêmement froid pour moi.

Mais au sujet de Bergotte il avait dit vrai.

Les premiers jours, comme un air de musique dont on raffolera, mais qu'on ne distingue pas encore, ce que je devais tant aimer dans son style ne m'apparut pas. Je ne pouvais pas quitter le roman que je lisais de lui, mais me croyais seulement intéressé par le sujet, comme dans ces premiers moments de l'amour où on va tous les jours retrouver une femme à quelque réunion, à quelque divertissement par les agréments desquels on se croit attiré. Puis je remarquai les expressions rares, presque archaïques qu'il aimait employer à certains moments où un flot caché d'harmonie, un prélude intérieur, soulevait son style ; et c'était aussi à ces moments-là qu'il se mettait à parler du « vain songe de la vie », de « l'inépuisable torrent des belles apparences », du « tourment stérile et délicieux de comprendre et d'aimer », des « émouvantes effigies qui anoblissent à jamais la façade vénérable et charmante des cathédrales », qu'il exprimait toute une philosophie nouvelle pour moi par de merveilleuses images dont on aurait dit que c'était elles qui avaient éveillé ce chant de harpes qui s'élevait alors et à l'accompagnement duquel elles donnaient quelque chose de sublime. Un de ces passages de Bergotte, le troisième ou le quatrième que j'eusse isolé du reste, me donna une joie incomparable à celle que j'avais trouvée au premier, une joie que je me sentis éprouver en une région plus profonde de moi-même, plus unie, plus vaste, d'où les obstacles et les séparations semblaient avoir été enlevés. C'est que, reconnaissant alors ce même goût pour les expressions rares, cette même effusion musicale, cette même philosophie idéaliste qui avait déjà été les autres fois, sans que je m'en rendisse compte, la cause de mon plaisir, je n'eus plus l'impression d'être en présence d'un morceau particulier d'un certain livre de Bergotte, traçant à la surface de ma pensée une figure purement linéaire, mais plutôt du « morceau idéal » de Bergotte, commun à tous ses livres et auquel tous les passages analogues qui venaient se confondre avec lui auraient donné une sorte d'épaisseur, de volume, dont mon esprit semblait agrandi.

Je n'étais pas tout à fait le seul admirateur de Bergotte ; il était aussi l'écrivain préféré d'une amie de ma mère qui était très lettrée ; enfin pour lire son dernier livre paru, le docteur du Boulbon faisait attendre ses malades ; et ce fut de son cabinet de consultation, et d'un parc voisin de Combray, que s'envolèrent quelques-unes des premières graines de cette prédilection pour Bergotte, espèce si rare alors, aujourd'hui universellement répandue, et dont on trouve partout en Europe, en Amérique, jusque dans le moindre village, la fleur idéale et commune. Ce que l'amie de ma mère et, paraît-il, le docteur du Boulbon aimaient surtout dans les livres de Bergotte c'était, comme moi, ce même flux mélodique, ces expressions anciennes, quelques autres très simples et connues, mais pour lesquelles la place où il les mettait en lumière semblait révéler de sa part un goût particulier ; enfin, dans les passages tristes, une certaine brusquerie, un accent presque rauque. Et sans doute lui-même devait sentir que là étaient ses plus grands charmes. Car dans les livres qui suivirent, s'il avait rencontré quelque grande vérité, ou le nom d'une célèbre cathédrale, il interrompait son récit et dans une invocation, une apostrophe, une longue prière, il donnait un libre cours à ces effluves qui dans ses premiers ouvrages restaient intérieurs à sa prose, décelés seulement alors par les ondulations de la surface, plus douces peut-être encore, plus harmonieuses quand elles étaient ainsi voilées et qu'on n'aurait pu indiquer d'une manière précise où naissait, où expirait leur murmure. Ces morceaux auxquels il se complaisait étaient nos morceaux préférés. Pour moi, je les savais par cœur. J'étais déçu quand il reprenait le fil de son récit. Chaque fois qu'il parlait de quelque chose dont la beauté m'était restée jusque-là cachée, des forêts de pins, de la grêle, de *Notre-Dame de Paris*, d'*Athalie* ou de *Phèdre*, il faisait dans une image exploser cette beauté jusqu'à moi. Aussi sentant combien il y avait de parties de l'univers que ma perception infirme ne distinguerait pas s'il ne les rapprochait de moi, j'aurais voulu posséder une opinion de lui, une métaphore de lui, sur toutes choses, surtout sur celles que j'aurais l'occasion de voir moi-même, et entre celles-là, particulièrement sur d'anciens monuments français et certains paysages maritimes, parce que l'insistance avec laquelle il les citait dans ses livres prouvait qu'il les tenait pour riches de signification et de beauté. Malheureusement sur presque toutes choses j'ignorais son opinion. Je ne doutais pas qu'elle ne fût entièrement différente des miennes, puisqu'elle descendait d'un monde inconnu vers lequel je cherchais à m'élever : persuadé que mes pensées eussent paru pure ineptie à cet esprit parfait, j'avais tellement fait table rase de toutes, que quand par hasard il m'arriva d'en rencontrer, dans tel de ses livres, une que j'avais déjà eue moi-même, mon cœur se gonflait comme si un Dieu dans sa bonté me l'avait rendue, l'avait déclarée légitime et belle. Il arrivait parfois qu'une page de lui disait les mêmes choses que j'écrivais souvent la nuit à ma grand'mère et à ma mère quand je ne pouvais pas dormir, si bien que cette page de Bergotte avait l'air d'un recueil d'épigraphes pour être placées en tête de mes lettres. Même plus tard, quand je commençai de composer un livre, certaines phrases dont la qualité ne suffit pas pour décider à le continuer, j'en retrouvai l'équivalent dans Bergotte. Mais ce n'était qu'alors, quand je les lisais dans son œuvre, que je pouvais en jouir ; quand c'était moi qui les composais, préoccupé qu'elles reflétassent exactement ce que j'apercevais dans ma pensée, craignant de ne pas « faire ressemblant », j'avais bien le temps de me demander si ce que j'écrivais était agréable ! Mais en réalité il n'y avait que ce genre de phrases, ce genre d'idées que j'aimais vraiment. Mes efforts inquiets et mécontents étaient eux-mêmes une marque d'amour, d'amour sans plaisir mais profond. Aussi quand tout d'un coup je trouvais de telles phrases dans l'œuvre d'un autre, c'est-à-dire sans plus avoir de scrupules, de sévérité, sans avoir à me tourmenter, je me laissais enfin aller avec délices au goût que j'avais pour elles, comme un cuisinier qui pour une fois où il n'a pas à faire la cuisine trouve enfin le temps d'être gourmand. Un jour, ayant rencontré dans un livre de Bergotte, à propos d'une vieille servante, une plaisanterie que le magnifique et solennel langage de l'écrivain rendait encore plus ironique, mais qui était la même que j'avais si souvent faite à ma grand'mère en parlant de Françoise, une autre fois que je vis qu'il ne jugeait pas indigne de figurer dans un de ces miroirs de la vérité qu'étaient ses ouvrages une remarque analogue à celle que j'avais eu l'occasion de faire sur notre ami M. Legrandin (remarques sur Françoise et M. Legrandin qui étaient certes de celles que j'eusse le plus délibérément sacrifiées à Bergotte, persuadé qu'il les trouverait sans intérêt), il me sembla soudain que mon humble vie et les royaumes du vrai n'étaient pas aussi séparés que j'avais cru, qu'ils coïncidaient même sur certains points, et de confiance et de joie je pleurai sur les pages de l'écrivain comme dans les bras d'un père retrouvé.

D'après ses livres j'imaginais Bergotte comme un vieillard faible et déçu qui avait perdu des enfants et ne s'était jamais consolé. Aussi je lisais, je chantais intérieurement sa prose, plus « dolce », plus « lento » peut-être qu'elle n'était écrite, et la phrase la plus simple s'adressait à moi avec une intonation attendrie. Plus que tout j'aimais sa philosophie, je m'étais donné à elle pour toujours. Elle me rendait impatient d'arriver à l'âge où j'entrerais au collège, dans la classe appelée Philosophie. Mais je ne voulais pas qu'on y fît autre chose que vivre uniquement par la pensée de Bergotte, et si l'on m'avait dit que les métaphysiciens auxquels je m'attacherais alors ne lui ressembleraient en rien, j'aurais ressenti le désespoir d'un amoureux qui veut aimer pour la vie et à qui on parle des autres maîtresses qu'il aura plus tard.

Un dimanche, pendant ma lecture au jardin, je fus dérangé par Swann qui venait voir mes parents.

– Qu'est-ce que vous lisez, on peut regarder ? Tiens, du Bergotte ? Qui donc vous a indiqué ses ouvrages ?

Je lui dis que c'était Bloch.

– Ah ! oui, ce garçon que j'ai vu une fois ici, qui ressemble tellement au portrait de Mahomet II par Bellini. Oh ! c'est frappant, il a les mêmes sourcils circonflexes, le même nez recourbé, les mêmes pommettes saillantes. Quand il aura une barbiche ce sera la même personne. En tout cas il a du goût, car Bergotte est un charmant esprit. Et voyant combien j'avais l'air d'admirer Bergotte, Swann qui ne parlait jamais des gens qu'il connaissait fit, par bonté, une exception et me dit :

– Je le connais beaucoup, si cela pouvait vous faire plaisir qu'il écrive un mot en tête de votre volume, je pourrais le lui demander.

Je n'osai pas accepter, mais posai à Swann des questions sur Bergotte. « Est-ce que vous pourriez me dire quel est l'acteur qu'il préfère ? »

– L'acteur, je ne sais pas. Mais je sais qu'il n'égale aucun artiste homme à la Berma qu'il met au-dessus de tout. L'avez-vous entendue ?

– Non monsieur, mes parents ne me permettent pas d'aller au théâtre.

– C'est malheureux. Vous devriez leur demander. La Berma dans *Phèdre*, dans *le Cid*, ce n'est qu'une actrice si vous voulez, mais vous savez je ne crois pas beaucoup à la « *hiérarchie !* » des arts.

(Et je remarquai, comme cela m'avait souvent frappé dans ses conversations avec les sœurs de ma grand'mère, que quand il parlait de choses sérieuses, quand il employait une expression qui semblait impliquer une opinion sur un sujet important, il avait soin de l'isoler dans une intonation spéciale, machinale et ironique, comme s'il l'avait mise entre guillemets, semblant ne pas vouloir la prendre à son compte, et dire : « la *hiérarchie*, vous savez, comme disent les gens ridicules » ? Mais alors, si c'était ridicule, pourquoi disait-il la hiérarchie ?). Un instant après il ajouta : « Cela vous donnera une vision aussi noble que n'importe quel chef-d'œuvre, je ne sais pas moi... que – et il se mit à rire – les Reines de Chartres ! » Jusque-là cette horreur d'exprimer sérieusement son opinion m'avait paru quelque chose qui devait être élégant et parisien et qui s'opposait au dogmatisme provincial des sœurs de ma grand'mère ; et je soupçonnais aussi que c'était une des formes de l'esprit dans la coterie où vivait Swann et où par réaction sur le lyrisme des générations antérieures on réhabilitait à l'excès les petits faits précis, réputés vulgaires autrefois, et on proscrivait les « phrases ». Mais maintenant je trouvais quelque chose de choquant dans cette attitude de Swann en face des choses. Il avait l'air de ne pas oser avoir une opinion et de n'être tranquille que quand il pouvait donner méticuleusement des renseignements précis. Mais il ne se rendait donc pas compte que c'était professer l'opinion, postuler que l'exactitude de ces détails avait de l'importance. Je repensai alors à ce dîner où j'étais si triste parce que maman ne devait pas monter dans ma chambre et où il avait dit que les bals chez la princesse de

Léon n'avaient aucune importance. Mais c'était pourtant à cc genre de plaisirs qu'il employait sa vie. Je trouvais tout cela contradictoire. Pour quelle autre vie réservait-il de dire enfin sérieusement ce qu'il pensait des choses, de formuler des jugements qu'il pût ne pas mettre entre guillemets, et de ne plus se livrer avec une politesse pointilleuse à des occupations dont il professait en même temps qu'elles sont ridicules ? Je remarquai aussi dans la façon dont Swann me parla de Bergotte quelque chose qui en revanche ne lui était pas particulier, mais au contraire était dans ce temps-là commun à tous les admirateurs de l'écrivain, à l'amie de ma mère, au docteur du Boulbon. Comme Swann, ils disaient de Bergotte : « C'est un charmant esprit, si particulier, il a une façon à lui de dire les choses un peu cherchée, mais si agréable. On n'a pas besoin de voir la signature, on reconnaît tout de suite que c'est de lui. » Mais aucun n'aurait été jusqu'à dire : « C'est un grand écrivain, il a un grand talent. » Ils ne disaient même pas qu'il avait du talent. Ils ne le disaient pas parce qu'ils ne le savaient pas. Nous sommes très longs à reconnaître dans la physionomie particulière d'un nouvel écrivain le modèle qui porte le nom de « grand talent » dans notre musée des idées générales. Justement parce que cette physionomie est nouvelle, nous ne la trouvons pas tout à fait ressemblante à ce que nous appelons talent. Nous disons plutôt originalité, charme, délicatesse, force ; et puis un jour nous nous rendons compte que c'est justement tout cela le talent.

– Est-ce qu'il y a des ouvrages de Bergotte où il ait parlé de la Berma ? demandai-je à Swann.

– Je crois dans sa petite plaquette sur Racine, mais elle doit être épuisée. Il y a peut-être eu cependant une réimpression. Je m'informerai. Je peux d'ailleurs demander à Bergotte tout ce que vous voulez, il n'y a pas de semaine dans l'année où il ne dîne à la maison. C'est le grand ami de ma fille. Ils vont ensemble visiter les vieilles villes, les cathédrales, les châteaux.

Comme je n'avais aucune notion sur la hiérarchie sociale, depuis longtemps l'impossibilité que mon père trouvait à ce que nous fréquentions Mme et Mlle Swann avait eu plutôt pour effet, en me faisant imaginer entre elles et nous de grandes distances, de leur donner à mes yeux du prestige. Je regrettais que ma mère ne se teignît pas les cheveux et ne se mît pas de rouge aux lèvres comme j'avais entendu dire par notre voisine Mme Sazerat que Mme Swann le faisait pour plaire, non à son mari, mais à M. de Charlus, et je pensais que nous devions être pour elle un objet de mépris, ce qui me peinait surtout à cause de Mlle Swann qu'on m'avait dit être une si jolie petite fille et à laquelle je rêvais souvent en lui prêtant chaque fois un même visage arbitraire et charmant. Mais quand j'eus appris ce jour-là que Mlle Swann était un être d'une condition si rare, baignant comme dans son élément naturel au milieu de tant de privilèges, que quand elle demandait à ses parents s'il y avait quelqu'un à dîner, on lui répondait par ces syllabes remplies de lumière, par le nom de ce convive d'or qui n'était pour elle qu'un vieil ami de sa famille : Bergotte ; que, pour elle, la causerie intime à table, ce qui correspondait à ce qu'était pour moi la conversation de ma grand'tante, c'étaient des paroles de Bergotte, sur tous ces sujets qu'il n'avait pu aborder dans ses livres, et sur lesquels j'aurais voulu l'écouter rendre ses oracles ; et qu'enfin, quand elle allait visiter des villes, il cheminait à côté d'elle, inconnu et glorieux, comme les Dieux qui descendaient au milieu des mortels ; alors je sentis en même temps que le prix d'un être comme Mlle Swann, combien je lui paraîtrais grossier et ignorant, et j'éprouvai si vivement la douceur et l'impossibilité qu'il y aurait pour moi à être son ami, que je fus rempli à la fois de désir et de désespoir. Le plus souvent maintenant quand je pensais à elle, je la voyais devant le porche d'une cathédrale, m'expliquant la signification des statues, et, avec un sourire qui disait du bien de moi, me présentant comme son ami, à Bergotte. Et toujours le charme de toutes les idées que faisaient naître en moi les cathédrales, le charme des coteaux de l'Ile-de-France et des plaines de la Normandie faisait refluer ses reflets sur l'image que je me formais de Mlle Swann : c'était être tout prêt à l'aimer. Que nous croyions qu'un être participe à une vie inconnue où son amour nous ferait pénétrer, c'est, de tout ce qu'exige l'amour pour naître, ce à quoi il tient le plus, et qui lui fait faire bon marché du reste. Même les femmes qui prétendent ne juger un homme que sur son physique, voient en ce physique l'émanation d'une vie spéciale. C'est pourquoi elles aiment les militaires, les pompiers ; l'uniforme les rend moins difficiles pour le visage ; elles croient baiser sous la cuirasse un cœur différent, aventureux et doux ; et un jeune souverain, un prince héritier, pour faire les plus flatteuses conquêtes, dans les pays étrangers qu'il visite, n'a pas besoin du profil régulier qui serait peut-être indispensable à un coulissier.

Tandis que je lisais au jardin, ce que ma grand'tante n'aurait pas compris que je fisse en dehors du dimanche, jour où il est défendu de s'occuper à rien de sérieux et où elle ne cousait pas (un jour de semaine, elle m'aurait dit « comment tu t'*amuses* encore à lire, ce n'est pourtant pas dimanche » en donnant au mot amusement le sens d'enfantillage et de perte de temps), ma tante Léonie devisait avec Françoise en attendant l'heure d'Eulalie. Elle lui annonçait qu'elle venait de voir passer Mme Goupil « sans parapluie, avec la robe de soie qu'elle s'est fait faire à Châteaudun. Si elle a loin à aller avant vêpres elle pourrait bien la faire saucer ».

– Peut-être, peut-être (ce qui signifiait peut-être non) disait Françoise pour ne pas écarter définitivement la possibilité d'une alternative plus favorable.

– Tiens, disait ma tante en se frappant le front, cela me fait penser que je n'ai point su si elle était arrivée à l'église après l'élévation. Il faudra que je pense à le demander à Eulalie... Françoise, regardez-moi ce nuage noir derrière le clocher et ce mauvais soleil sur les ardoises, bien sûr que la journée ne se passera pas sans pluie. Ce n'était pas possible que ça reste comme ça, il faisait trop chaud. Et le plus tôt sera le mieux, car tant que l'orage n'aura pas éclaté, mon eau de Vichy ne descendra pas, ajoutait ma tante dans l'esprit de qui le désir de hâter la descente de l'eau de Vichy l'emportait infiniment sur la crainte de voir Mme Goupil gâter sa robe.

– Peut-être, peut-être.

– Et c'est que, quand il pleut sur la place, il n'y a pas grand abri.

– Comment, trois heures ? s'écriait tout à coup ma tante en pâlissant, mais alors les vêpres sont commencées, j'ai oublié ma pepsine ! Je comprends maintenant pourquoi mon eau de Vichy me restait sur l'estomac.

Et se précipitant sur un livre de messe relié en velours violet, monté d'or, et d'où, dans sa hâte, elle laissait s'échapper de ces images, bordées d'un bandeau de dentelle de papier jaunissante, qui marquent les pages des fêtes, ma tante, tout en avalant ses gouttes, commençait à lire au plus vite les textes sacrés dont l'intelligence lui était légèrement obscurcie par l'incertitude de savoir si, prise aussi longtemps après l'eau de Vichy, la pepsine serait encore capable de la rattraper et de la faire descendre. « Trois heures, c'est incroyable ce que le temps passe ! »

Un petit coup au carreau, comme si quelque chose l'avait heurté, suivi d'une ample chute légère comme de grains de sable qu'on eût laissé tomber d'une fenêtre au-dessus, puis la chute s'étendant, se réglant, adoptant un rythme, devenant fluide, sonore, musicale, innombrable, universelle : c'était la pluie.

– Eh bien ! Françoise, qu'est-ce que je disais ? Ce que cela tombe ! Mais je crois que j'ai entendu le grelot de la porte du jardin, allez donc voir qui est-ce qui peut être dehors par un temps pareil.

Françoise revenait :

– C'est Mme Amédée (ma grand'mère) qui a dit qu'elle allait faire un tour. Ça pleut pourtant fort.

– Cela ne me surprend point, disait ma tante en levant les yeux au ciel. J'ai toujours dit qu'elle n'avait point l'esprit fait comme tout le monde. J'aime mieux que ce soit elle que moi qui soit dehors en ce moment.

– Mme Amédée, c'est toujours tout l'extrême des autres, disait Françoise avec douceur, réservant pour le moment où elle serait seule avec les autres domestiques de dire qu'elle croyait ma grand'mère un peu « piquée ».

– Voilà le salut passé ! Eulalie ne viendra plus, soupirait ma tante ; ce sera le temps qui lui aura fait peur.

– Mais il n'est pas cinq heures, madame Octave, il n'est que quatre heures et demie.

– Que quatre heures et demie ? et j'ai été obligée de relever les petits rideaux pour avoir un méchant rayon de jour. À quatre heures et demie ! Huit jours avant les Rogations ! Ah ! ma pauvre Françoise, il faut que le bon Dieu soit bien en colère après nous. Aussi, le monde d'aujourd'hui en fait trop ! Comme disait mon pauvre Octave, on a trop oublié le bon Dieu et il se venge.

Une vive rougeur animait les joues de ma tante, c'était Eulalie. Malheureusement, à peine venait-elle d'être introduite que Françoise rentrait et avec un sourire qui avait pour but de se mettre elle-même à l'unisson de la joie qu'elle ne doutait pas que ses paroles allaient causer à ma tante, articulant les syllabes pour montrer que, malgré l'emploi du style indirect, elle rapportait, en bonne domestique, les paroles mêmes dont avait daigné se servir le visiteur :

– M. le Curé serait enchanté, ravi, si Madame Octave ne repose pas et pouvait le recevoir. M. le Curé ne veut pas déranger. M. le Curé est en bas, j'y ai dit d'entrer dans la salle.

En réalité, les visites du curé ne faisaient pas à ma tante un aussi grand plaisir que le supposait Françoise et l'air de jubilation dont celle-ci croyait devoir pavoiser son visage chaque fois qu'elle avait à l'annoncer ne répondait pas entièrement au sentiment de la malade. Le curé (excellent homme avec qui je regrette de ne pas avoir causé davantage, car s'il n'entendait rien aux arts, il connaissait beaucoup d'étymologies), habitué à donner aux visiteurs de marque des renseignements sur l'église (il avait même l'intention d'écrire un livre sur la paroisse de Combray), la fatiguait par des explications infinies et d'ailleurs toujours les mêmes. Mais quand elle arrivait ainsi juste en même temps que celle d'Eulalie, sa visite devenait franchement désagréable à ma tante. Elle eût mieux aimé bien profiter d'Eulalie et ne pas avoir tout le monde à la fois. Mais elle n'osait pas ne pas recevoir le curé et faisait seulement signe à Eulalie de ne pas s'en aller en même temps que lui, qu'elle la garderait un peu seule quand il serait parti.

– Monsieur le Curé, qu'est-ce que l'on me disait qu'il y a un artiste qui a installé son chevalet dans votre église pour copier un vitrail. Je peux dire que je suis arrivée à mon âge sans avoir jamais entendu parler d'une chose pareille ! Qu'est-ce que le monde aujourd'hui va donc chercher ! Et ce qu'il y a de plus vilain dans l'église !

– Je n'irai pas jusqu'à dire que c'est ce qu'il y a de plus vilain, car s'il y a à Saint-Hilaire des parties qui méritent d'être visitées, il y en a d'autres qui sont bien vieilles dans ma pauvre basilique, la seule de tout le diocèse qu'on n'ait pas restaurée ! Mon Dieu, le porche est sale et antique, mais enfin d'un caractère majestueux ; passe même pour les tapisseries d'Esther dont personnellement je ne donnerais pas deux sous, mais qui sont placées par les connaisseurs tout de suite après celles de Sens. Je reconnais d'ailleurs, qu'à côté de certains détails un peu réalistes, elles en présentent d'autres qui témoignent d'un véritable esprit d'observation. Mais qu'on ne vienne pas me parler des vitraux. Cela a-t-il du bon sens de laisser des fenêtres qui ne donnent pas de jour et trompent même la vue par ces reflets d'une couleur que je ne saurais définir, dans une église où il n'y a pas deux dalles qui soient au même niveau et qu'on se refuse à me remplacer sous prétexte que ce sont les tombes des abbés de Combray et des seigneurs de Guermantes, les anciens comtes de Brabant. Les ancêtres directs du Duc de Guermantes d'aujourd'hui et aussi de la Duchesse puisqu'elle est une demoiselle de Guermantes qui a épousé son cousin. » (Ma grand'mère qui à force de se désintéresser des personnes finissait par confondre tous les noms, chaque fois qu'on prononçait celui de la Duchesse de Guermantes prétendait que ce devait être une parente de Mme de Villeparisis. Tout le monde éclatait de rire ; elle tâchait de se défendre en alléguant une certaine lettre de faire part : « Il me semblait me rappeler qu'il y avait du Guermantes là dedans. » Et pour une fois j'étais avec les autres contre elle, ne pouvant admettre qu'il y eût un lien entre son amie de pension et la descendante de Geneviève de Brabant.) – « Voyez Roussainville, ce n'est plus aujourd'hui qu'une paroisse de fermiers, quoique dans l'antiquité cette localité ait dû un grand essor au commerce de chapeaux de feutre et des pendules. (Je ne suis pas certain de l'étymologie de Roussainville. Je croirais volontiers que le nom primitif était Rouville (*Radulfi villa*) comme Châteauroux (*Castrum Radulfi*), mais je vous parlerai de cela une autre fois.) Hé bien ! l'église a des vitraux superbes, presque tous modernes, et cette imposante *Entrée de Louis-Philippe à Combray* qui serait mieux à sa place à Combray même, et qui vaut, dit-on, la fameuse verrière de Chartres. Je voyais même hier le frère du docteur Percepied qui est amateur et qui la regarde comme d'un plus beau travail.

« Mais, comme je le lui disais à cet artiste qui semble du reste très poli, qui est paraît-il, un véritable virtuose du pinceau, que lui trouvez-vous donc d'extraordinaire à ce vitrail, qui est encore un peu plus sombre que les autres ? »

– Je suis sûre que si vous le demandiez à Monseigneur, disait mollement ma tante qui commençait à penser qu'elle allait être fatiguée, il ne vous refuserait pas un vitrail neuf.

– Comptez-y, madame Octave, répondait le curé. Mais c'est justement Monseigneur qui a attaché le grelot à cette malheureuse verrière en prouvant qu'elle représente Gilbert le Mauvais, sire de Guermantes, le descendant direct de Geneviève de Brabant qui était une demoiselle de Guermantes, recevant l'absolution de Saint-Hilaire.

– Mais je ne vois pas où est saint Hilaire ?

– Mais si, dans le coin du vitrail vous n'avez jamais remarqué une dame en robe jaune ? Hé bien ! c'est saint Hilaire qu'on appelle aussi, vous le savez, dans certaines provinces, saint Illiers, saint Hélier, et même, dans le Jura, saint Ylie. Ces diverses corruptions de *sanctus Hilarius* ne sont pas du reste les plus curieuses de celles qui se sont produites dans les noms des bienheureux. Ainsi votre patronne, ma bonne Eulalie, *sancta Eulalia*, savez-vous ce qu'elle est devenue en Bourgogne ? *saint Éloi* tout simplement : elle est devenue un saint. Voyez-vous, Eulalie, qu'après votre mort on fasse de vous un homme ? » – « Monsieur le Curé a toujours le mot pour rigoler. » – « Le frère de Gilbert, Charles le Bègue, prince pieux mais qui, ayant perdu de bonne heure son père, Pépin l'Insensé, mort des suites de sa maladie mentale, exerçait le pouvoir suprême avec toute la présomption d'une jeunesse à qui la discipline a manqué ; dès que la figure d'un particulier ne lui revenait pas dans une ville, il y faisait massacrer jusqu'au dernier habitant. Gilbert voulant se venger de Charles fit brûler l'église de Combray, la primitive église alors, celle que Théodebert, en quittant avec sa cour la maison de campagne qu'il avait près d'ici, à Thiberzy (*Theodeberciacus*), pour aller combattre les Burgondes, avait promis de bâtir au-dessus du tombeau de saint Hilaire si le Bienheureux lui procurait la victoire. Il n'en reste que la crypte où Théodore a dû vous faire descendre, puisque Gilbert brûla le reste. Ensuite il défit l'infortuné Charles avec l'aide de Guillaume le Conquérant (le curé prononçait Guilôme), ce qui fait que beaucoup d'Anglais viennent pour visiter. Mais il ne semble pas avoir su se concilier la sympathie des habitants de Combray, car ceux-ci se ruèrent sur lui à la sortie de la messe et lui tranchèrent la tête. Du reste Théodore prête un petit livre qui donne les explications.

« Mais ce qui est incontestablement le plus curieux dans notre église, c'est le point de vue qu'on a du clocher et qui est grandiose. Certainement, pour vous qui n'êtes pas très forte, je ne vous conseillerais pas de monter nos quatre-vingt-dix-sept marches, juste la moitié du célèbre dôme de Milan. Il y a de quoi fatiguer une personne bien portante, d'autant plus qu'on monte plié en deux si on ne veut pas se casser la tête, et on ramasse avec ses effets toutes les toiles d'araignées de l'escalier. En tous cas il faudrait bien vous couvrir, ajoutait-il (sans apercevoir l'indignation que causait à ma tante l'idée qu'elle fût capable de monter dans le clocher), car il fait un de ces courants d'air une fois arrivé là-haut ! Certaines personnes affirment y avoir ressenti le froid de la mort. N'importe, le dimanche il y a toujours des sociétés qui viennent même de très loin pour admirer la beauté du panorama et qui s'en retournent enchantées. Tenez, dimanche prochain, si le temps se maintient, vous trouveriez certainement du monde, comme ce sont les Rogations. Il faut avouer du reste qu'on jouit de là d'un coup d'œil féerique, avec des sortes d'échappées sur la plaine qui ont un cachet tout particulier. Quand le temps est clair on peut distinguer jusqu'à Verneuil. Surtout on embrasse à la fois des choses qu'on ne peut voir habituellement que l'une sans l'autre, comme le cours de la Vivonne et les fossés de Saint-Assise-lès-Combray, dont elle est séparée par un rideau de grands arbres, ou encore comme les différents canaux de Jouy-le-Vicomte (*Gaudiacus vice comitis* comme vous savez). Chaque fois que je suis allé à Jouy-le-Vicomte, j'ai bien vu un bout du canal, puis quand j'avais tourné une rue j'en voyais un autre, mais alors je ne voyais plus le précédent. J'avais beau les mettre ensemble par la pensée, cela ne me faisait pas grand effet. Du clocher de Saint-Hilaire c'est autre chose, c'est tout un réseau où la localité est prise. Seulement on ne distingue pas d'eau, on dirait de grandes fentes qui coupent si bien la ville en quartiers, qu'elle est comme une brioche dont les morceaux tiennent ensemble mais sont déjà découpés. Il faudrait pour bien faire être à la fois dans le clocher de Saint-Hilaire et à Jouy-le-Vicomte.

Le curé avait tellement fatigué ma tante qu'à peine était-il parti, elle était obligée de renvoyer Eulalie.

– Tenez, ma pauvre Eulalie, disait-elle d'une voix faible, en tirant une pièce d'une petite bourse qu'elle avait à portée de sa main, voilà pour que vous ne m'oubliiez pas dans vos prières.

– Ah ! mais, madame Octave, je ne sais pas si je dois, vous savez bien que ce n'est pas pour cela que je viens ! disait Eulalie avec la même hésitation et le même embarras, chaque fois, que si c'était la première, et avec une apparence de mécontentement qui égayait ma tante mais ne lui déplaisait pas, car si un jour Eulalie, en prenant la pièce, avait un air un peu moins contrarié que de coutume, ma tante disait :

– Je ne sais pas ce qu'avait Eulalie ; je lui ai pourtant donné la même chose que d'habitude, elle n'avait pas l'air contente.

– Je crois qu'elle n'a pourtant pas à se plaindre, soupirait Françoise, qui avait une tendance à considérer comme de la menue monnaie tout ce que lui donnait ma tante pour elle ou pour ses enfants, et comme des trésors follement gaspillés pour une ingrate les piécettes mises chaque dimanche dans la main d'Eulalie, mais si discrètement que Françoise n'arrivait jamais à les voir. Ce n'est pas que l'argent que ma tante donnait à Eulalie, Françoise l'eût voulu pour elle. Elle jouissait suffisamment de ce que ma tante possédait, sachant que les richesses de la maîtresse du même coup élèvent et embellissent aux yeux de tous sa servante ; et qu'elle, Françoise, était insigne et glorifiée dans Combray, Jouy-le-Vicomte et autres lieux, pour les nombreuses fermes de ma tante, les visites fréquentes et prolongées du curé, le nombre singulier des bouteilles d'eau de Vichy consommées. Elle n'était avare que pour ma tante ; si elle avait géré sa fortune, ce qui eût été son rêve, elle l'aurait préservée des entreprises d'autrui avec une férocité maternelle. Elle n'aurait pourtant pas trouvé grand mal à ce que ma tante, qu'elle savait incurablement généreuse, se fût laissée aller à donner, si au moins ç'avait été à des riches. Peut-être pensait-elle que ceux-là, n'ayant pas besoin des cadeaux de ma tante, ne pouvaient être soupçonnés de l'aimer à cause d'eux. D'ailleurs offerts à des personnes d'une grande position de fortune, à Mme Sazerat, à M. Swann, à M. Legrandin, à Mme Goupil, à des personnes « de même rang » que ma tante et qui « allaient bien ensemble », ils lui apparaissaient comme faisant partie des usages de cette vie étrange et brillante des gens riches qui chassent, se donnent des bals, se font des visites et qu'elle admirait en souriant. Mais il n'en allait plus de même si les bénéficiaires de la générosité de ma tante étaient de ceux que Françoise appelait « des gens comme moi, des gens qui ne sont pas plus que moi » et qui étaient ceux qu'elle méprisait le plus à moins qu'ils ne l'appelassent « Madame Françoise » et ne se considérassent comme étant « moins qu'elle ». Et quand elle vit que, malgré ses conseils, ma tante n'en faisait qu'à sa tête et jetait l'argent – Françoise le croyait du moins – pour des créatures indignes, elle commença à trouver bien petits les dons que ma tante lui faisait en comparaison des sommes imaginaires prodiguées à Eulalie. Il n'y avait pas dans les environs de Combray de ferme si conséquente que Françoise ne supposât qu'Eulalie eût pu facilement l'acheter, avec tout ce que lui rapporteraient ses visites. Il est vrai qu'Eulalie faisait la même estimation des richesses immenses et cachées de Françoise. Habituellement, quand Eulalie était partie, Françoise prophétisait sans bienveillance sur son compte. Elle la haïssait, mais elle la craignait et se croyait tenue, quand elle était là, à lui faire « bon visage ». Elle se rattrapait après son départ, sans la nommer jamais à vrai dire, mais en proférant, en oracles sibyllins, des sentences d'un caractère général telles que celles de l'Ecclésiaste, mais dont l'application ne pouvait échapper à ma tante. Après avoir regardé par le coin du rideau si Eulalie avait refermé la porte : « Les personnes flatteuses savent se faire bien venir et ramasser les pépettes ; mais patience, le bon Dieu les punit toutes par un beau jour », disait-elle, avec le regard latéral et l'insinuation de Joas pensant exclusivement à Athalie quand il dit :

Le bonheur des méchants comme un torrent s'écoule.

Mais quand le curé était venu aussi et que sa visite interminable avait épuisé les forces de ma tante, Françoise sortait de la chambre derrière Eulalie et disait :
– Madame Octave, je vous laisse reposer, vous avez l'air beaucoup fatiguée.

Et ma tante ne répondait même pas, exhalant un soupir qui semblait devoir être le dernier, les yeux clos, comme morte. Mais à peine Françoise était-elle descendue que quatre coups donnés avec la plus grande violence retentissaient dans la maison et ma tante, dressée sur son lit, criait :
– Est-ce qu'Eulalie est déjà partie ? Croyez-vous que j'ai oublié de lui demander si Mme Goupil était arrivée à la messe avant l'élévation ! Courez vite après elle !

Mais Françoise revenait n'ayant pu rattraper Eulalie.
– C'est contrariant, disait ma tante en hochant la tête. La seule chose importante que j'avais à lui demander !

Ainsi passait la vie pour ma tante Léonie, toujours identique, dans la douce uniformité de ce qu'elle appelait avec un dédain affecté et une tendresse profonde, son « petit traintrain ». Préservé par tout le monde, non seulement à la maison, où chacun ayant éprouvé l'inutilité de lui conseiller une meilleure hygiène, s'était peu à peu résigné à le respecter, mais même dans le village où, à trois rues de nous, l'emballeur, avant de clouer ses caisses, faisait demander à Françoise si ma tante ne « reposait pas » – ce traintrain fut pourtant troublé une fois cette année-là. Comme un fruit caché qui serait parvenu à maturité sans qu'on s'en aperçût et se détacherait spontanément, survint une nuit la délivrance de la fille de cuisine. Mais ses douleurs étaient intolérables, et comme il n'y avait pas de sage-femme à Combray, Françoise dut partir avant le jour en chercher une à Thiberzy. Ma tante, à cause des cris de la fille de cuisine, ne put reposer, et Françoise, malgré la courte distance, n'étant revenue que très tard, lui manqua beaucoup. Aussi, ma mère me dit-elle dans la matinée : « Monte donc voir si ta tante n'a besoin de rien. » J'entrai dans la première pièce et, par la porte ouverte, vis ma tante, couchée sur le côté, qui dormait ; je l'entendis ronfler légèrement. J'allais m'en aller doucement, mais sans doute le bruit que j'avais fait était intervenu dans son sommeil et en avait « changé la vitesse », comme on dit pour les automobiles, car la musique du ronflement s'interrompit une seconde et reprit un ton plus bas, puis elle s'éveilla et tourna à demi son visage que je pus voir alors ; il exprimait une sorte de terreur ; elle venait évidemment d'avoir un rêve affreux ; elle ne pouvait me voir de la façon dont elle était placée, et je restais là ne sachant si je devais m'avancer ou me retirer ; mais déjà elle semblait revenue au sentiment de la réalité et avait reconnu le mensonge des visions qui l'avaient effrayée ; un sourire de joie, de pieuse reconnaissance envers Dieu qui permet que la vie soit moins cruelle que les rêves, éclaira faiblement son visage, et avec cette habitude qu'elle avait prise de se parler à mi-voix à elle-même quand elle se croyait seule, elle murmura : « Dieu soit loué ! nous n'avons comme tracas que la fille de cuisine qui accouche. Voilà-t-il pas que je rêvais que mon pauvre Octave était ressuscité et qu'il voulait me faire faire une promenade tous les jours ! » Sa main se tendit vers son chapelet qui était sur la petite table, mais le sommeil recommençant ne lui laissa pas la force de l'atteindre : elle se rendormit, tranquillisée, et je sortis à pas de loup de la chambre sans qu'elle ni personne eût jamais appris ce que j'avais entendu.

Quand je dis qu'en dehors d'événements très rares, comme cet accouchement, le traintrain de ma tante ne subissait jamais aucune variation, je ne parle pas de celles qui, se répétant toujours identiques à des intervalles réguliers, n'introduisaient au sein de l'uniformité qu'une sorte d'uniformité secondaire. C'est ainsi que tous les samedis, comme Françoise allait dans l'après-midi au marché de Roussainville-le-Pin, le déjeuner était, pour tout le monde, une heure plus tôt. Et ma tante avait si bien pris l'habitude de cette dérogation hebdomadaire à ses habitudes, qu'elle tenait à cette habitude-là autant qu'aux autres. Elle y était si bien « routinée », comme disait Françoise, que s'il lui avait fallu un samedi, attendre pour déjeuner l'heure habituelle, cela l'eût autant « dérangée » que si elle avait dû, un autre jour, avancer son déjeuner à l'heure du samedi. Cette avance du déjeuner donnait d'ailleurs au samedi, pour nous tous, une figure particulière, indulgente, et assez sympathique. Au moment où d'habitude on a encore une heure à vivre avant la détente du repas, on savait que, dans quelques secondes, on allait voir arriver des endives précoces, une omelette de faveur, un bifteck immérité. Le retour de ce samedi asymétrique était un de ces petits événements intérieurs, locaux, presque civiques qui, dans les vies tranquilles et les sociétés fermées, créent une sorte de lien national et deviennent le thème favori des conversations, des plaisanteries, des récits exagérés à plaisir : il eût été le noyau tout prêt pour un cycle légendaire si l'un de nous avait eu la tête épique. Dès le matin, avant d'être habillés, sans raison, pour le plaisir d'éprouver la force de la solidarité, on se disait les uns aux autres avec bonne humeur, avec cordialité, avec patriotisme : « Il n'y a pas de temps à perdre, n'oublions pas que c'est samedi ! » cependant que ma tante, conférant avec Françoise et songeant que la journée serait plus longue que d'habitude, disait : « Si vous leur faisiez un beau morceau de veau, comme c'est samedi. » Si à dix heures et demie un distrait tirait sa montre en disant : « Allons, encore une heure et demie avant le déjeuner », chacun était enchanté d'avoir à lui dire : « Mais voyons, à quoi pensez-vous, vous oubliez que c'est samedi ! » ; on en riait encore un quart d'heure après et on se promettait de monter raconter cet oubli à ma tante pour l'amuser. Le visage du ciel même semblait changé. Après le déjeuner, le soleil, conscient que c'était samedi, flânait une heure de plus au haut du ciel, et quand quelqu'un, pensant qu'on était en retard pour la promenade, disait : « Comment, seulement deux heures ? » en voyant passer les deux coups du clocher de Saint-Hilaire (qui ont l'habitude de ne rencontrer encore personne dans les chemins désertés à cause du repas de midi ou de la sieste, le long de la rivière vive et blanche que le pêcheur même a abandonnée, et passent solitaires dans le ciel vacant où ne restent que quelques nuages paresseux), tout le monde en chœur lui répondait : « Mais ce qui vous trompe, c'est qu'on a déjeuné une heure plus tôt, vous savez bien que c'est samedi ! » La surprise d'un barbare (nous appelions ainsi tous les gens qui ne savaient pas ce qu'avait de particulier le samedi) qui, étant venu à onze heures pour parler à mon père, nous avait trouvés à table, était une des choses qui, dans sa vie, avaient le plus égayé Françoise. Mais si elle trouvait amusant que le visiteur interloqué ne sût pas que nous déjeunions plus tôt le samedi, elle trouvait plus comique encore (tout en sympathisant du fond du cœur avec ce chauvinisme étroit) que mon père, lui, n'eût pas eu l'idée que ce barbare pouvait l'ignorer et eût répondu sans autre explication à son étonnement de nous voir déjà dans la salle à manger : « Mais voyons, c'est samedi ! » Parvenue à ce point de son récit, elle essuyait des larmes d'hilarité et pour accroître le plaisir qu'elle éprouvait, elle prolongeait le dialogue, inventait ce qu'avait répondu le visiteur à qui ce « samedi » n'expliquait rien. Et bien loin de nous plaindre de ses additions, elles ne nous suffisaient pas encore et nous disions : « Mais il me semblait qu'il avait dit aussi autre chose. C'était plus long la première fois quand vous l'avez raconté. » Ma grand'tante elle-même laissait son ouvrage, levait la tête et regardait par-dessus son lorgnon.

Le samedi avait encore ceci de particulier que ce jour-là, pendant le mois de mai, nous sortions après le dîner pour aller au « mois de Marie ».

Comme nous y rencontrions parfois M. Vinteuil, très sévère pour « le genre déplorable des jeunes gens négligés, dans les idées de l'époque actuelle », ma mère prenait garde que rien ne clochât dans ma tenue, puis on partait pour l'église. C'est au mois de Marie que je me souviens d'avoir commencé à aimer les aubépines. N'étant pas seulement dans l'église, si sainte, mais où nous avions le droit d'entrer, posées sur l'autel même, inséparables des mystères à la célébration desquels elles prenaient part, elles faisaient courir au milieu des flambeaux et des vases sacrés leurs branches attachées horizontalement les unes aux autres en un apprêt de fête, et qu'enjolivaient encore les festons de leur feuillage sur lequel étaient semés à profusion, comme sur une traîne de mariée, de petits bouquets de boutons d'une blancheur éclatante. Mais, sans oser les regarder qu'à la dérobée, je sentais que ces apprêts pompeux étaient vivants et que c'était la nature elle-même qui, en creusant ces découpures dans les feuilles, en ajoutant l'ornement suprême de ces blancs boutons, avait rendu cette décoration digne de ce qui était à la fois une réjouissance populaire et une solennité mystique. Plus haut s'ouvraient leurs corolles çà et là avec une grâce insouciante, retenant si négligemment comme un dernier et vaporeux atour le bouquet d'étamines, fines comme des fils de la Vierge, qui les embrumait tout entières, qu'en suivant, qu'en essayant de mimer au fond de moi le geste de leur efflorescence, je l'imaginais comme si ç'avait été le mouvement de tête étourdi et rapide, au regard coquet, aux pupilles diminuées, d'une blanche jeune fille, distraite et vive. M. Vinteuil était venu avec sa fille se placer à côté de nous. D'une bonne famille, il avait été le professeur de piano des sœurs de ma grand'mère et quand, après la mort de sa femme et un héritage qu'il avait fait, il s'était retiré auprès de Combray, on le recevait souvent à la maison. Mais d'une pudibonderie excessive, il cessa de venir pour ne pas rencontrer Swann qui avait fait ce qu'il appelait « un mariage déplacé, dans le goût du jour ». Ma mère, ayant appris qu'il composait, lui avait dit par amabilité que, quand elle irait le voir, il faudrait qu'il lui fît entendre quelque chose de lui. M. Vinteuil en aurait eu beaucoup de joie, mais il poussait la politesse et la bonté jusqu'à de tels scrupules que, se mettant toujours à la place des autres, il craignait de les ennuyer et de leur paraître égoïste s'il suivait ou seulement laissait deviner son désir. Le jour où mes parents étaient allés chez lui en visite, je les avais accompagnés, mais ils m'avaient permis de rester dehors et, comme la maison de M. Vinteuil, Montjouvain, était en contre-bas d'un monticule buissonneux, où je m'étais caché, je m'étais trouvé de plain-pied avec le salon du second étage, à cinquante centimètres de la fenêtre. Quand on était venu lui annoncer mes parents, j'avais vu M. Vinteuil se hâter de mettre en évidence sur le piano un morceau de musique. Mais une fois mes parents entrés, il l'avait retiré et mis dans un coin. Sans doute avait-il craint de leur laisser supposer qu'il n'était heureux de les voir que pour leur jouer de ses compositions. Et chaque fois que ma mère était revenue à la charge au cours de la visite, il avait répété plusieurs fois : « Mais je ne sais qui a mis cela sur le piano, ce n'est pas sa place », et avait détourné la conversation sur d'autres sujets, justement parce que ceux-là l'intéressaient moins. Sa seule passion était pour sa fille et celle-ci, qui avait l'air d'un garçon, paraissait si robuste qu'on ne pouvait s'empêcher de sourire en voyant les précautions que son père prenait pour elle, ayant toujours des châles supplémentaires à lui jeter sur les épaules. Ma grand'mère faisait remarquer quelle expression douce, délicate, presque timide passait souvent dans les regards de cette enfant si rude, dont le visage était semé de taches de son. Quand elle venait de prononcer une parole, elle l'entendait avec l'esprit de ceux à qui elle l'avait dite, s'alarmait des malentendus possibles et on voyait s'éclairer, se découper comme par transparence, sous la figure hommasse du « bon diable », les traits plus fins d'une jeune fille éplorée.

Quand, au moment de quitter l'église, je m'agenouillai devant l'autel, je sentis tout d'un coup, en me relevant, s'échapper des aubépines une odeur amère et douce d'amandes, et je remarquai alors sur les fleurs de petites places plus blondes, sous lesquelles je me figurai que devait être cachée cette odeur comme sous les parties gratinées le goût d'une frangipane, ou sous leurs taches de rousseur celui des joues de Mlle Vinteuil. Malgré la silencieuse immobilité des aubépines, cette intermittente ardeur était comme le murmure de leur vie intense dont l'autel vibrait ainsi qu'une haie agreste visitée par de vivantes antennes, auxquelles on pensait en voyant certaines étamines presque rousses qui semblaient avoir gardé la virulence printanière, le pouvoir irritant, d'insectes aujourd'hui métamorphosés en fleurs.

Nous causions un moment avec M. Vinteuil devant le porche en sortant de l'église. Il intervenait entre les gamins qui se chamaillaient sur la place, prenait la défense des petits, faisait des sermons aux grands. Si sa fille nous disait de sa grosse voix combien elle avait été contente de nous voir, aussitôt il semblait qu'en elle-même une sœur plus sensible rougissait de ce propos de bon garçon étourdi qui avait pu nous faire croire qu'elle sollicitait d'être invitée chez nous. Son père lui jetait un manteau sur les épaules, ils montaient dans un petit buggy qu'elle conduisait elle-même et tous deux retournaient à Montjouvain. Quant à nous, comme c'était le lendemain dimanche et qu'on ne se lèverait que pour la grand'messe, s'il faisait clair de lune et que l'air fût chaud, au lieu de nous faire rentrer directement, mon père, par amour de la gloire, nous faisait faire par le calvaire une longue promenade, que le peu d'aptitude de ma mère à s'orienter et à se reconnaître dans son chemin, lui faisait considérer comme la prouesse d'un génie stratégique. Parfois nous allions jusqu'au viaduc, dont les enjambées de pierre commençaient à la gare et me représentaient l'exil et la détresse hors du monde civilisé, parce que chaque année en venant de Paris, on nous recommandait de faire bien attention, quand ce serait Combray, de ne pas laisser passer la station, d'être prêts d'avance, car le train repartait au bout de deux minutes et s'engageait sur le viaduc au delà des pays chrétiens dont Combray marquait pour moi l'extrême limite. Nous revenions par le boulevard de la gare, où étaient les plus agréables villas de la commune. Dans chaque jardin le clair de lune, comme Hubert Robert, semait ses degrés rompus de marbre blanc, ses jets d'eau, ses grilles entr'ouvertes. Sa lumière avait détruit le bureau du télégraphe. Il n'en subsistait plus qu'une colonne à demi brisée, mais qui gardait la beauté d'une ruine immortelle. Je traînais la jambe, je tombais de sommeil, l'odeur des tilleuls qui embaumait m'apparaissait comme une récompense qu'on ne pouvait obtenir qu'au prix des plus grandes fatigues et qui n'en valait pas la peine. De grilles fort éloignées les unes des autres, des chiens réveillés par nos pas solitaires faisaient alterner des aboiements comme il m'arrive encore quelquefois d'en entendre le soir, et entre lesquels dut venir (quand sur son emplacement on créa le jardin public de Combray) se réfugier le boulevard de la gare, car, où que je me trouve, dès qu'ils commencent à retentir et à se répondre, je l'aperçois, avec ses tilleuls et son trottoir éclairé par la lune.

Tout d'un coup mon père nous arrêtait et demandait à ma mère : « Où sommes-nous ? » Épuisée par la marche, mais fière de lui, elle lui avouait tendrement qu'elle n'en savait absolument rien. Il haussait les épaules et riait. Alors, comme s'il l'avait sortie de la poche de son veston avec sa clef, il nous montrait debout devant nous la petite porte de derrière de notre jardin qui était venue avec le coin de la rue du Saint-Esprit nous attendre au bout de ces chemins inconnus. Ma mère lui disait avec admiration : « Tu es extraordinaire ! » Et à partir de cet instant, je n'avais plus un seul pas à faire, le sol marchait pour moi dans ce jardin où depuis si longtemps mes actes avaient cessé d'être accompagnés d'attention volontaire : l'Habitude venait de me prendre dans ses bras et me portait jusqu'à mon lit comme un petit enfant.

Si la journée du samedi, qui commençait une heure plus tôt, et où elle était privée de Françoise, passait plus lentement qu'une autre pour ma tante, elle en attendait pourtant le retour avec impatience depuis le commencement de la semaine, comme contenant toute la nouveauté et la distraction que fût encore capable de supporter son corps affaibli et maniaque. Et ce n'est pas cependant qu'elle n'aspirât parfois à quelque plus grand changement, qu'elle n'eût de ces heures d'exception où l'on a soif de quelque chose d'autre que ce qui est, et où ceux que le manque d'énergie ou d'imagination empêche de tirer d'eux-mêmes un principe de rénovation demandent à la minute qui vient, au facteur qui sonne, de leur apporter du nouveau, fût-ce du pire, une émotion, une douleur ; où la sensibilité, que le bonheur a fait taire comme une harpe oisive, veut résonner sous une main, même brutale, et dût-elle en être brisée ; où la volonté, qui a si difficilement conquis le droit d'être livrée sans obstacle à ses désirs, à ses peines, voudrait jeter les rênes entre les mains d'événements impérieux, fussent-ils cruels. Sans doute, comme les forces de ma tante, taries à la moindre fatigue, ne lui revenaient que goutte à goutte au sein de son repos, le réservoir était très long à remplir, et il se passait des mois avant qu'elle eût ce léger trop-plein que d'autres dérivent dans l'activité et dont elle était incapable de savoir et de décider comment user. Je ne doute pas qu'alors – comme le désir de la remplacer par des pommes de terre béchamel finissait au bout de quelque temps par naître du plaisir même que lui causait le retour quotidien de la purée dont elle ne se « fatiguait » pas – elle ne tirât de l'accumulation de ces jours monotones auxquels elle tenait tant l'attente d'un cataclysme domestique, limité à la durée d'un moment, mais qui la forcerait d'accomplir une fois pour toutes un de ces changements dont elle reconnaissait qu'ils lui seraient salutaires et auxquels elle ne pouvait d'elle-même se décider. Elle nous aimait véritablement, elle aurait eu plaisir à nous pleurer ; survenant à un moment où elle se sentait bien et n'était pas en sueur, la nouvelle que la maison était la proie d'un incendie où nous avions déjà tous péri et qui n'allait plus bientôt laisser subsister une seule pierre des murs, mais auquel elle aurait eu tout le temps d'échapper sans se presser, à condition de se lever tout de suite, a dû souvent hanter ses espérances comme unissant aux avantages secondaires de lui faire savourer dans un long regret toute sa tendresse pour nous, et d'être la stupéfaction du village en conduisant notre deuil, courageuse et accablée, moribonde debout, celui bien plus précieux de la forcer au bon moment, sans temps à perdre, sans possibilité d'hésitation énervante, à aller passer l'été dans sa jolie ferme de Mirougrain, où il y avait une chute d'eau. Comme n'était jamais survenu aucun événement de ce genre, dont elle méditait certainement la réussite quand elle était seule absorbée dans ses innombrables jeux de patience (et qui l'eût désespérée au premier commencement de réalisation, au premier de ces petits faits imprévus, de cette parole annonçant une mauvaise nouvelle et dont on ne peut plus jamais oublier l'accent, de tout ce qui porte l'empreinte de la mort réelle, bien différente de sa possibilité logique et abstraite), elle se rabattait pour rendre de temps en temps sa vie plus intéressante, à y introduire des péripéties imaginaires qu'elle suivait avec passion. Elle se plaisait à supposer tout d'un coup que Françoise la volait, qu'elle recourait à la ruse pour s'en assurer, la prenait sur le fait ; habituée, quand elle faisait seule des parties de cartes, à jouer à la fois son jeu et le jeu de son adversaire, elle se prononçait à elle-même les excuses embarrassées de Françoise et y répondait avec tant de feu et d'indignation que l'un de nous, entrant à ces moments-là, la trouvait en nage, les yeux étincelants, ses faux cheveux déplacés laissant voir son front chauve. Françoise entendit peut-être parfois dans la chambre voisine de mordants sarcasmes qui s'adressaient à elle et dont l'invention n'eût pas soulagé suffisamment ma tante s'ils étaient restés à l'état purement immatériel, et si en les murmurant à mi-voix elle ne leur eût donné plus de réalité. Quelquefois, ce « spectacle dans un lit » ne suffisait même pas à ma tante, elle voulait faire jouer ses pièces. Alors, un dimanche, toutes portes mystérieusement fermées, elle confiait à Eulalie ses doutes sur la probité de Françoise, son intention de se défaire d'elle, et une autre fois, à Françoise ses soupçons de l'infidélité d'Eulalie, à qui la porte serait bientôt fermée ; quelques jours après elle était dégoûtée de sa confidente de la veille et racoquinée avec le traître, lesquels d'ailleurs, pour la prochaine représentation, échangeraient leurs emplois. Mais les soupçons que pouvait parfois lui inspirer Eulalie n'étaient qu'un feu de paille et tombaient vite, faute d'aliment, Eulalie n'habitant pas la maison. Il n'en était pas de même de ceux qui concernaient Françoise, que ma tante sentait perpétuellement sous le même toit qu'elle, sans que, par crainte de prendre froid si elle sortait de son lit, elle osât descendre à la cuisine se rendre compte s'ils étaient fondés. Peu à peu son esprit n'eut plus d'autre occupation que de chercher à deviner ce qu'à chaque moment pouvait faire, et chercher à lui cacher, Françoise. Elle remarquait les plus furtifs mouvements de physionomie de celle-ci, une contradiction dans ses paroles, un désir qu'elle semblait dissimuler. Et elle lui montrait qu'elle l'avait démasquée, d'un seul mot qui faisait pâlir Françoise et que ma tante semblait trouver, à enfoncer au cœur de la malheureuse, un divertissement cruel. Et le dimanche suivant, une révélation d'Eulalie – comme ces découvertes qui ouvrent tout d'un coup un champ insoupçonné à une science naissante et qui se traînait dans l'ornière – prouvait à ma tante qu'elle était dans ses suppositions bien au-dessous de la vérité. « Mais Françoise doit le savoir maintenant que vous y avez donné une voiture. » – « Que je lui ai donné une voiture ! » s'écriait ma tante. – « Ah ! mais je ne sais pas, moi, je croyais, je l'avais vue qui passait maintenant en calèche, fière comme Artaban, pour aller au marché de Roussainville. J'avais cru que c'était Mme Octave qui lui avait donné. » Peu à peu Françoise et ma tante, comme la bête et le chasseur, ne cessaient plus de tâcher de prévenir les ruses l'une de l'autre. Ma mère craignait qu'il ne se développât chez Françoise une véritable haine pour ma tante qui l'offensait le plus durement qu'elle le pouvait. En tous cas Françoise attachait de plus en plus aux moindres paroles, aux moindres gestes de ma tante une attention extraordinaire. Quand elle avait quelque chose à lui demander, elle hésitait longtemps sur la manière dont elle devait s'y prendre. Et quand elle avait proféré sa requête, elle observait ma tante à la dérobée, tâchant de deviner dans l'aspect de sa figure ce que celle-ci avait pensé et déciderait. Et ainsi – tandis que quelque artiste lisant les Mémoires du XVIIᵉ siècle, et désirant de se rapprocher du grand Roi, croit marcher dans cette voie en se fabriquant une généalogie qui le fait descendre d'une famille historique ou en entretenant une correspondance avec un des souverains actuels de l'Europe, tourne précisément le dos à ce qu'il a le tort de chercher sous des formes identiques et par conséquent mortes – une vieille dame de province qui ne faisait qu'obéir sincèrement à d'irrésistibles manies et à une méchanceté née de l'oisiveté, voyait sans avoir jamais pensé à Louis XIV les occupations les plus insignifiantes de sa journée, concernant son lever, son déjeuner, son repos, prendre par leur singularité despotique un peu de l'intérêt de ce que Saint-Simon appelait la « mécanique » de la vie à Versailles, et pouvait croire aussi que ses silences, une nuance de bonne humeur ou de hauteur dans sa physionomie, étaient de la part de Françoise l'objet d'un commentaire aussi passionné, aussi craintif que l'étaient le silence, la bonne humeur, la hauteur du Roi quand un courtisan, ou même les plus grands seigneurs, lui avaient remis une supplique, au détour d'une allée, à Versailles.

Un dimanche, où ma tante avait eu la visite simultanée du curé et d'Eulalie, et s'était ensuite reposée, nous étions tous montés lui dire bonsoir, et maman lui adressait ses condoléances sur la mauvaise chance qui amenait toujours ses visiteurs à la même heure :

– Je sais que les choses se sont encore mal arrangées tantôt, Léonie, lui dit-elle avec douceur, vous avez eu tout votre monde à la fois.

Ce que ma grand'tante interrompit par : « Abondance de biens... » car depuis que sa fille était malade elle croyait devoir la remonter en lui présentant toujours tout par le bon côté. Mais mon père prenant la parole :

– Je veux profiter, dit-il, de ce que toute la famille est réunie pour vous faire un récit sans avoir besoin de le recommencer à chacun. J'ai peur que nous ne soyons fâchés avec Legrandin : il m'a à peine dit bonjour ce matin.

Je ne restai pas pour entendre le récit de mon père, car j'étais justement avec lui après la messe quand nous avions rencontré M. Legrandin, et je descendis à la cuisine demander le menu du dîner qui tous les jours me distrayait comme les nouvelles qu'on lit dans un journal et m'excitait à la façon d'un programme de fête. Comme M. Legrandin avait passé près de nous en sortant de l'église, marchant à côté d'une châtelaine du voisinage que nous ne connaissions que de vue, mon père avait fait un salut à la fois amical et réservé, sans que nous nous arrêtions ; M. Legrandin avait à peine répondu, d'un air étonné, comme s'il ne nous reconnaissait pas, et avec cette perspective du regard particulière aux personnes qui ne veulent pas être aimables et qui, du fond subitement prolongé de leurs yeux, ont l'air de vous apercevoir comme au bout d'une route interminable et à une si grande distance qu'elles se contentent de vous adresser un signe de tête minuscule pour le proportionner à vos dimensions de marionnette.

Or, la dame qu'accompagnait Legrandin était une personne vertueuse et considérée ; il ne pouvait être question qu'il fût en bonne fortune et gêné d'être surpris, et mon père se demandait comment il avait pu mécontenter Legrandin. « Je regretterais d'autant plus de le savoir fâché, dit mon père, qu'au milieu de tous ces gens endimanchés il a, avec son petit veston droit, sa cravate molle, quelque chose de si peu apprêté, de si vraiment simple, et un air presque ingénu qui est tout à fait sympathique. » Mais le conseil de famille fut unanimement d'avis que mon père s'était fait une idée ou que Legrandin, à ce moment-là, était absorbé par quelque pensée. D'ailleurs la crainte de mon père fut dissipée dès le lendemain soir. Comme nous revenions d'une grande promenade, nous aperçûmes près du Pont-Vieux, Legrandin, qui à cause des fêtes restait plusieurs jours à Combray. Il vint à nous la main tendue : « Connaissez-vous, monsieur le liseur, me demanda-t-il, ce vers de Paul Desjardins :

Les bois sont déjà noirs, le ciel est encor bleu...

N'est-ce pas la fine notation de cette heure-ci ? Vous n'avez peut-être jamais lu Paul Desjardins. Lisez-le, mon enfant ; aujourd'hui il se mue, me dit-on, en frère prêcheur, mais ce fut longtemps un aquarelliste limpide...

Les bois sont déjà noirs, le ciel est encor bleu...

Que le ciel reste toujours bleu pour vous, mon jeune ami ; et même à l'heure, qui vient pour moi maintenant, où les bois sont déjà noirs, où la nuit tombe vite, vous vous consolerez comme je fais en regardant du côté du ciel. » Il sortit de sa poche une cigarette, resta longtemps les yeux à l'horizon, « Adieu, les camarades », nous dit-il tout à coup, et il nous quitta.

À cette heure où je descendais apprendre le menu, le dîner était déjà commencé, et Françoise, commandant aux forces de la nature devenues ses aides, comme dans les féeries où les géants se font engager comme cuisiniers, frappait la houille, donnait à la vapeur des pommes de terre à étuver et faisait finir à point par le feu les chefs-d'œuvre culinaires d'abord préparés dans des récipients de céramistes qui allaient des grandes cuves, marmites, chaudrons et poissonnières, aux terrines pour le gibier, moules à pâtisserie, et petits pots de crème en passant par une collection complète de casserole de toutes dimensions. Je m'arrêtais à voir sur la table, où la fille de cuisine venait de les écosser, les petits pois alignés et nombrés comme des billes vertes dans un jeu ; mais mon ravissement était devant les asperges, trempées d'outre-mer et de rose et dont l'épi, finement pignoché de mauve et d'azur, se dégrade insensiblement jusqu'au pied − encore souillé pourtant du sol de leur plant − par des irisations qui ne sont pas de la terre. Il me semblait que ces nuances célestes trahissaient les délicieuses créatures qui s'étaient amusées à se métamorphoser en légumes et qui, à travers le déguisement de leur chair comestible et ferme, laissaient apercevoir en ces couleurs naissantes d'aurore, en ces ébauches d'arc-en-ciel, en cette extinction de soirs bleus, cette essence précieuse que je reconnaissais encore quand, toute la nuit qui suivait un dîner où j'en avais mangé, elles jouaient, dans leurs farces poétiques et grossières comme une féerie de Shakespeare, à changer mon pot de chambre en un vase de parfum.

La pauvre Charité de Giotto, comme l'appelait Swann, chargée par Françoise de les « plumer », les avait près d'elle dans une corbeille, son air était douloureux, comme si elle ressentait tous les malheurs de la terre ; et les légères couronnes d'azur qui ceignaient les asperges au-dessus de leurs tuniques de rose étaient finement dessinées, étoile par étoile, comme le sont dans la fresque les fleurs bandées autour du front ou piquées dans la corbeille de la Vertu de Padoue. Et cependant, Françoise tournait à la broche un de ces poulets, comme elle seule savait en rôtir, qui avaient porté loin dans Combray l'odeur de ses mérites, et qui, pendant qu'elle nous les servait à table, faisaient prédominer la douceur dans ma conception spéciale de son caractère, l'arôme de cette chair qu'elle savait rendre si onctueuse et si tendre n'étant pour moi que le propre parfum d'une de ses vertus.

Mais le jour où, pendant que mon père consultait le conseil de famille sur la rencontre de Legrandin, je descendis à la cuisine, était un de ceux où la Charité de Giotto, très malade de son accouchement récent, ne pouvait se lever ; Françoise, n'étant plus aidée, était en retard. Quand je fus en bas, elle était en train, dans l'arrière-cuisine qui donnait sur la basse-cour, de tuer un poulet qui, par sa résistance désespérée et bien naturelle, mais accompagnée par Françoise hors d'elle, tandis qu'elle cherchait à lui fendre le cou sous l'oreille, des cris de « sale bête ! sale bête ! », mettait la sainte douceur et l'onction de notre servante un peu moins en lumière qu'il n'eût fait, au dîner du lendemain, par sa peau brodée d'or comme une chasuble et son jus précieux égoutté d'un ciboire. Quand il fut mort, Françoise recueillit le sang qui coulait sans noyer sa rancune, eut encore un sursaut de colère, et regardant le cadavre de son ennemi, dit une dernière fois : « Sale bête ! » Je remontai tout tremblant ; j'aurais voulu qu'on mît Françoise tout de suite à la porte. Mais qui m'eût fait des boules aussi chaudes, du café aussi parfumé, et même... ces poulets ?... Et en réalité, ce lâche calcul, tout le monde avait eu à le faire comme moi. Car ma tante Léonie savait – ce que j'ignorais encore – que Françoise qui, pour sa fille, pour ses neveux, aurait donné sa vie sans une plainte, était pour d'autres êtres d'une dureté singulière. Malgré cela ma tante l'avait gardée, car si elle connaissait sa cruauté, elle appréciait son service. Je m'aperçus peu à peu que la douceur, la componction, les vertus de Françoise cachaient des tragédies d'arrière-cuisine, comme l'histoire découvre que le règne des Rois et des Reines qui sont représentés les mains jointes dans les vitraux des églises, furent marqués d'incidents sanglants. Je me rendis compte que, en dehors de ceux de sa parenté, les humains excitaient d'autant plus sa pitié par leurs malheurs, qu'ils vivaient plus éloignés d'elle. Les torrents de larmes qu'elle versait en lisant le journal sur les infortunes des inconnus se tarissaient vite si elle pouvait se représenter la personne qui en était l'objet d'une façon un peu précise. Une de ces nuits qui suivirent l'accouchement de la fille de cuisine, celle-ci fut prise d'atroces coliques : maman l'entendit se plaindre, se leva et réveilla Françoise qui, insensible, déclara que tous ces cris étaient une comédie, qu'elle voulait « faire la maîtresse ». Le médecin, qui craignait ces crises, avait mis un signet, dans un livre de médecine que nous avions, à la page où elles sont décrites et où il nous avait dit de nous reporter pour trouver l'indication des premiers soins à donner. Ma mère envoya Françoise chercher le livre en lui recommandant de ne pas laisser tomber le signet. Au bout d'une heure, Françoise n'était pas revenue ; ma mère indignée crut qu'elle s'était recouchée et me dit d'aller voir moi-même dans la bibliothèque. J'y trouvai Françoise qui, ayant voulu regarder ce que le signet marquait, lisait la description clinique de la crise et poussait des sanglots maintenant qu'il s'agissait d'une malade-type qu'elle ne connaissait pas. À chaque symptôme douloureux mentionné par l'auteur du traité, elle s'écriait : « Hé là ! Sainte Vierge, est-il possible que le bon Dieu veuille faire souffrir ainsi une malheureuse créature humaine ? Hé ! la pauvre ! »

Mais dès que je l'eus appelée et qu'elle fut revenue près du lit de la Charité de Giotto, ses larmes cessèrent aussitôt de couler ; elle ne put reconnaître ni cette agréable sensation de pitié et d'attendrissement qu'elle connaissait bien et que la lecture des journaux lui avait souvent donnée, ni aucun plaisir de même famille ; dans l'ennui et dans l'irritation de s'être levée au milieu de la nuit pour la fille de cuisine, et à la vue des mêmes souffrances dont la description l'avait fait pleurer, elle n'eut plus que des ronchonnements de mauvaise humeur, même d'affreux sarcasmes, disant, quand elle crut que nous étions partis et ne pouvions plus l'entendre : « Elle n'avait qu'à ne pas faire ce qu'il faut pour ça ! ça lui a fait plaisir ! qu'elle ne fasse pas de manières maintenant. Faut-il tout de même qu'un garçon ait été abandonné du bon Dieu pour aller avec *ça*. Ah ! c'est bien comme on disait dans le patois de ma pauvre mère :

« Qui du cul d'un chien s'amourose
Il lui paraît une rose. »

Si, quand son petit-fils était un peu enrhumé du cerveau, elle partait la nuit, même malade, au lieu de se coucher, pour voir s'il n'avait besoin de rien, faisant quatre lieues à pied avant le jour afin d'être rentrée pour son travail, en revanche ce même amour des siens et son désir d'assurer la grandeur future de sa maison se traduisait dans sa politique à l'égard des autres domestiques par une maxime constante qui fut de n'en jamais laisser un seul s'implanter chez ma tante, qu'elle mettait d'ailleurs une sorte d'orgueil à ne laisser approcher par personne, préférant, quand elle-même était malade, se relever pour lui donner son eau de Vichy plutôt que de permettre l'accès de la chambre de sa maîtresse à la fille de cuisine. Et comme cet hyménoptère observé par Fabre, la guêpe fouisseuse, qui pour que ses petits après sa mort aient de la viande fraîche à manger, appelle l'anatomie au secours de sa cruauté et, ayant capturé des charançons et des araignées, leur perce avec un savoir et une adresse merveilleux le centre nerveux d'où dépend le mouvement des pattes, mais non les autres fonctions de la vie, de façon que l'insecte paralysé près duquel elle dépose ses œufs, fournisse aux larves, quand elles écloront un gibier docile, inoffensif, incapable de fuite ou de résistance, mais nullement faisandé, Françoise trouvait pour servir sa volonté permanente de rendre la maison intenable à tout domestique, des ruses si savantes et si impitoyables que, bien des années plus tard, nous apprîmes que si cet été-là nous avions mangé presque tous les jours des asperges, c'était parce que leur odeur donnait à la pauvre fille de cuisine chargée de les éplucher des crises d'asthme d'une telle violence qu'elle fut obligée de finir par s'en aller.

Hélas ! nous devions définitivement changer d'opinion sur Legrandin. Un des dimanches qui suivit la rencontre sur le Pont-Vieux après laquelle mon père avait dû confesser son erreur, comme la messe finissait et qu'avec le soleil et le bruit du dehors quelque chose de si peu sacré entrait dans l'église que Mme Goupil, Mme Percepied (toutes les personnes qui tout à l'heure, à mon arrivée un peu en retard, étaient restées les yeux absorbés dans leur prière et que j'aurais même pu croire ne m'avoir pas vu entrer si, en même temps, leurs pieds n'avaient repoussé légèrement le petit banc qui m'empêchait de gagner ma chaise) commençaient à s'entretenir avec nous à haute voix de sujets tout temporels comme si nous étions déjà sur la place, nous vîmes sur le seuil brûlant du porche, dominant le tumulte bariolé du marché, Legrandin, que le mari de cette dame avec qui nous l'avions dernièrement rencontré était en train de présenter à la femme d'un autre gros propriétaire terrien des environs. La figure de Legrandin exprimait une animation, un zèle extraordinaires ; il fit un profond salut avec un renversement secondaire en arrière, qui ramena brusquement son dos au delà de la position de départ et qu'avait dû lui apprendre le mari de sa sœur, Mme de Cambremer. Ce redressement rapide fit refluer en une sorte d'onde fougueuse et musclée la croupe de Legrandin que je ne supposais pas si charnue ; et je ne sais pourquoi cette ondulation de pure matière, ce flot tout charnel, sans expression de spiritualité et qu'un empressement plein de bassesse fouettait en tempête, éveillèrent tout d'un coup dans mon esprit la possibilité d'un Legrandin tout différent de celui que nous connaissions. Cette dame le pria de dire quelque chose à son cocher, et tandis qu'il allait jusqu'à la voiture, l'empreinte de joie timide et dévouée que la présentation avait marquée sur son visage y persistait encore. Ravi dans une sorte de rêve, il souriait, puis il revint vers la dame en se hâtant et, comme il marchait plus vite qu'il n'en avait l'habitude, ses deux épaules oscillaient de droite et de gauche ridiculement, et il avait l'air tant il s'y abandonnait entièrement en n'ayant plus souci du reste, d'être le jouet inerte et mécanique du bonheur. Cependant, nous sortions du porche, nous allions passer à côté de lui, il était trop bien élevé pour détourner la tête, mais il fixa de son regard soudain chargé d'une rêverie profonde un point si éloigné de l'horizon qu'il ne put nous voir et n'eut pas à nous saluer. Son visage restait ingénu au-dessus d'un veston souple et droit qui avait l'air de se sentir fourvoyé malgré lui au milieu d'un luxe détesté. Et une lavallière à pois qu'agitait le vent de la Place continuait à flotter sur Legrandin comme l'étendard de son fier isolement et de sa noble indépendance. Au moment où nous arrivions à la maison, maman s'aperçut qu'on avait oublié le saint-honoré et demanda à mon père de retourner avec moi sur nos pas dire qu'on l'apportât tout de suite. Nous croisâmes près de l'église Legrandin qui venait en sens inverse conduisant la même dame à sa voiture. Il passa contre nous, ne s'interrompit pas de parler à sa voisine, et nous fit du coin de son œil bleu un petit signe en quelque sorte intérieur aux paupières et qui, n'intéressant pas les muscles de son visage, put passer parfaitement inaperçu de son interlocutrice ; mais, cherchant à compenser par l'intensité du sentiment le champ un peu étroit où il en circonscrivait l'expression, dans ce coin d'azur qui nous était affecté il fit pétiller tout l'entrain de la bonne grâce qui dépassa l'enjouement, frisa la malice ; il subtilisa les finesses de l'amabilité jusqu'aux clignements de la connivence, aux demi-mots, aux sous-entendus, aux mystères de la complicité ; et finalement exalta les assurances d'amitié jusqu'aux protestations de tendresse, jusqu'à la déclaration d'amour, illuminant alors pour nous seuls, d'une langueur secrète et invisible à la châtelaine, une prunelle énamourée dans un visage de glace.

Il avait précisément demandé la veille à mes parents de m'envoyer dîner ce soir-là avec lui : « Venez tenir compagnie à votre vieil ami, m'avait-il dit. Comme le bouquet qu'un voyageur nous envoie d'un pays où nous ne retournerons plus, faites-moi respirer du lointain de votre adolescence ces fleurs des printemps que j'ai traversés moi aussi il y a bien des années.

Venez avec la primevère, la barbe de chanoine, le bassin d'or, venez avec le sédum dont est fait le bouquet de dilection de la flore balzacienne, avec la fleur du jour de la Résurrection, la pâquerette et la boule de neige des jardins qui commence à embaumer dans les allées de votre grand'tante, quand ne sont pas encore fondues les dernières boules de neige des giboulées de Pâques. Venez avec la glorieuse vêture de soie du lis digne de Salomon, et l'émail polychrome des pensées, mais venez surtout avec la brise fraîche encore des dernières gelées et qui va entr'ouvrir, pour les deux papillons qui depuis ce matin attendent à la porte, la première rose de Jérusalem.»

On se demandait à la maison si on devait m'envoyer tout de même dîner avec M. Legrandin. Mais ma grand'mère refusa de croire qu'il eût été impoli. «Vous reconnaissez vous-même qu'il vient là avec sa tenue toute simple qui n'est guère celle d'un mondain.» Elle déclarait qu'en tous cas, et à tout mettre au pis, s'il l'avait été, mieux valait ne pas avoir l'air de s'en être aperçu. À vrai dire mon père lui-même, qui était pourtant le plus irrité contre l'attitude qu'avait eue Legrandin, gardait peut-être un dernier doute sur le sens qu'elle comportait. Elle était comme toute attitude ou action où se révèle le caractère profond et caché de quelqu'un : elle ne se relie pas à ses paroles antérieures, nous ne pouvons pas la faire confirmer par le témoignage du coupable qui n'avouera pas ; nous en sommes réduits à celui de nos sens dont nous nous demandons, devant ce souvenir isolé et incohérent, s'ils n'ont pas été le jouet d'une illusion ; de sorte que de telles attitudes, les seules qui aient de l'importance, nous laissent souvent quelques doutes.

Je dînai avec Legrandin sur sa terrasse ; il faisait clair de lune : «Il y a une jolie qualité de silence, n'est-ce pas, me dit-il ; aux cœurs blessés comme l'est le mien, un romancier que vous lirez plus tard prétend que conviennent seulement l'ombre et le silence. Et voyez-vous, mon enfant, il vient dans la vie une heure dont vous êtes bien loin encore où les yeux las ne tolèrent plus qu'une lumière, celle qu'une belle nuit comme celle-ci prépare et distille avec l'obscurité, où les oreilles ne peuvent plus écouter de musique que celle que joue le clair de lune sur la flûte du silence.» J'écoutais les paroles de M. Legrandin qui me paraissaient toujours si agréables ; mais troublé par le souvenir d'une femme que j'avais aperçue dernièrement pour la première fois, et pensant, maintenant que je savais que Legrandin était lié avec plusieurs personnalités aristocratiques des environs, que peut-être il connaissait celle-ci, prenant mon courage, je lui dis : « Est-ce que vous connaissez, monsieur, la... les châtelaines de Guermantes ? », heureux aussi en prononçant ce nom de prendre sur lui une sorte de pouvoir, par le seul fait de le tirer de mon rêve et de lui donner une existence objective et sonore.

Mais à ce nom de Guermantes, je vis au milieu des yeux bleus de notre ami se ficher une petite encoche brune comme s'ils venaient d'être percés par une pointe invisible, tandis que le reste de la prunelle réagissait en sécrétant des flots d'azur. Le cerne de sa paupière noircit, s'abaissa. Et sa bouche marquée d'un pli amer se ressaisissant plus vite sourit, tandis que le regard restait douloureux, comme celui d'un beau martyr dont le corps est hérissé de flèches : « Non, je ne les connais pas », dit-il, mais au lieu de donner à un renseignement aussi simple, à une réponse aussi peu surprenante le ton naturel et courant qui convenait, il le débita en appuyant sur les mots, en s'inclinant, en saluant de la tête, à la fois avec l'insistance qu'on apporte, pour être cru, à une affirmation invraisemblable – comme si ce fait qu'il ne connût pas les Guermantes ne pouvait être l'effet que d'un hasard singulier – et aussi avec l'emphase de quelqu'un qui, ne pouvant pas taire une situation qui lui est pénible, préfère la proclamer pour donner aux autres l'idée que l'aveu qu'il fait ne lui cause aucun embarras, est facile, agréable, spontané, que la situation elle-même – l'absence de relations avec les Guermantes – pourrait bien avoir été non pas subie, mais voulue par lui, résulter de quelque tradition de famille, principe de morale ou vœu mystique lui interdisant nommément la fréquentation des Guermantes. « Non, reprit-il, expliquant par ses paroles sa propre intonation, non, je ne les connais pas, je n'ai jamais voulu, j'ai toujours tenu à sauvegarder ma pleine indépendance ; au fond je suis une tête jacobine, vous le savez. Beaucoup de gens sont venus à la rescousse, on me disait que j'avais tort de ne pas aller à Guermantes, que je me donnais l'air d'un malotru, d'un vieil ours. Mais voilà une réputation qui n'est pas pour m'effrayer, elle est si vraie ! Au fond, je n'aime plus au monde que quelques églises, deux ou trois livres, à peine davantage de tableaux, et le clair de lune quand la brise de votre jeunesse apporte jusqu'à moi l'odeur des parterres que mes vieilles prunelles ne distinguent plus. » Je ne comprenais pas bien que, pour ne pas aller chez des gens qu'on ne connaît pas, il fût nécessaire de tenir à son indépendance, et en quoi cela pouvait vous donner l'air d'un sauvage ou d'un ours. Mais ce que je comprenais, c'est que Legrandin n'était pas tout à fait véridique quand il disait n'aimer que les églises, le clair de lune et la jeunesse ; il aimait beaucoup les gens des châteaux et se trouvait pris devant eux d'une si grande peur de leur déplaire qu'il n'osait pas leur laisser voir qu'il avait pour amis des bourgeois, des fils de notaires ou d'agents de change, préférant, si la vérité devait se découvrir, que ce fût en son absence, loin de lui et « par défaut » ; il était snob. Sans doute il ne disait jamais rien de tout cela dans le langage que mes parents et moi-même nous aimions tant. Et si je demandais : « Connaissez-vous les Guermantes ? », Legrandin le causeur répondait : « Non, je n'ai jamais voulu les connaître. » Malheureusement il ne le répondait qu'en second, car un autre Legrandin qu'il cachait soigneusement au fond de lui, qu'il ne montrait pas, parce que ce Legrandin-là savait sur le nôtre, sur son snobisme, des histoires compromettantes, un autre Legrandin avait déjà répondu par la blessure du regard, par le rictus de la bouche, par la gravité excessive du ton de la réponse, par les mille flèches dont notre Legrandin s'était trouvé en un instant lardé et alangui, comme un saint Sébastien du snobisme : « Hélas ! que vous me faites mal, non je ne connais pas les Guermantes, ne réveillez pas la grande douleur de ma vie. » Et comme ce Legrandin enfant terrible, ce Legrandin maître chanteur, s'il n'avait pas le joli langage de l'autre, avait le verbe infiniment plus prompt, composé de ce qu'on appelle « réflexes », quand Legrandin le causeur voulait lui imposer silence, l'autre avait déjà parlé et notre ami avait beau se désoler de la mauvaise impression que les révélations de son alter ego avaient dû produire, il ne pouvait qu'entreprendre de la pallier.

Et certes cela ne veut pas dire que M. Legrandin ne fût pas sincère quand il tonnait contre les snobs. Il ne pouvait pas savoir, au moins par lui-même, qu'il le fût, puisque nous ne connaissons jamais que les passions des autres, et que ce que nous arrivons à savoir des nôtres, ce n'est que d'eux que nous avons pu l'apprendre. Sur nous, elles n'agissent que d'une façon seconde, par l'imagination qui substitue aux premiers mobiles des mobiles de relais qui sont plus décents. Jamais le snobisme de Legrandin ne lui conseillait d'aller voir souvent une duchesse. Il chargeait l'imagination de Legrandin de lui faire apparaître cette duchesse comme parée de toutes les grâces. Legrandin se rapprochait de la duchesse, s'estimant de céder à cet attrait de l'esprit et de la vertu qu'ignorent les infâmes snobs. Seuls les autres savaient qu'il en était un ; car, grâce à l'incapacité où ils étaient de comprendre le travail intermédiaire de son imagination, ils voyaient en face l'une de l'autre l'activité mondaine de Legrandin et sa cause première.

Maintenant, à la maison, on n'avait plus aucune illusion sur M. Legrandin, et nos relations avec lui s'étaient fort espacées. Maman s'amusait infiniment chaque fois qu'elle prenait Legrandin en flagrant délit du péché qu'il n'avouait pas, qu'il continuait à appeler le péché sans rémission, le snobisme. Mon père, lui, avait de la peine à prendre les dédains de Legrandin avec tant de détachement et de gaîté ; et quand on pensa une année à m'envoyer passer les grandes vacances à Balbec avec ma grand'mère, il dit : « Il faut absolument que j'annonce à Legrandin que vous irez à Balbec, pour voir s'il vous offrira de vous mettre en rapport avec sa sœur. Il ne doit pas se souvenir nous avoir dit qu'elle demeurait à deux kilomètres de là. » Ma grand'mère qui trouvait qu'aux bains de mer il faut être du matin au soir sur la plage à humer le sel et qu'on n'y doit connaître personne, parce que les visites, les promenades sont autant de pris sur l'air marin, demandait au contraire qu'on ne parlât pas de nos projets à Legrandin, voyant déjà sa sœur, Mme de Cambremer, débarquant à l'hôtel au moment où nous serions sur le point d'aller à la pêche et nous forçant à rester enfermés pour la recevoir. Mais maman riait de ses craintes, pensant à part elle que le danger n'était pas si menaçant, que Legrandin ne serait pas si pressé de nous mettre en relations avec sa sœur. Or, sans qu'on eût besoin de lui parler de Balbec, ce fut lui-même, Legrandin, qui, ne se doutant pas que nous eussions jamais l'intention d'aller de ce côté, vint se mettre dans le piège un soir où nous le rencontrâmes au bord de la Vivonne.

– Il y a dans les nuages ce soir des violets et des bleus bien beaux, n'est-ce pas, mon compagnon, dit-il à mon père, un bleu surtout plus floral qu'aérien, un bleu de cinéraire, qui surprend dans le ciel. Et ce petit nuage rose n'a-t-il pas aussi un teint de fleur, d'œillet ou d'hydrangéa ? Il n'y a guère que dans la Manche, entre Normandie et Bretagne, que j'ai pu faire de plus riches observations sur cette sorte de règne végétal de l'atmosphère. Là-bas, près de Balbec, près de ces lieux sauvages, il y a une petite baie d'une douceur charmante où le coucher de soleil du pays d'Auge, le coucher de soleil rouge et or que je suis loin de dédaigner, d'ailleurs, est sans caractère, insignifiant ; mais dans cette atmosphère humide et douce s'épanouissent le soir en quelques instants de ces bouquets célestes, bleus et roses, qui sont incomparables et qui mettent souvent des heures à se faner. D'autres s'effeuillent tout de suite, et c'est alors plus beau encore de voir le ciel entier que jonche la dispersion d'innombrables pétales soufrés ou roses. Dans cette baie, dite d'opale, les plages d'or semblent plus douces encore pour être attachées comme de blondes Andromèdes à ces terribles rochers des côtes voisines, à ce rivage funèbre, fameux par tant de naufrages, où tous les hivers bien des barques trépassent au péril de la mer. Balbec ! la plus antique ossature géologique de notre sol, vraiment Ar-mor, la mer, la fin de la terre, la région maudite qu'Anatole France – un enchanteur que devrait lire notre petit ami – a si bien peinte, sous ses brouillards éternels, comme le véritable pays des Cimmériens, dans l'*Odyssée*. De Balbec surtout, où déjà des hôtels se construisent, superposés au sol antique et charmant qu'ils n'altèrent pas, quel délice d'excursionner à deux pas dans ces régions primitives et si belles.

– Ah ! est-ce que vous connaissez quelqu'un à Balbec ? dit mon père. Justement ce petit-là doit y aller passer deux mois avec sa grand'mère et peut-être avec ma femme.

Legrandin pris au dépourvu par cette question à un moment où ses yeux étaient fixés sur mon père, ne put les détourner, mais les attachant de seconde en seconde avec plus d'intensité – et tout en souriant tristement – sur les yeux de son interlocuteur, avec un air d'amitié et de franchise et de ne pas craindre de le regarder en face, il sembla lui avoir traversé la figure comme si elle fût devenue transparente, et voir en ce moment bien au delà derrière elle un nuage vivement coloré qui lui créait un alibi mental et qui lui permettrait d'établir qu'au moment où on lui avait demandé s'il connaissait quelqu'un à Balbec, il pensait à autre chose et n'avait pas entendu la question. Habituellement de tels regards font dire à l'interlocuteur : « À quoi pensez-vous donc ? » Mais mon père curieux, irrité et cruel, reprit :

– Est-ce que vous avez des amis de ce côté-là, que vous connaissez si bien Balbec ?

Dans un dernier effort désespéré, le regard souriant de Legrandin atteignit son maximum de tendresse, de vague, de sincérité et de distraction, mais, pensant sans doute qu'il n'y avait plus qu'à répondre, il nous dit :

– J'ai des amis partout où il y a des groupes d'arbres blessés, mais non vaincus, qui se sont rapprochés pour implorer ensemble avec une obstination pathétique un ciel inclément qui n'a pas pitié d'eux.

– Ce n'est pas cela que je voulais dire, interrompit mon père, aussi obstiné que les arbres et aussi impitoyable que le ciel. Je demandais pour le cas où il arriverait n'importe quoi à ma belle-mère et où elle aurait besoin de ne pas se sentir là-bas en pays perdu, si vous y connaissez du monde ?

– Là comme partout, je connais tout le monde et je ne connais personne, répondit Legrandin qui ne se rendait pas si vite ; beaucoup les choses et fort peu les personnes. Mais les choses elles-mêmes y semblent des personnes, des personnes rares, d'une essence délicate et que la vie aurait déçues. Parfois c'est un castel que vous rencontrez sur la falaise, au bord du chemin où il s'est arrêté pour confronter son chagrin au soir encore rose où monte la lune d'or et dont les barques qui rentrent en striant l'eau diaprée hissent à leurs mâts la flamme et portent les couleurs ; parfois c'est une simple maison solitaire, plutôt laide, l'air timide mais romanesque, qui cache à tous les yeux quelque secret impérissable de bonheur et de désenchantement. Ce pays sans vérité, ajouta-t-il avec une délicatesse machiavélique, ce pays de pure fiction est d'une mauvaise lecture pour un enfant, et ce n'est certes pas lui que je choisirais et recommanderais pour mon petit ami déjà si enclin à la tristesse, pour son cœur prédisposé. Les climats de confidence amoureuse et de regret inutile peuvent convenir au vieux désabusé que je suis, ils sont toujours malsains pour un tempérament qui n'est pas formé. Croyez-moi, reprit-il avec insistance, les eaux de cette baie, déjà à moitié bretonne, peuvent exercer une action sédative, d'ailleurs discutable, sur un cœur qui n'est plus intact comme le mien, sur un cœur dont la lésion n'est plus compensée. Elles sont contre-indiquées à votre âge, petit garçon. « Bonne nuit, voisin », ajouta-t-il en nous quittant avec cette brusquerie évasive dont il avait l'habitude et, se retournant vers nous avec un doigt levé de docteur, il résuma sa consultation : « Pas de Balbec avant cinquante ans, et encore cela dépend de l'état du cœur », nous cria-t-il.

Mon père lui en reparla dans nos rencontres ultérieures, le tortura de questions, ce fut peine inutile : comme cet escroc érudit qui employait à fabriquer de faux palimpsestes un labeur et une science dont la centième partie eût suffi à lui assurer une situation plus lucrative, mais honorable, M. Legrandin, si nous avions insisté encore, aurait fini par édifier toute une éthique de paysage et une géographie céleste de la basse Normandie, plutôt que de nous avouer qu'à deux kilomètres de Balbec habitait sa propre sœur, et d'être obligé à nous offrir une lettre d'introduction qui n'eût pas été pour lui un tel sujet d'effroi s'il avait été absolument certain – comme il aurait dû l'être en effet avec l'expérience qu'il avait du caractère de ma grand'mère – que nous n'en aurions pas profité.

* * *

Nous rentrions toujours de bonne heure de nos promenades pour pouvoir faire une visite à ma tante Léonie avant le dîner. Au commencement de la saison où le jour finit tôt, quand nous arrivions rue du Saint-Esprit, il y avait encore un reflet du couchant sur les vitres de la maison et un bandeau de pourpre au fond des bois du Calvaire qui se reflétait plus loin dans l'étang, rougeur qui, accompagnée souvent d'un froid assez vif, s'associait, dans mon esprit, à la rougeur du feu au-dessus duquel rôtissait le poulet qui ferait succéder pour moi au plaisir poétique donné par la promenade, le plaisir de la gourmandise, de la chaleur et du repos. Dans l'été au contraire, quand nous rentrions, le soleil ne se couchait pas encore ; et pendant la visite que nous faisions chez ma tante Léonie, sa lumière qui s'abaissait et touchait la fenêtre était arrêtée entre les grands rideaux et les embrasses, divisée, ramifiée, filtrée, et incrustant de petits morceaux d'or le bois de citronnier de la commode, illuminait obliquement la chambre avec la délicatesse qu'elle prend dans les sous-bois. Mais certains jours fort rares, quand nous rentrions, il y avait bien longtemps que la commode avait perdu ses incrustations momentanées, il n'y avait plus quand nous arrivions rue du Saint-Esprit nul reflet de couchant étendu sur les vitres et l'étang au pied du calvaire avait perdu sa rougeur, quelquefois il était déjà couleur d'opale et un long rayon de lune qui allait en s'élargissant et se fendillait de toutes les rides de l'eau le traversait tout entier. Alors, en arrivant près de la maison, nous apercevions une forme sur le pas de la porte et maman me disait :

– Mon dieu ! voilà Françoise qui nous guette, ta tante est inquiète ; aussi nous rentrons trop tard.

Et sans avoir pris le temps d'enlever nos affaires, nous montions vite chez ma tante Léonie pour la rassurer et lui montrer que, contrairement à ce qu'elle imaginait déjà, il ne nous était rien arrivé, mais que nous étions allés « du côté de Guermantes » et, dame, quand on faisait cette promenade-là, ma tante savait pourtant bien qu'on ne pouvait jamais être sûr de l'heure à laquelle on serait rentré.

– Là, Françoise, disait ma tante, quand je vous le disais, qu'ils seraient allés du côté de Guermantes ! Mon Dieu ! ils doivent avoir une faim ! et votre gigot qui doit être tout desséché après ce qu'il a attendu. Aussi est-ce une heure pour rentrer ! comment, vous êtes allés du côté de Guermantes !

– Mais je croyais que vous le saviez, Léonie, disait maman. Je pensais que Françoise nous avait vus sortir par la petite porte du potager.

Car il y avait autour de Combray deux « côtés » pour les promenades, et si opposés qu'on ne sortait pas en effet de chez nous par la même porte, quand on voulait aller d'un côté ou de l'autre : le côté de Méséglise-la-Vineuse, qu'on appelait aussi le côté de chez Swann parce qu'on passait devant la propriété de M. Swann pour aller par là, et le côté de Guermantes. De Méséglise-la-Vineuse, à vrai dire, je n'ai jamais connu que le « côté » et des gens étrangers qui venaient le dimanche se promener à Combray, des gens que, cette fois, ma tante elle-même et nous tous ne « connaissions point » et qu'à ce signe on tenait pour « des gens qui seront venus de Méséglise ». Quant à Guermantes je devais un jour en connaître davantage, mais bien plus tard seulement ; et pendant toute mon adolescence, si Méséglise était pour moi quelque chose d'inaccessible comme l'horizon, dérobé à la vue, si loin qu'on allât, par les plis d'un terrain qui ne ressemblait déjà plus à celui de Combray, Guermantes, lui, ne m'est apparu que comme le terme plutôt idéal que réel de son propre « côté », une sorte d'expression géographique abstraite comme la ligne de l'équateur, comme le pôle, comme l'orient. Alors, « prendre par Guermantes » pour aller à Méséglise, ou le contraire, m'eût semblé une expression aussi dénuée de sens que prendre par l'est pour aller à l'ouest. Comme mon père parlait toujours du côté de Méséglise comme de la plus belle vue de la plaine qu'il connût et du côté de Guermantes comme du type de paysage de rivière, je leur donnais, en les concevant ainsi comme deux entités, cette cohésion, cette unité qui n'appartiennent qu'aux créations de notre esprit ; la moindre parcelle de chacun d'eux me semblait précieuse et manifester leur excellence particulière, tandis qu'à côté d'eux, avant qu'on fût arrivé sur le sol sacré de l'un ou de l'autre, les chemins purement matériels au milieu desquels ils étaient posés comme l'idéal de la vue de plaine et l'idéal du paysage de rivière, ne valaient pas plus la peine d'être regardés que par le spectateur épris d'art dramatique les petites rues qui avoisinent un théâtre. Mais surtout je mettais entre eux, bien plus que leurs distances kilométriques, la distance qu'il y avait entre les deux parties de mon cerveau où je pensais à eux, une de ces distances dans l'esprit qui ne font pas qu'éloigner, qui séparent et mettent dans un autre plan. Et cette démarcation était rendue plus absolue encore parce que cette habitude que nous avions de n'aller jamais vers les deux côtés un même jour, dans une seule promenade, mais une fois du côté de Méséglise, une fois du côté de Guermantes, les enfermait pour ainsi dire loin l'un de l'autre, inconnaissables l'un à l'autre, dans les vases clos et sans communication entre eux d'après-midi différents.

Quand on voulait aller du côté de Méséglise, on sortait (pas trop tôt et même si le ciel était couvert, parce que la promenade n'était pas bien longue et n'entraînait pas trop) comme pour aller n'importe où, par la grande porte de la maison de ma tante sur la rue du Saint-Esprit. On était salué par l'armurier, on jetait ses lettres à la boîte, on disait en passant à Théodore, de la part de Françoise, qu'elle n'avait plus d'huile ou de café, et l'on sortait de la ville par le chemin qui passait le long de la barrière blanche du parc de M. Swann. Avant d'y arriver, nous rencontrions, venue au-devant des étrangers, l'odeur de ses lilas. Eux-mêmes, d'entre les petits cœurs verts et frais de leurs feuilles, levaient curieusement au-dessus de la barrière du parc leurs panaches de plumes mauves ou blanches que lustrait, même à l'ombre, le soleil où elles avaient baigné. Quelques-uns, à demi cachés par la petite maison en tuiles appelée maison des Archers, où logeait le gardien, dépassaient son pignon gothique de leur rose minaret. Les Nymphes du printemps eussent semblé vulgaires, auprès de ces jeunes houris qui gardaient dans ce jardin français les tons vifs et purs des miniatures de la Perse. Malgré mon désir d'enlacer leur taille souple et d'attirer à moi les boucles étoilées de leur tête odorante, nous passions sans nous arrêter, mes parents n'allant plus à Tansonville depuis le mariage de Swann, et, pour ne pas avoir l'air de regarder dans le parc, au lieu de prendre le chemin qui longe sa clôture et qui monte directement aux champs, nous en prenions un autre qui y conduit aussi, mais obliquement, et nous faisait déboucher trop loin. Un jour, mon grand-père dit à mon père :

– Vous rappelez-vous que Swann a dit hier que, comme sa femme et sa fille partaient pour Reims, il en profiterait pour aller passer vingt-quatre heures à Paris ? Nous pourrions longer le parc, puisque ces dames ne sont pas là, cela nous abrégerait d'autant.

Nous nous arrêtâmes un moment devant la barrière. Le temps des lilas approchait de sa fin ; quelques-uns effusaient encore en hauts lustres mauves les bulles délicates de leurs fleurs, mais dans bien des parties du feuillage où déferlait, il y avait seulement une semaine, leur mousse embaumée, se flétrissait, diminuée et noircie, une écume creuse, sèche et sans parfum. Mon grand-père montrait à mon père en quoi l'aspect des lieux était resté le même, et en quoi il avait changé, depuis la promenade qu'il avait faite avec M. Swann le jour de la mort de sa femme, et il saisit cette occasion pour raconter cette promenade une fois de plus.

Devant nous, une allée bordée de capucines montait en plein soleil vers le château. À droite, au contraire, le parc s'étendait en terrain plat. Obscurcie par l'ombre des grands arbres qui l'entouraient, une pièce d'eau avait été creusée par les parents de Swann ; mais dans ses créations les plus factices, c'est sur la nature que l'homme travaille ; certains lieux font toujours régner autour d'eux leur empire particulier, arborent leurs insignes immémoriaux au milieu d'un parc comme ils auraient fait loin de toute intervention humaine, dans une solitude qui revient partout les entourer, surgie des nécessités de leur exposition et superposée à l'œuvre humaine. C'est ainsi qu'au pied de l'allée qui dominait l'étang artificiel, s'était composée sur deux rangs, tressés de fleurs de myosotis et de pervenches, la couronne naturelle, délicate et bleue qui ceint le front clair-obscur des eaux, et que le glaïeul, laissant fléchir ses glaives avec un abandon royal, étendait sur l'eupatoire et la grenouillette au pied mouillé les fleurs de lis en lambeaux, violettes et jaunes, de son sceptre lacustre.

Le départ de Mlle Swann qui – en m'ôtant la chance terrible de la voir apparaître dans une allée, d'être connu et méprisé par la petite fille privilégiée qui avait Bergotte pour ami et allait avec lui visiter des cathédrales – me rendait la contemplation de Tansonville indifférente la première fois où elle m'était permise, semblait au contraire ajouter à cette propriété, aux yeux de mon grand-père et de mon père, des commodités, un agrément passager, et, comme fait, pour une excursion en pays de montagnes, l'absence de tout nuage, rendre cette journée exceptionnellement propice à une promenade de ce côté ; j'aurais voulu que leurs calculs fussent déjoués, qu'un miracle fît apparaître Mlle Swann avec son père, si près de nous que nous n'aurions pas le temps de l'éviter et serions obligés de faire sa connaissance. Aussi, quand tout d'un coup, j'aperçus sur l'herbe, comme un signe de sa présence possible, un koufin oublié à côté d'une ligne dont le bouchon flottait sur l'eau, je m'empressai de détourner d'un autre côté les regards de mon père et de mon grand-père. D'ailleurs Swann nous ayant dit que c'était mal à lui de s'absenter, car il avait pour le moment de la famille à demeure, la ligne pouvait appartenir à quelque invité. On n'entendait aucun bruit de pas dans les allées. Divisant la hauteur d'un arbre incertain, un invisible oiseau s'ingéniait à faire trouver la journée courte, explorait d'une note prolongée la solitude environnante, mais il recevait d'elle une réplique si unanime, un choc en retour si redoublé de silence et d'immobilité qu'on aurait dit qu'il venait d'arrêter pour toujours l'instant qu'il avait cherché à faire passer plus vite. La lumière tombait si implacable du ciel devenu fixe que l'on aurait voulu se soustraire à son attention, et l'eau dormante elle-même, dont des insectes irritaient perpétuellement le sommeil, rêvant sans doute de quelque Maelstrôm imaginaire, augmentait le trouble où m'avait jeté la vue du flotteur de liège en semblant l'entraîner à toute vitesse sur les étendues silencieuses du ciel reflété ; presque vertical il paraissait prêt à plonger et déjà je me demandais, si, sans tenir compte du désir et de la crainte que j'avais de la connaître, je n'avais pas le devoir de faire prévenir Mlle Swann que le poisson mordait – quand il me fallut rejoindre en courant mon père et mon grand-père qui m'appelaient, étonnés que je ne les eusse pas suivis dans le petit chemin qui monte vers les champs et où ils s'étaient engagés. Je le trouvai tout bourdonnant de l'odeur des aubépines. La haie formait comme une suite de chapelles qui disparaissaient sous la jonchée de leurs fleurs amoncelées en reposoir ; au-dessous d'elles, le soleil posait à terre un quadrillage de clarté, comme s'il venait de traverser une verrière ; leur parfum s'étendait aussi onctueux, aussi délimité en sa forme que si j'eusse été devant l'autel de la Vierge, et les fleurs, aussi parées, tenaient chacune d'un air distrait son étincelant bouquet d'étamines, fines et rayonnantes nervures de style flamboyant comme celles qui à l'église ajouraient la rampe du jubé ou les meneaux du vitrail et qui s'épanouissaient en blanche chair de fleur de fraisier. Combien naïves et paysannes en comparaison sembleraient les églantines qui, dans quelques semaines, monteraient elles aussi en plein soleil le même chemin rustique, en la soie unie de leur corsage rougissant qu'un souffle défait.

Mais j'avais beau rester devant les aubépines à respirer, à porter devant ma pensée qui ne savait ce qu'elle devait en faire, à perdre, à retrouver leur invisible et fixe odeur, à m'unir au rythme qui jetait leurs fleurs, ici et là, avec une allégresse juvénile et à des intervalles inattendus comme certains intervalles musicaux, elles m'offraient indéfiniment le même charme avec une profusion inépuisable, mais sans me laisser approfondir davantage, comme ces mélodies qu'on rejoue cent fois de suite sans descendre plus avant dans leur secret. Je me détournais d'elles un moment, pour les aborder ensuite avec des forces plus fraîches. Je poursuivais jusque sur le talus qui, derrière la haie, montait en pente raide vers les champs, quelques coquelicots perdus, quelques bluets restés paresseusement en arrière, qui le décoraient çà et là de leurs fleurs comme la bordure d'une tapisserie où apparaît clairsemé le motif agreste qui triomphera sur le panneau ; rares encore, espacés comme les maisons isolées qui annoncent déjà l'approche d'un village, ils m'annonçaient l'immense étendue où déferlent les blés, où moutonnent les nuages, et la vue d'un seul coquelicot hissant au bout de son cordage et faisant cingler au vent sa flamme rouge, au-dessus de sa bouée graisseuse et noire, me faisait battre le cœur, comme au voyageur qui aperçoit sur une terre basse une première barque échouée que répare un calfat, et s'écrie, avant de l'avoir encore vue : « La Mer ! »

Puis je revenais devant les aubépines comme devant ces chefs-d'œuvre dont on croit qu'on saura mieux les voir quand on a cessé un moment de les regarder, mais j'avais beau me faire un écran de mes mains pour n'avoir qu'elles sous les yeux, le sentiment qu'elles éveillaient en moi restait obscur et vague, cherchant en vain à se dégager, à venir adhérer à leurs fleurs. Elles ne m'aidaient pas à l'éclaircir, et je ne pouvais demander à d'autres fleurs de le satisfaire. Alors me donnant cette joie que nous éprouvons quand nous voyons de notre peintre préféré une œuvre qui diffère de celles que nous connaissions, ou bien si l'on nous mène devant un tableau dont nous n'avions vu jusque-là qu'une esquisse au crayon, si un morceau entendu seulement au piano nous apparaît ensuite revêtu des couleurs de l'orchestre, mon grand-père m'appelant et me désignant la haie de Tansonville, me dit : « Toi qui aimes les aubépines, regarde un peu cette épine rose ; est-elle jolie ! » En effet c'était une épine, mais rose, plus belle encore que les blanches. Elle aussi avait une parure de fête, de ces seules vraies fêtes que sont les fêtes religieuses, puisqu'un caprice contingent ne les applique pas comme les fêtes mondaines à un jour quelconque qui ne leur est pas spécialement destiné, qui n'a rien d'essentiellement férié – mais une parure plus riche encore, car les fleurs attachées sur la branche, les unes au-dessus des autres, de manière à ne laisser aucune place qui ne fût décorée, comme des pompons qui enguirlandent une houlette rococo, étaient « en couleur », par conséquent d'une qualité supérieure selon l'esthétique de Combray, si l'on en jugeait par l'échelle des prix dans le « magasin » de la Place ou chez Camus où étaient plus chers ceux des biscuits qui étaient roses. Moi-même j'appréciais plus le fromage à la crème rose, celui où l'on m'avait permis d'écraser des fraises. Et justement ces fleurs avaient choisi une de ces teintes de chose mangeable, ou de tendre embellissement à une toilette pour une grande fête, qui, parce qu'elles leur présentent la raison de leur supériorité, sont celles qui semblent belles avec le plus d'évidence aux yeux des enfants, et à cause de cela, gardent toujours pour eux quelque chose de plus vif et de plus naturel que les autres teintes, même lorsqu'ils ont compris qu'elles ne promettaient rien à leur gourmandise et n'avaient pas été choisies par la couturière. Et certes, je l'avais tout de suite senti, comme devant les épines blanches mais avec plus d'émerveillement, que ce n'était pas facticement, par un artifice de fabrication humaine, qu'était traduite l'intention de festivité dans les fleurs, mais que c'était la nature qui, spontanément, l'avait exprimée avec la naïveté d'une commerçante de village travaillant pour un reposoir, en surchargeant l'arbuste de ces rosettes d'un ton trop tendre et d'un pompadour provincial. Au haut des branches, comme autant de ces petits rosiers aux pots cachés dans des papiers en dentelles, dont aux grandes fêtes on faisait rayonner sur l'autel les minces fusées, pullulaient mille petits boutons d'une teinte plus pâle qui, en s'entr'ouvrant, laissaient voir, comme au fond d'une coupe de marbre rose, de rouges sanguines, et trahissaient, plus encore que les fleurs, l'essence particulière, irrésistible, de l'épine, qui, partout où elle bourgeonnait, où elle allait fleurir, ne le pouvait qu'en rose. Intercalé dans la haie, mais aussi différent d'elle qu'une jeune fille en robe de fête au milieu de personnes en négligé qui resteront à la maison, tout prêt pour le mois de Marie, dont il semblait faire partie déjà, tel brillait en souriant dans sa fraîche toilette rose l'arbuste catholique et délicieux.

La haie laissait voir à l'intérieur du parc une allée bordée de jasmins, de pensées et de verveines entre lesquelles des giroflées ouvraient leurs bourses fraîches du rose odorant et passé d'un cuir ancien de Cordoue, tandis que sur le gravier un long tuyau d'arrosage peint en vert, déroulant ses circuits, dressait aux points où il était percé au-dessus des fleurs, dont il imbibait les parfums, l'éventail vertical et prismatique de ses gouttelettes multicolores. Tout à coup, je m'arrêtai, je ne pus plus bouger, comme il arrive quand une vision ne s'adresse pas seulement à nos regards, mais requiert des perceptions plus profondes et dispose de notre être tout entier. Une fillette d'un blond roux, qui avait l'air de rentrer de promenade et tenait à la main une bêche de jardinage, nous regardait, levant son visage semé de taches roses. Ses yeux noirs brillaient et, comme je ne savais pas alors, ni ne l'ai appris depuis, réduire en ses éléments objectifs une impression forte, comme je n'avais pas, ainsi qu'on dit, assez « d'esprit d'observation » pour dégager la notion de leur couleur, pendant longtemps, chaque fois que je repensai à elle, le souvenir de leur éclat se présentait aussitôt à moi comme celui d'un vif azur, puisqu'elle était blonde : de sorte que, peut-être si elle n'avait pas eu des yeux aussi noirs – ce qui frappait tant la première fois qu'on la voyait – je n'aurais pas été, comme je le fus, plus particulièrement amoureux, en elle, de ses yeux bleus.

Je la regardai, d'abord de ce regard qui n'est pas que le porte-parole des yeux, mais à la fenêtre duquel se penchent tous les sens, anxieux et pétrifiés, le regard qui voudrait toucher, capturer, emmener le corps qu'il regarde et l'âme avec lui ; puis, tant j'avais peur que d'une seconde à l'autre mon grand-père et mon père, apercevant cette jeune fille, me fissent éloigner en me disant de courir un peu devant eux, d'un second regard, inconsciemment supplicateur, qui tâchait de la forcer à faire attention à moi, à me connaître ! Elle jeta en avant et de côté ses pupilles pour prendre connaissance de mon grand'père et de mon père, et sans doute l'idée qu'elle en rapporta fut celle que nous étions ridicules, car elle se détourna, et d'un air indifférent et dédaigneux, se plaça de côté pour épargner à son visage d'être dans leur champ visuel ; et tandis que continuant à marcher et ne l'ayant pas aperçue, ils m'avaient dépassé, elle laissa ses regards filer de toute leur longueur dans ma direction, sans expression particulière, sans avoir l'air de me voir, mais avec une fixité et un sourire dissimulé, que je ne pouvais interpréter d'après les notions que l'on m'avait données sur la bonne éducation que comme une preuve d'outrageant mépris ; et sa main esquissait en même temps un geste indécent, auquel quand il était adressé en public à une personne qu'on ne connaissait pas, le petit dictionnaire de civilité que je portais en moi ne donnait qu'un seul sens, celui d'une intention insolente.

– Allons, Gilberte, viens ; qu'est-ce que tu fais, cria d'une voix perçante et autoritaire une dame en blanc que je n'avais pas vue, et à quelque distance de laquelle un monsieur habillé de coutil et que je ne connaissais pas fixait sur moi des yeux qui lui sortaient de la tête ; et cessant brusquement de sourire, la jeune fille prit sa bêche et s'éloigna sans se retourner de mon côté, d'un air docile, impénétrable et sournois.

Ainsi passa près de moi ce nom de Gilberte, donné comme un talisman qui me permettait peut-être de retrouver un jour celle dont il venait de faire une personne et qui, l'instant d'avant, n'était qu'une image incertaine. Ainsi passa-t-il, proféré au-dessus des jasmins et des giroflées, aigre et frais comme les gouttes de l'arrosoir vert ; imprégnant, irisant la zone d'air pur qu'il avait traversée – et qu'il isolait – du mystère de la vie de celle qu'il désignait pour les êtres heureux qui vivaient, qui voyageaient avec elle ; déployant sous l'épinier rose, à hauteur de mon épaule, la quintessence de leur familiarité, pour moi si douloureuse, avec elle, avec l'inconnu de sa vie où je n'entrerais pas.

Un instant (tandis que nous nous éloignions et que mon grand-père murmurait : « Ce pauvre Swann, quel rôle ils lui font jouer : on le fait partir pour qu'elle reste seule avec son Charlus, car c'est lui, je l'ai reconnu ! Et cette petite, mêlée à toute cette infamie ! ») l'impression laissée en moi par le ton despotique avec lequel la mère de Gilberte lui avait parlé sans qu'elle répliquât, en me la montrant comme forcée d'obéir à quelqu'un, comme n'étant pas supérieure à tout, calma un peu ma souffrance, me rendit quelque espoir et diminua mon amour. Mais bien vite cet amour s'éleva de nouveau en moi comme une réaction par quoi mon cœur humilié voulait se mettre de niveau avec Gilberte ou l'abaisser jusqu'à lui. Je l'aimais, je regrettais de ne pas avoir eu le temps et l'inspiration de l'offenser, de lui faire mal, et de la forcer à se souvenir de moi. Je la trouvais si belle que j'aurais voulu pouvoir revenir sur mes pas, pour lui crier en haussant les épaules : « Comme je vous trouve laide, grotesque, comme vous me répugnez ! » Cependant je m'éloignais, emportant pour toujours, comme premier type d'un bonheur inaccessible aux enfants de mon espèce de par des lois naturelles impossibles à transgresser, l'image d'une petite fille rousse, à la peau semée de taches roses, qui tenait une bêche et qui riait en laissant filer sur moi de longs regards sournois et inexpressifs. Et déjà le charme dont son nom avait encensé cette place sous les épines roses où il avait été entendu ensemble par elle et par moi, allait gagner, enduire, embaumer tout ce qui l'approchait, ses grands-parents que les miens avaient eu l'ineffable bonheur de connaître, la sublime profession d'agent de change, le douloureux quartier des Champs-Élysées qu'elle habitait à Paris.

« Léonie, dit mon grand-père en rentrant, j'aurais voulu t'avoir avec nous tantôt. Tu ne reconnaîtrais pas Tansonville. Si j'avais osé, je t'aurais coupé une branche de ces épines roses que tu aimais tant.» Mon grand-père racontait ainsi notre promenade à ma tante Léonie, soit pour la distraire, soit qu'on n'eût pas perdu tout espoir d'arriver à la faire sortir. Or elle aimait beaucoup autrefois cette propriété, et d'ailleurs les visites de Swann avaient été les dernières qu'elle avait reçues, alors qu'elle fermait déjà sa porte à tout le monde. Et de même que, quand il venait maintenant prendre de ses nouvelles (elle était la seule personne de chez nous qu'il demandât encore à voir), elle lui faisait répondre qu'elle était fatiguée, mais qu'elle le laisserait entrer la prochaine fois, de même elle dit ce soir-là : « Oui, un jour qu'il fera beau, j'irai en voiture jusqu'à la porte du parc.» C'est sincèrement qu'elle le disait. Elle eût aimé revoir Swann et Tansonville ; mais le désir qu'elle en avait suffisait à ce qui lui restait de forces ; sa réalisation les eût excédées. Quelquefois le beau temps lui rendait un peu de vigueur, elle se levait, s'habillait ; la fatigue commençait avant qu'elle fût passée dans l'autre chambre et elle réclamait son lit. Ce qui avait commencé pour elle – plus tôt seulement que cela n'arrive d'habitude – c'est ce grand renoncement de la vieillesse qui se prépare à la mort, s'enveloppe dans sa chrysalide, et qu'on peut observer, à la fin des vies qui se prolongent tard, même entre les anciens amants qui se sont le plus aimés, entre les amis unis par les liens les plus spirituels, et qui, à partir d'une certaine année cessent de faire le voyage ou la sortie nécessaire pour se voir, cessent de s'écrire et savent qu'ils ne communiqueront plus en ce monde. Ma tante devait parfaitement savoir qu'elle ne reverrait pas Swann, qu'elle ne quitterait plus jamais la maison, mais cette réclusion définitive devait lui être rendue assez aisée pour la raison même qui, selon nous, aurait dû la lui rendre plus douloureuse : c'est que cette réclusion lui était imposée par la diminution qu'elle pouvait constater chaque jour dans ses forces, et qui, en faisant de chaque action, de chaque mouvement, une fatigue, sinon une souffrance, donnait pour elle à l'inaction, à l'isolement, au silence, la douceur réparatrice et bénie du repos.

Ma tante n'alla pas voir la haie d'épines roses, mais à tous moments je demandais à mes parents si elle n'irait pas, si autrefois elle allait souvent à Tansonville, tâchant de les faire parler des parents et grands-parents de Mlle Swann qui me semblaient grands comme des Dieux. Ce nom, devenu pour moi presque mythologique, de Swann, quand je causais avec mes parents, je languissais du besoin de le leur entendre dire, je n'osais pas le prononcer moi-même, mais je les entraînais sur des sujets qui avoisinaient Gilberte et sa famille, qui la concernaient, où je ne me sentais pas exilé trop loin d'elle ; et je contraignais tout d'un coup mon père, en feignant de croire par exemple que la charge de mon grand-père avait été déjà avant lui dans notre famille, ou que la haie d'épines roses que voulait voir ma tante Léonie se trouvait en terrain communal, à rectifier mon assertion, à me dire, comme malgré moi, comme de lui-même : « Mais non, cette charge-là était au père de *Swann*, cette haie fait partie du parc de *Swann*. » Alors j'étais obligé de reprendre ma respiration, tant, en se posant sur la place où il était toujours écrit en moi, pesait à m'étouffer ce nom qui, au moment où je l'entendais, me paraissait plus plein que tout autre, parce qu'il était lourd de toutes les fois où, d'avance, je l'avais mentalement proféré. Il me causait un plaisir que j'étais confus d'avoir osé réclamer à mes parents, car ce plaisir était si grand qu'il avait dû exiger d'eux pour qu'ils me le procurassent beaucoup de peine, et sans compensation, puisqu'il n'était pas un plaisir pour eux. Aussi je détournais la conversation par discrétion. Par scrupule aussi. Toutes les séductions singulières que je mettais dans ce nom de Swann, je les retrouvais en lui dès qu'ils le prononçaient. Il me semblait alors tout d'un coup que mes parents ne pouvaient pas ne pas les ressentir, qu'ils se trouvaient placés à mon point de vue, qu'ils apercevaient à leur tour, absolvaient, épousaient mes rêves, et j'étais malheureux comme si je les avais vaincus et dépravés.

Cette année-là, quand, un peu plus tôt que d'habitude, mes parents eurent fixé le jour de rentrer à Paris, le matin du départ, comme on m'avait fait friser pour être photographié, coiffer avec précaution un chapeau que je n'avais encore jamais mis et revêtir une douillette de velours, après m'avoir cherché partout, ma mère me trouva en larmes dans le petit raidillon contigu à Tansonville, en train de dire adieu aux aubépines, entourant de mes bras les branches piquantes, et, comme une princesse de tragédie à qui pèseraient ces vains ornements, ingrat envers l'importune main qui en formant tous ces nœuds avait pris soin sur mon front d'assembler mes cheveux, foulant aux pieds mes papillotes arrachées et mon chapeau neuf. Ma mère ne fut pas touchée par mes larmes, mais elle ne put retenir un cri à la vue de la coiffe défoncée et de la douillette perdue. Je ne l'entendis pas : « Ô mes pauvres petites aubépines, disais-je en pleurant, ce n'est pas vous qui voudriez me faire du chagrin, me forcer à partir. Vous, vous ne m'avez jamais fait de peine ! Aussi je vous aimerai toujours. » Et, essuyant mes larmes, je leur promettais, quand je serais grand, de ne pas imiter la vie insensée des autres hommes et, même à Paris, les jours de printemps, au lieu d'aller faire des visites et écouter des niaiseries, de partir dans la campagne voir les premières aubépines.

Une fois dans les champs, on ne les quittait plus pendant tout le reste de la promenade qu'on faisait du côté de Méséglise. Ils étaient perpétuellement parcourus, comme par un chemineau invisible, par le vent qui était pour moi le génie particulier de Combray. Chaque année, le jour de notre arrivée, pour sentir que j'étais bien à Combray, je montais le retrouver qui courait dans les sayons et me faisait courir à sa suite. On avait toujours le vent à côté de soi du côté de Méséglise, sur cette plaine bombée où pendant des lieues il ne rencontre aucun accident de terrain. Je savais que Mlle Swann allait souvent à Laon passer quelques jours et, bien que ce fût à plusieurs lieues, la distance se trouvant compensée par l'absence de tout obstacle, quand, par les chauds après-midi, je voyais un même souffle, venu de l'extrême horizon, abaisser les blés les plus éloignés, se propager comme un flot sur toute l'immense étendue et venir se coucher, murmurant et tiède, parmi les sainfoins et les trèfles, à mes pieds, cette plaine qui nous était commune à tous deux semblait nous rapprocher, nous unir, je pensais que ce souffle avait passé auprès d'elle, que c'était quelque message d'elle qu'il me chuchotait sans que je pusse le comprendre, et je l'embrassais au passage. À gauche était un village qui s'appelait Champieu (*Campus Pagani*, selon le curé). Sur la droite, on apercevait par delà les blés les deux clochers ciselés et rustiques de Saint-André-des-Champs, eux-mêmes effilés, écailleux, imbriqués d'alvéoles, guillochés, jaunissants et grumeleux, comme deux épis.

À intervalles symétriques, au milieu de l'inimitable

ornementation de leurs feuilles qu'on ne peut confondre avec la feuille d'aucun autre arbre fruitier, les pommiers ouvraient leurs larges pétales de satin blanc ou suspendaient les timides bouquets de leurs rougissants boutons. C'est du côté de Méséglise que j'ai remarqué pour la première fois l'ombre ronde que les pommiers font sur la terre ensoleillée, et aussi ces soies d'or impalpable que le couchant tisse obliquement sous les feuilles, et que je voyais mon père interrompre de sa canne sans les faire jamais dévier.

Parfois dans le ciel de l'après-midi passait la lune blanche comme une nuée, furtive, sans éclat, comme une actrice dont ce n'est pas l'heure de jouer et qui, de la salle, en toilette de ville, regarde un moment ses camarades, s'effaçant, ne voulant pas qu'on fasse attention à elle. J'aimais à retrouver son image dans des tableaux et dans des livres, mais ces œuvres d'art étaient bien différentes – du moins pendant les premières années, avant que Bloch eût accoutumé mes yeux et ma pensée à des harmonies plus subtiles – de celles où la lune me paraîtrait belle aujourd'hui et où je ne l'eusse pas reconnue alors. C'était, par exemple, quelque roman de Saintine, un paysage de Gleyre où elle découpe nettement sur le ciel une faucille d'argent, de ces œuvres naïvement incomplètes comme étaient mes propres impressions et que les sœurs de ma grand'mère s'indignaient de me voir aimer. Elles pensaient qu'on doit mettre devant les enfants, et qu'ils font preuve de goût en aimant d'abord les œuvres que parvenu à la maturité, on admire définitivement. C'est sans doute qu'elles se figuraient les mérites esthétiques comme des objets matériels qu'un œil ouvert ne peut faire autrement que de percevoir, sans avoir eu besoin d'en mûrir lentement des équivalents dans son propre cœur.

C'est du côté de Méséglise, à Montjouvain, maison située au bord d'une grande mare et adossée à un talus buissonneux que demeurait M. Vinteuil. Aussi croisait-on souvent sur la route sa fille, conduisant un buggy à toute allure. À partir d'une certaine année on ne la rencontra plus seule, mais avec une amie plus âgée, qui avait mauvaise réputation dans le pays et qui un jour s'installa définitivement à Montjouvain. On disait : « Faut-il que ce pauvre M. Vinteuil soit aveuglé par la tendresse pour ne pas s'apercevoir de ce qu'on raconte, et permettre à sa fille, lui qui se scandalise d'une parole *déplacée*, de faire vivre sous son toit une femme pareille. Il dit que c'est une femme supérieure, un grand cœur et qu'elle aurait eu des dispositions extraordinaires pour la musique si elle les avait cultivées. Il peut être sûr que ce n'est pas de musique qu'elle s'occupe avec sa fille.» M. Vinteuil le disait ; et il est en effet remarquable combien une personne excite toujours d'admiration pour ses qualités morales chez les parents de toute autre personne avec qui elle a des relations charnelles. L'amour physique, si injustement décrié, force tellement tout être à manifester jusqu'aux moindres parcelles qu'il possède de bonté, d'abandon de soi, qu'elles resplendissent jusqu'aux yeux de l'entourage immédiat. Le docteur Percepied à qui sa grosse voix et ses gros sourcils permettaient de tenir tant qu'il voulait le rôle de perfide dont il n'avait pas le physique, sans compromettre en rien sa réputation inébranlable et imméritée de bourru bienfaisant, savait faire rire aux larmes le curé et tout le monde en disant d'un ton rude : « Hé bien ! il paraît qu'elle fait de la musique avec son amie, Mlle Vinteuil. Ça a l'air de vous étonner. Moi je sais pas. C'est le père Vinteuil qui m'a encore dit ça hier. Après tout, elle a bien le droit d'aimer la musique, c'te fille. Moi je ne suis pas pour contrarier les vocations artistiques des enfants. Vinteuil non plus à ce qu'il paraît. Et puis lui aussi il fait de la musique avec l'amie de sa fille. Ah ! sapristi on en fait une musique dans c'te boîte-là. Mais qu'est-ce que vous avez à rire ; mais ils font trop de musique ces gens. L'autre jour j'ai rencontré le père Vinteuil près du cimetière. Il ne tenait pas sur ses jambes.»

Pour ceux qui comme nous virent à cette époque M. Vinteuil éviter les personnes qu'il connaissait, se détourner quand il les apercevait, vieillir en quelques mois, s'absorber dans son chagrin, devenir incapable de tout effort qui n'avait pas directement le bonheur de sa fille pour but, passer des journées entières devant la tombe de sa femme – il eût été difficile de ne pas comprendre qu'il était en train de mourir de chagrin, et de supposer qu'il ne se rendait pas compte des propos qui couraient. Il les connaissait, peut-être même y ajoutait-il foi. Il n'est peut-être pas une personne, si grande que soit sa vertu, que la complexité des circonstances ne puisse amener à vivre un jour dans la familiarité du vice qu'elle condamne le plus formellement – sans qu'elle le reconnaisse d'ailleurs tout à fait sous le déguisement de faits particuliers qu'il revêt pour entrer en contact avec elle et la faire souffrir : paroles bizarres, attitude inexplicable, un certain soir, de tel être qu'elle a par ailleurs tant de raisons pour aimer. Mais pour un homme comme M. Vinteuil il devait entrer bien plus de souffrance que pour un autre dans la résignation à une de ces situations qu'on croit à tort être l'apanage exclusif du monde de la bohème : elles se produisent chaque fois qu'a besoin de se réserver la place et la sécurité qui lui sont nécessaires un vice que la nature elle-même fait épanouir chez un enfant, parfois rien qu'en mêlant les vertus de son père et de sa mère, comme la couleur de ses yeux. Mais de ce que M. Vinteuil connaissait peut-être la conduite de sa fille, il ne s'ensuit pas que son culte pour elle en eût été diminué. Les faits ne pénètrent pas dans le monde où vivent nos croyances, ils n'ont pas fait naître celles-ci, ils ne les détruisent pas ; ils peuvent leur infliger les plus constants démentis sans les affaiblir, et une avalanche de malheurs ou de maladies se succédant sans interruption dans une famille ne la fera pas douter de la bonté de son Dieu ou du talent de son médecin. Mais quand M. Vinteuil songeait à sa fille et à lui-même du point de vue du monde, du point de vue de leur réputation, quand il cherchait à se situer avec elle au rang qu'ils occupaient dans l'estime générale, alors ce jugement d'ordre social, il le portait exactement comme l'eût fait l'habitant de Combray qui lui eût été le plus hostile, il se voyait avec sa fille dans le dernier bas-fond, et ses manières en avaient reçu depuis peu cette humilité, ce respect pour ceux qui se trouvaient au-dessus de lui et qu'il voyait d'en bas (eussent-ils été fort au-dessous de lui jusque-là), cette tendance à chercher à remonter jusqu'à eux, qui est une résultante presque mécanique de toutes les déchéances. Un jour que nous marchions avec Swann dans une rue de Combray, M. Vinteuil qui débouchait d'une autre s'était trouvé trop brusquement en face de nous pour avoir le temps de nous éviter ; et Swann avec cette orgueilleuse charité de l'homme du monde qui, au milieu de la dissolution de tous ses préjugés moraux, ne trouve dans l'infamie d'autrui qu'une raison d'exercer envers lui une bienveillance dont les témoignages chatouillent d'autant plus l'amour-propre de celui qui les donne, qu'il les sent plus précieux à celui qui les reçoit, avait longuement causé avec M. Vinteuil, à qui jusque-là il n'adressait pas la parole, et lui avait demandé avant de nous quitter s'il n'enverrait pas un jour sa fille jouer à Tansonville. C'était une invitation qui, il y a deux ans, eût indigné M. Vinteuil, mais qui, maintenant, le remplissait de sentiments si reconnaissants qu'il se croyait obligé par eux à ne pas avoir l'indiscrétion de l'accepter. L'amabilité de Swann envers sa fille lui semblait être en soi-même un appui si honorable et si délicieux qu'il pensait qu'il valait peut-être mieux ne pas s'en servir, pour avoir la douceur toute platonique de le conserver.

– Quel homme exquis, nous dit-il, quand Swann nous eut quittés, avec la même enthousiaste vénération qui tient de spirituelles et jolies bourgeoises en respect et sous le charme d'une duchesse, fût-elle laide et sotte. Quel homme exquis ! Quel malheur qu'il ait fait un mariage tout à fait déplacé.

Et alors, tant les gens les plus sincères sont mêlés d'hypocrisie et dépouillent en causant avec une personne l'opinion qu'ils ont d'elle et expriment dès qu'elle n'est plus là, mes parents déplorèrent avec M. Vinteuil le mariage de Swann au nom de principes et de convenances auxquels (par cela même qu'ils les invoquaient en commun avec lui, en braves gens de même acabit) ils avaient l'air de sous-entendre qu'il n'était pas contrevenu à Montjouvain. M. Vinteuil n'envoya pas sa fille chez Swann. Et celui-ci fût le premier à le regretter. Car, chaque fois qu'il venait de quitter M. Vinteuil, il se rappelait qu'il avait depuis quelque temps un renseignement à lui demander sur quelqu'un qui portait le même nom que lui, un de ses parents, croyait-il. Et cette fois-là il s'était bien promis de ne pas oublier ce qu'il avait à lui dire, quand M. Vinteuil enverrait sa fille à Tansonville.

Comme la promenade du côté de Méséglise était la moins longue des deux que nous faisions autour de Combray et qu'à cause de cela on la réservait pour les temps incertains, le climat du côté de Méséglise était assez pluvieux et nous ne perdions jamais de vue la lisière des bois de Roussainville dans l'épaisseur desquels nous pourrions nous mettre à couvert.

Souvent le soleil se cachait derrière une nuée qui déformait son ovale et dont il jaunissait la bordure. L'éclat, mais non la clarté, était enlevé à la campagne où toute vie semblait suspendue, tandis que le petit village de Roussainville sculptait sur le ciel le relief de ses arêtes blanches avec une précision et un fini accablants. Un peu de vent faisait envoler un corbeau qui retombait dans le lointain, et, contre le ciel blanchissant, le lointain des bois paraissait plus bleu, comme peint dans ces camaïeux qui décorent les trumeaux des anciennes demeures.

Mais d'autres fois se mettait à tomber la pluie dont nous avait menacés le capucin que l'opticien avait à sa devanture ; les gouttes d'eau, comme des oiseaux migrateurs qui prennent leur vol tous ensemble, descendaient à rangs pressés du ciel. Elles ne se séparent point, elles ne vont pas à l'aventure pendant la rapide traversée, mais chacune tenant sa place attire à elle celle qui la suit et le ciel en est plus obscurci qu'au départ des hirondelles. Nous nous réfugiions dans le bois. Quand leur voyage semblait fini, quelques-unes, plus débiles, plus lentes, arrivaient encore. Mais nous ressortions de notre abri, car les gouttes se plaisent aux feuillages, et la terre était déjà presque séchée que plus d'une s'attardait à jouer sur les nervures d'une feuille, et suspendue à la pointe, reposée, brillant au soleil, tout d'un coup se laissait glisser de toute la hauteur de la branche et nous tombait sur le nez.

Souvent aussi nous allions nous abriter, pêle-mêle avec les saints et les patriarches de pierre sous le porche de Saint-André-des-Champs. Que cette église était française ! Au-dessus de la porte, les saints, les rois-chevaliers une fleur de lys à la main, des scènes de noces et de funérailles, étaient représentés comme ils pouvaient l'être dans l'âme de Françoise. Le sculpteur avait aussi narré certaines anecdotes relatives à Aristote et à Virgile de la même façon que Françoise à la cuisine parlait volontiers de saint Louis comme si elle l'avait personnellement connu, et généralement pour faire honte par la comparaison à mes grands-parents moins « justes ». On sentait que les notions que l'artiste médiéval et la paysanne médiévale (survivant au XIXe siècle) avaient de l'histoire ancienne ou chrétienne, et qui se distinguaient par autant d'inexactitude que de bonhomie, ils les tenaient non des livres, mais d'une tradition à la fois antique et directe, ininterrompue, orale, déformée, méconnaissable et vivante. Une autre personnalité de Combray que je reconnaissais aussi, virtuelle et prophétisée, dans la sculpture gothique de Saint-André-des-Champs c'était le jeune Théodore, le garçon de chez Camus. Françoise sentait d'ailleurs si bien en lui un pays et un contemporain que, quand ma tante Léonie était trop malade pour que Françoise pût suffire à la retourner dans son lit, à la porter dans son fauteuil, plutôt que de laisser la fille de cuisine monter se faire « bien voir » de ma tante, elle appelait Théodore. Or ce garçon, qui passait et avec raison pour si mauvais sujet, était tellement rempli de l'âme qui avait décoré Saint-André-des-Champs et notamment des sentiments de respect que Françoise trouvait dus aux « pauvres malades », à « sa pauvre maîtresse », qu'il avait pour soulever la tête de ma tante sur son oreiller la mine naïve et zélée des petits anges des bas-reliefs, s'empressant, un cierge à la main, autour de la Vierge défaillante, comme si les visages de pierre sculptée, grisâtres et nus, ainsi que sont les bois en hiver, n'étaient qu'un ensommeillement, qu'une réserve, prête à refleurir dans la vie en innombrables visages populaires, révérends et futés comme celui de Théodore, enluminés de la rougeur d'une pomme mûre. Non plus appliquée à la pierre comme ces petits anges, mais détachée du porche, d'une stature plus qu'humaine, debout sur un socle comme sur un tabouret qui lui évitât de poser ses pieds sur le sol humide, une sainte avait les joues pleines, le sein ferme et qui gonflait la draperie comme une grappe mûre dans un sac de crin, le front étroit, le nez court et mutin, les prunelles enfoncées, l'air valide, insensible et courageux des paysannes de la contrée. Cette ressemblance, qui insinuait dans la statue une douceur que je n'y avais pas cherchée, était souvent certifiée par quelque fille des champs, venue comme nous se mettre à couvert, et dont la présence, pareille à celle de ces feuillages pariétaires qui ont poussé à côté des feuillages sculptés, semblait destinée à permettre, par une confrontation avec la nature, de juger de la vérité de l'œuvre d'art. Devant nous, dans le lointain, terre promise ou maudite, Roussainville, dans les murs duquel je n'ai jamais pénétré, Roussainville, tantôt, quand la pluie avait déjà cessé pour nous, continuait à être châtié comme un village de la Bible par toutes les lances de l'orage qui flagellaient obliquement les demeures de ses habitants, ou bien était déjà pardonné par Dieu le Père qui faisait descendre vers lui, inégalement longues, comme les rayons d'un ostensoir d'autel, les tiges d'or effrangées de son soleil reparu.

Quelquefois le temps était tout à fait gâté, il fallait rentrer et rester enfermé dans la maison. Çà et là au loin dans la campagne que l'obscurité et l'humidité faisaient ressembler à la mer, des maisons isolées, accrochées au flanc d'une colline plongée dans la nuit et dans l'eau, brillaient comme des petits bateaux qui ont replié leurs voiles et sont immobiles au large pour toute la nuit. Mais qu'importait la pluie, qu'importait l'orage ! L'été, le mauvais temps n'est qu'une humeur passagère, superficielle, du beau temps sous-jacent et fixe, bien différent du beau temps instable et fluide de l'hiver et qui, au contraire, installé sur la terre où il s'est solidifié en denses feuillages sur lesquels la pluie peut s'égoutter sans compromettre la résistance de leur permanente joie, a hissé pour toute la saison, jusque dans les rues du village, aux murs des maisons et des jardins, ses pavillons de soie violette ou blanche. Assis dans le petit salon, où j'attendais l'heure du dîner en lisant, j'entendais l'eau dégoutter de nos marronniers, mais je savais que l'averse ne faisait que vernir leurs feuilles et qu'ils promettaient de demeurer là, comme des gages de l'été, toute la nuit pluvieuse, à assurer la continuité du beau temps ; qu'il avait beau pleuvoir, demain, au-dessus de la barrière blanche de Tansonville, onduleraient, aussi nombreuses, de petites feuilles en forme de cœur ; et c'est sans tristesse que j'apercevais le peuplier de la rue des Perchamps adresser à l'orage des supplications et des salutations désespérées ; c'est sans tristesse que j'entendais au fond du jardin les derniers roulements du tonnerre roucouler dans les lilas.

Si le temps était mauvais dès le matin, mes parents renonçaient à la promenade et je ne sortais pas. Mais je pris ensuite l'habitude d'aller, ces jours-là, marcher seul du côté de Méséglise-la-Vineuse, dans l'automne où nous dûmes venir à Combray pour la succession de ma tante Léonie, car elle était enfin morte, faisant triompher à la fois ceux qui prétendaient que son régime affaiblissant finirait par la tuer, et non moins les autres qui avaient toujours soutenu qu'elle souffrait d'une maladie non pas imaginaire mais organique, à l'évidence de laquelle les sceptiques seraient bien obligés de se rendre quand elle y aurait succombé ; et ne causant par sa mort de grande douleur qu'à un seul être, mais à celui-là, sauvage. Pendant les quinze jours que dura la dernière maladie de ma tante, Françoise ne la quitta pas un instant, ne se déshabilla pas, ne laissa personne lui donner aucun soin, et ne quitta son corps que quand il fut enterré. Alors nous comprîmes que cette sorte de crainte où Françoise avait vécu des mauvaises paroles, des soupçons, des colères de ma tante avait développé chez elle un sentiment que nous avions pris pour de la haine et qui était de la vénération et de l'amour. Sa véritable maîtresse, aux décisions impossibles à prévoir, aux ruses difficiles à déjouer, au bon cœur facile à fléchir, sa souveraine, son mystérieux et tout-puissant monarque n'était plus. À côté d'elle nous comptions pour bien peu de chose. Il était loin le temps où, quand nous avions commencé à venir passer nos vacances à Combray, nous possédions autant de prestige que ma tante aux yeux de Françoise. Cet automne-là, tout occupés des formalités à remplir, des entretiens avec les notaires et avec les fermiers, mes parents, n'ayant guère de loisir pour faire des sorties que le temps d'ailleurs contrariait, prirent l'habitude de me laisser aller me promener sans eux du côté de Méséglise, enveloppé dans un grand plaid qui me protégeait contre la pluie et que je jetais d'autant plus volontiers sur mes épaules que je sentais que ses rayures écossaises scandalisaient Françoise, dans l'esprit de qui on n'aurait pu faire entrer l'idée que la couleur des vêtements n'a rien à faire avec le deuil et à qui d'ailleurs le chagrin que nous avions de la mort de ma tante plaisait peu, parce que nous n'avions pas donné de grand repas funèbre, que nous ne prenions pas un son de voix spécial pour parler d'elle, que même parfois je chantonnais. Je suis sûr que dans un livre – et en cela j'étais bien moi-même comme Françoise – cette conception du deuil d'après la Chanson de Roland et le portail de Saint-André-des-Champs m'eût été sympathique. Mais dès que Françoise était auprès de moi, un démon me poussait à souhaiter qu'elle fût en colère, je saisissais le moindre prétexte pour lui dire que je regrettais ma tante parce que c'était une bonne femme, malgré ses ridicules, mais nullement parce que c'était ma tante, qu'elle eût pu être ma tante et me sembler odieuse, et sa mort ne me faire aucune peine, propos qui m'eussent semblé ineptes dans un livre.

Si alors Françoise, remplie comme un poète d'un flot de pensées confuses sur le chagrin, sur les souvenirs de famille, s'excusait de ne pas savoir répondre à mes théories et disait : « Je ne sais pas m'esprimer », je triomphais de cet aveu avec un bon sens ironique et brutal digne du docteur Percepied ; et si elle ajoutait : « Elle était tout de même de la parentèse, il reste toujours le respect qu'on doit à la parentèse », je haussais les épaules et je me disais : « Je suis bien bon de discuter avec une illettrée qui fait des cuirs pareils », adoptant ainsi pour juger Françoise le point de vue mesquin d'hommes dont ceux qui les méprisent le plus dans l'impartialité de la méditation, sont fort capables de tenir le rôle, quand ils jouent une des scènes vulgaires de la vie.

Mes promenades de cet automne-là furent d'autant plus agréables que je les faisais après de longues heures passées sur un livre. Quand j'étais fatigué d'avoir lu toute la matinée dans la salle, jetant mon plaid sur mes épaules, je sortais : mon corps obligé depuis longtemps de garder l'immobilité, mais qui s'était chargé sur place d'animation et de vitesse accumulées, avait besoin ensuite, comme une toupie qu'on lâche, de les dépenser dans toutes les directions. Les murs des maisons, la haie de Tansonville, les arbres du bois de Roussainville, les buissons auxquels s'adosse Montjouvain, recevaient des coups de parapluie ou de canne, entendaient des cris joyeux, qui n'étaient, les uns et les autres, que des idées confuses qui m'exaltaient et qui n'ont pas atteint le repos dans la lumière, pour avoir préféré à un lent et difficile éclaircissement, le plaisir d'une dérivation plus aisée vers une issue immédiate. La plupart des prétendues traductions de ce que nous avons ressenti ne font ainsi que nous en débarrasser, en le faisant sortir de nous sous une forme indistincte qui ne nous apprend pas à le connaître. Quand j'essaye de faire le compte de ce que je dois au côté de Méséglise, des humbles découvertes dont il fût le cadre fortuit ou le nécessaire inspirateur, je me rappelle que c'est cet automne-là, dans une de ces promenades, près du talus broussailleux qui protège Montjouvain, que je fus frappé pour la première fois de ce désaccord entre nos impressions et leur expression habituelle. Après une heure de pluie et de vent contre lesquels j'avais lutté avec allégresse, comme j'arrivais au bord de la mare de Montjouvain devant une petite cahute recouverte en tuiles où le jardinier de M. Vinteuil serrait ses instruments de jardinage, le soleil venait de reparaître, et ses dorures lavées par l'averse reluisaient à neuf dans le ciel, sur les arbres, sur le mur de la cahute, sur son toit de tuile encore mouillé, à la crête duquel se promenait une poule. Le vent qui soufflait tirait horizontalement les herbes folles qui avaient poussé dans la paroi du mur, et les plumes de duvet de la poule, qui, les unes et les autres se laissaient filer au gré de son souffle jusqu'à l'extrémité de leur longueur, avec l'abandon de choses inertes et légères. Le toit de tuile faisait dans la mare, que le soleil rendait de nouveau réfléchissante, une marbrure rose, à laquelle je n'avais encore jamais fait attention. Et voyant sur l'eau et à la face du mur un pâle sourire répondre au sourire du ciel, je m'écriai dans mon enthousiasme en brandissant mon parapluie refermé : « Zut, zut, zut, zut. » Mais en même temps je sentis que mon devoir eût été de ne pas m'en tenir à ces mots opaques et de tâcher de voir plus clair dans mon ravissement.

Et c'est à ce moment-là encore – grâce à un paysan qui passait, l'air déjà d'être d'assez mauvaise humeur, qui le fut davantage quand il faillit recevoir mon parapluie dans la figure, et qui répondit sans chaleur à mes « beau temps, n'est-ce pas, il fait bon marcher » – que j'appris que les mêmes émotions ne se produisent pas simultanément, dans un ordre préétabli, chez tous les hommes. Plus tard, chaque fois qu'une lecture un peu longue m'avait mis en humeur de causer, le camarade à qui je brûlais d'adresser la parole venait justement de se livrer au plaisir de la conversation et désirait maintenant qu'on le laissât lire tranquille. Si je venais de penser à mes parents avec tendresse et de prendre les décisions les plus sages et les plus propres à leur faire plaisir, ils avaient employé le même temps à apprendre une peccadille que j'avais oubliée et qu'ils me reprochaient sévèrement au moment où je m'élançais vers eux pour les embrasser.

Parfois à l'exaltation que me donnait la solitude, s'en ajoutait une autre que je ne savais pas en départager nettement, causée par le désir de voir surgir devant moi une paysanne que je pourrais serrer dans mes bras. Né brusquement, et sans que j'eusse eu le temps de le rapporter exactement à sa cause, au milieu de pensées très différentes, le plaisir dont il était accompagné ne me semblait qu'un degré supérieur de celui qu'elles me donnaient. Je faisais un mérite de plus à tout ce qui était à ce moment-là dans mon esprit, au reflet rose du toit de tuile, aux herbes folles, au village de Roussainville où je désirais depuis longtemps aller, aux arbres de son bois, au clocher de son église, de cet émoi nouveau qui me les faisait seulement paraître plus désirables parce que je croyais que c'était eux qui le provoquaient, et qui semblait ne vouloir que me porter vers eux plus rapidement quand il enflait ma voile d'une brise puissante, inconnue et propice. Mais si ce désir qu'une femme apparût ajoutait pour moi aux charmes de la nature quelque chose de plus exaltant, les charmes de la nature, en retour, élargissaient ce que celui de la femme aurait eu de trop restreint. Il me semblait que la beauté des arbres c'était encore la sienne, et que l'âme de ces horizons, du village de Roussainville, des livres que je lisais cette année-là, son baiser me la livrerait ; et mon imagination reprenant des forces au contact de ma sensualité, ma sensualité se répandant dans tous les domaines de mon imagination, mon désir n'avait plus de limites. C'est qu'aussi – comme il arrive dans ces moments de rêverie au milieu de la nature où l'action de l'habitude étant suspendue, nos notions abstraites des choses mises de côté, nous croyons d'une foi profonde à l'originalité, à la vie individuelle du lieu où nous nous trouvons – la passante qu'appelait mon désir me semblait être non un exemplaire quelconque de ce type général : la femme, mais un produit nécessaire et naturel de ce sol. Car en ce temps-là tout ce qui n'était pas moi, la terre et les êtres, me paraissait plus précieux, plus important, doué d'une existence plus réelle que cela ne paraît aux hommes faits. Et la terre et les êtres, je ne les séparais pas. J'avais le désir d'une paysanne de Méséglise ou de Roussainville, d'une pêcheuse de Balbec, comme j'avais le désir de Méséglise et de Balbec. Le plaisir qu'elles pouvaient me donner m'aurait paru moins vrai, je n'aurais plus cru en lui, si j'en avais modifié à ma guise les conditions. Connaître à Paris une pêcheuse de Balbec ou une paysanne de Méséglise, c'eût été recevoir des coquillages que je n'aurais pas vus sur la plage, une fougère que je n'aurais pas trouvée dans les bois, c'eût été retrancher au plaisir que la femme me donnerait tous ceux au milieu desquels l'avait enveloppée mon imagination. Mais errer ainsi dans les bois de Roussainville sans une paysanne à embrasser, c'était ne pas connaître de ces bois le trésor caché, la beauté profonde. Cette fille que je ne voyais que criblée de feuillages, elle était elle-même pour moi comme une plante locale d'une espèce plus élevée seulement que les autres et dont la structure permet d'approcher de plus près qu'en elles la saveur profonde du pays. Je pouvais d'autant plus facilement le croire (et que les caresses par lesquelles elle m'y ferait parvenir seraient aussi d'une sorte particulière et dont je n'aurais pas pu connaître le plaisir par une autre qu'elle), que j'étais pour longtemps encore à l'âge où on ne l'a pas encore abstrait ce plaisir de la possession des femmes différentes avec lesquelles on l'a goûté, où on ne l'a pas réduit à une notion générale qui les fait considérer dès lors comme des instruments interchangeables d'un plaisir toujours identique. Il n'existe même pas, isolé, séparé et formulé dans l'esprit, comme le but qu'on poursuit en s'approchant d'une femme, comme la cause du trouble préalable qu'on ressent. À peine y songe-t-on comme un plaisir qu'on aura ; plutôt, on l'appelle son charme à elle ; car on ne pense pas à soi, on ne pense qu'à sortir de soi. Obscurément attendu, immanent et caché, il porte seulement à un tel paroxysme au moment où il s'accomplit les autres plaisirs que nous causent les doux regards, les baisers de celle qui est auprès de nous, qu'il nous apparaît surtout à nous-même comme une sorte de transport de notre reconnaissance pour la bonté de cœur de notre compagne et pour sa touchante prédilection à notre égard que nous mesurons aux bienfaits, au bonheur dont elle nous comble.

Hélas, c'était en vain que j'implorais le donjon de Roussainville, que je lui demandais de faire venir auprès de moi quelque enfant de son village, comme au seul confident que j'avais eu de mes premiers désirs, quand au haut de notre maison de Combray, dans le petit cabinet sentant l'iris, je ne voyais que sa tour au milieu du carreau de la fenêtre entr'ouverte, pendant qu'avec les hésitations héroïques du voyageur qui entreprend une exploration ou du désespéré qui se suicide, défaillant, je me frayais en moi-même une route inconnue et que je croyais mortelle, jusqu'au moment où une trace naturelle comme celle d'un colimaçon s'ajoutait aux feuilles du cassis sauvage qui se penchaient jusqu'à moi. En vain je le suppliais maintenant. En vain, tenant l'étendue dans le champ de ma vision, je la drainais de mes regards qui eussent voulu en ramener une femme. Je pouvais aller jusqu'au porche de Saint-André-des-Champs ; jamais ne s'y trouvait la paysanne que je n'eusse pas manqué d'y rencontrer si j'avais été avec mon grand-père et dans l'impossibilité de lier conversation avec elle. Je fixais indéfiniment le tronc d'un arbre lointain, de derrière lequel elle allait surgir et venir à moi ; l'horizon scruté restait désert, la nuit tombait, c'était sans espoir que mon attention s'attachait, comme pour aspirer les créatures qu'ils pouvaient recéler, à ce sol stérile, à cette terre épuisée ; et ce n'était plus d'allégresse, c'était de rage que je frappais les arbres du bois de Roussainville d'entre lesquels ne sortait pas plus d'êtres vivants que s'ils eussent été des arbres peints sur la toile d'un panorama, quand, ne pouvant me résigner à rentrer à la maison avant d'avoir serré dans mes bras la femme que j'avais tant désirée, j'étais pourtant obligé de reprendre le chemin de Combray en m'avouant à moi-même qu'était de moins en moins probable le hasard qui l'eût mise sur mon chemin. Et s'y fût-elle trouvée, d'ailleurs, eussé-je osé lui parler ? Il me semblait qu'elle m'eût considéré comme un fou ; je cessais de croire partagés par d'autres êtres, de croire vrais en dehors de moi, les désirs que je formais pendant ces promenades et qui ne se réalisaient pas. Ils ne m'apparaissaient plus que comme les créations purement subjectives, impuissantes, illusoires, de mon tempérament. Ils n'avaient plus de lien avec la nature, avec la réalité qui dès lors perdait tout charme et toute signification et n'était plus à ma vie qu'un cadre conventionnel, comme l'est à la fiction d'un roman le wagon sur la banquette duquel le voyageur le lit pour tuer le temps.

C'est peut-être d'une impression ressentie aussi auprès de Montjouvain, quelques années plus tard, impression restée obscure alors, qu'est sortie, bien après, l'idée que je me suis faite du sadisme. On verra plus tard que, pour de tout autres raisons, le souvenir de cette impression devait jouer un rôle important dans ma vie. C'était par un temps très chaud ; mes parents qui avaient dû s'absenter pour toute la journée, m'avaient dit de rentrer aussi tard que je voudrais ; et étant allé jusqu'à la mare de Montjouvain où j'aimais revoir les reflets du toit de tuile, je m'étais étendu à l'ombre et endormi dans les buissons du talus qui domine la maison, là où j'avais attendu mon père autrefois, un jour qu'il était allé voir M. Vinteuil. Il faisait presque nuit quand je m'éveillai, je voulus me lever, mais je vis Mlle Vinteuil (autant que je pus la reconnaître, car je ne l'avais pas vue souvent à Combray, et seulement quand elle était encore une enfant, tandis qu'elle commençait d'être une jeune fille) qui probablement venait de rentrer, en face de moi, à quelques centimètres de moi, dans cette chambre où son père avait reçu le mien et dont elle avait fait son petit salon à elle. La fenêtre était entr'ouverte, la lampe était allumée, je voyais tous ses mouvements sans qu'elle me vît, mais en m'en allant j'aurais fait craquer les buissons, elle m'aurait entendu et elle aurait pu croire que je m'étais caché là pour l'épier.

Elle était en grand deuil, car son père était mort depuis peu. Nous n'étions pas allés la voir, ma mère ne l'avait pas voulu à cause d'une vertu qui chez elle limitait seule les effets de la bonté : la pudeur ; mais elle la plaignait profondément. Ma mère se rappelant la triste fin de vie de M. Vinteuil, tout absorbée d'abord par les soins de mère et de bonne d'enfant qu'il donnait à sa fille, puis par les souffrances que celle-ci lui avait causées ; elle revoyait le visage torturé qu'avait eu le vieillard tous les derniers temps ; elle savait qu'il avait renoncé à jamais à achever de transcrire au net toute son œuvre des dernières années, pauvres morceaux d'un vieux professeur de piano, d'un ancien organiste de village dont nous imaginions bien qu'ils n'avaient guère de valeur en eux-mêmes, mais que nous ne méprisions pas, parce qu'ils en avaient tant pour lui dont ils avaient été la raison de vivre avant qu'il les sacrifiât à sa fille, et qui pour la plupart pas même notés, conservés seulement dans sa mémoire, quelques-uns inscrits sur des feuillets épars, illisibles, resteraient inconnus ; ma mère pensait à cet autre renoncement plus cruel encore auquel M. Vinteuil avait été contraint, le renoncement à un avenir de bonheur honnête et respecté pour sa fille ; quand elle évoquait toute cette détresse suprême de l'ancien maître de piano de mes tantes, elle éprouvait un véritable chagrin et songeait avec effroi à celui, autrement amer, que devait éprouver Mlle Vinteuil, tout mêlé du remords d'avoir à peu près tué son père. « Pauvre M. Vinteuil, disait ma mère, il a vécu et il est mort pour sa fille, sans avoir reçu son salaire. Le recevra-t-il après sa mort et sous quelle forme ? Il ne pourrait lui venir que d'elle. »

Au fond du salon de Mlle Vinteuil, sur la cheminée, était posé un petit portrait de son père que vivement elle alla chercher au moment où retentit le roulement d'une voiture qui venait de la route, puis elle se jeta sur un canapé, et tira près d'elle une petite table sur laquelle elle plaça le portrait, comme M. Vinteuil autrefois avait mis à côté de lui le morceau qu'il avait le désir de jouer à mes parents. Bientôt son amie entra. Mlle Vinteuil l'accueillit sans se lever, ses deux mains derrière la tête et se recula sur le bord opposé du sofa comme pour lui faire une place. Mais aussitôt elle sentit qu'elle semblait ainsi lui imposer une attitude qui lui était peut-être importune. Elle pensa que son amie aimerait peut-être mieux être loin d'elle sur une chaise, elle se trouva indiscrète, la délicatesse de son cœur s'en alarma ; reprenant toute la place sur le sofa elle ferma les yeux et se mit à bâiller pour indiquer que l'envie de dormir était la seule raison pour laquelle elle s'était ainsi étendue. Malgré la familiarité rude et dominatrice qu'elle avait avec sa camarade, je reconnaissais les gestes obséquieux et réticents, les brusques scrupules de son père. Bientôt elle se leva, feignit de vouloir fermer les volets et de n'y pas réussir.

– Laisse donc tout ouvert, j'ai chaud, dit son amie.

– Mais c'est assommant, on nous verra, répondit Mlle Vinteuil.

Mais elle devina sans doute que son amie penserait qu'elle n'avait dit ces mots que pour la provoquer à lui répondre par certains autres, qu'elle avait en effet le désir d'entendre, mais que par discrétion elle voulait lui laisser l'initiative de prononcer. Aussi son regard, que je ne pouvais distinguer, dut-il prendre l'expression qui plaisait tant à ma grand'mère, quand elle ajouta vivement :

– Quand je dis nous voir, je veux dire nous voir lire ; c'est assommant, quelque chose insignifiante qu'on fasse, de penser que des yeux vous voient.

Par une générosité instinctive et une politesse involontaire elle taisait les mots prémédités qu'elle avait jugés indispensables à la pleine réalisation de son désir. Et à tous moments au fond d'elle-même une vierge timide et suppliante implorait et faisait reculer un soudard fruste et vainqueur.

– Oui, c'est probable qu'on nous regarde à cette heure-ci, dans cette campagne fréquentée, dit ironiquement son amie. Et puis quoi ? ajouta-t-elle (en croyant devoir accompagner d'un clignement d'yeux malicieux et tendre ces mots qu'elle récita par bonté, comme un texte qu'elle savait être agréable à Mlle Vinteuil, d'un ton qu'elle s'efforçait de rendre cynique), quand même on nous verrait, ce n'en est que meilleur.

Mlle Vinteuil frémit et se leva. Son cœur scrupuleux et sensible ignorait quelles paroles devaient spontanément venir s'adapter à la scène que ses sens réclamaient. Elle cherchait le plus loin qu'elle pouvait de sa vraie nature morale, à trouver le langage propre à la fille vicieuse qu'elle désirait d'être, mais les mots qu'elle pensait que celle-ci eût prononcés sincèrement lui paraissaient faux dans sa bouche. Et le peu qu'elle s'en permettait était dit sur un ton guindé où ses habitudes de timidité paralysaient ses velléités d'audace, et s'entremêlait de : « Tu n'as pas froid, tu n'as pas trop chaud, tu n'as pas envie d'être seule et de lire ? »

– Mademoiselle me semble avoir des pensées bien lubriques, ce soir, finit-elle par dire, répétant sans doute une phrase qu'elle avait entendue autrefois dans la bouche de son amie.

Dans l'échancrure de son corsage de crêpe, Mlle Vinteuil sentit que son amie piquait un baiser, elle poussa un petit cri, s'échappa, et elles se poursuivirent en sautant, faisant voleter leurs larges manches comme des ailes et gloussant et piaillant comme des oiseaux amoureux. Puis Mlle Vinteuil finit par tomber sur le canapé, recouverte par le corps de son amie. Mais celle-ci tournait le dos à la petite table sur laquelle était placé le portrait de l'ancien professeur de piano. Mlle Vinteuil comprit que son amie ne le verrait pas si elle n'attirait pas sur lui son attention, et elle lui dit, comme si elle venait seulement de le remarquer :

– Oh ! ce portrait de mon père qui nous regarde, je ne sais pas qui a pu le mettre là, j'ai pourtant dit vingt fois que ce n'était pas sa place.

Je me souvins que c'étaient les mots que M. Vinteuil avait dits à mon père à propos du morceau de musique. Ce portrait leur servait sans doute habituellement pour des profanations rituelles, car son amie lui répondit par ces paroles qui devaient faire partie de ses réponses liturgiques :

– Mais laisse-le donc où il est, il n'est plus là pour nous embêter. Crois-tu qu'il pleurnicherait, qu'il voudrait te mettre ton manteau, s'il te voyait là, la fenêtre ouverte, le vilain singe.

Mlle Vinteuil répondit par des paroles de doux reproche : « Voyons, voyons », qui prouvaient la bonté de sa nature, non qu'elles fussent dictées par l'indignation que cette façon de parler de son père eût pu lui causer (évidemment, c'était là un sentiment qu'elle s'était habituée, à l'aide de quels sophismes ? à faire taire en elle dans ces minutes-là), mais parce qu'elles étaient comme un frein que pour ne pas se montrer égoïste elle mettait elle-même au plaisir que son amie cherchait à lui procurer. Et puis cette modération souriante en répondant à ces blasphèmes, ce reproche hypocrite et tendre, paraissaient peut-être à sa nature franche et bonne une forme particulièrement infâme, une forme doucereuse de cette scélératesse qu'elle cherchait à s'assimiler. Mais elle ne put résister à l'attrait du plaisir qu'elle éprouverait à être traitée avec douceur par une personne si implacable envers un mort sans défense ; elle sauta sur les genoux de son amie, et lui tendit chastement son front à baiser comme elle aurait pu faire si elle avait été sa fille, sentant avec délices qu'elles allaient ainsi toutes deux au bout de la cruauté en ravissant à M. Vinteuil, jusque dans le tombeau, sa paternité. Son amie lui prit la tête entre ses mains et lui déposa un baiser sur le front avec cette docilité que lui rendait facile la grande affection qu'elle avait pour Mlle Vinteuil et le désir de mettre quelque distraction dans la vie si triste maintenant de l'orpheline.

— Sais-tu ce que j'ai envie de lui faire à cette vieille horreur ? dit-elle en prenant le portrait.

Et elle murmura à l'oreille de Mlle Vinteuil quelque chose que je ne pus entendre.

— Oh ! tu n'oserais pas.

— Je n'oserais pas cracher dessus ? sur *ça ?* dit l'amie avec une brutalité voulue.

Je n'en entendis pas davantage, car Mlle Vinteuil, d'un air las, gauche, affairé, honnête et triste, vint fermer les volets et la fenêtre, mais je savais maintenant, pour toutes les souffrances que pendant sa vie M. Vinteuil avait supportées à cause de sa fille, ce qu'après la mort il avait reçu d'elle en salaire.

Et pourtant j'ai pensé depuis que si M. Vinteuil avait pu assister à cette scène, il n'eût peut-être pas encore perdu sa foi dans le bon cœur de sa fille, et peut-être même n'eût-il pas eu en cela tout à fait tort. Certes, dans les habitudes de Mlle Vinteuil l'apparence du mal était si entière qu'on aurait eu de la peine à la rencontrer réalisée à ce degré de perfection ailleurs que chez une sadique ; c'est à la lumière de la rampe des théâtres du boulevard plutôt que sous la lampe d'une maison de campagne véritable qu'on peut voir une fille faire cracher une amie sur le portrait d'un père qui n'a vécu que pour elle ; et il n'y a guère que le sadisme qui donne un fondement dans la vie à l'esthétique du mélodrame. Dans la réalité, en dehors des cas de sadisme, une fille aurait peut-être des manquements aussi cruels que ceux de Mlle Vinteuil envers la mémoire et les volontés de son père mort, mais elle ne les résumerait pas expressément en un acte d'un symbolisme aussi rudimentaire et aussi naïf ; ce que sa conduite aurait de criminel serait plus voilé aux yeux des autres et même à ses yeux à elle qui ferait le mal sans se l'avouer. Mais, au-delà de l'apparence, dans le cœur de Mlle Vinteuil, le mal, au début du moins, ne fut sans doute pas sans mélange. Une sadique comme elle est l'artiste du mal, ce qu'une créature entièrement mauvaise ne pourrait être, car le mal ne lui serait pas extérieur, il lui semblerait tout naturel, ne se distinguerait même pas d'elle ; et la vertu, la mémoire des morts, la tendresse filiale, comme elle n'en aurait pas le culte, elle ne trouverait pas un plaisir sacrilège à les profaner. Les sadiques de l'espèce de Mlle Vinteuil sont des êtres si purement sentimentaux, si naturellement vertueux que même le plaisir sensuel leur paraît quelque chose de mauvais, le privilège des méchants. Et quand ils se concèdent à eux-mêmes de s'y livrer un moment, c'est dans la peau des méchants qu'ils tâchent d'entrer et de faire entrer leur complice, de façon à avoir eu un moment l'illusion de s'être évadés de leur âme scrupuleuse et tendre, dans le monde inhumain du plaisir. Et je comprenais combien elle l'eût désiré en voyant combien il lui était impossible d'y réussir. Au moment où elle se voulait si différente de son père, ce qu'elle me rappelait, c'était les façons de penser, de dire, du vieux professeur de piano. Bien plus que sa photographie, ce qu'elle profanait, ce qu'elle faisait servir à ses plaisirs mais qui restait entre eux et elle et l'empêchait de les goûter directement, c'était la ressemblance de son visage, les yeux bleus de sa mère à lui qu'il lui avait transmis comme un bijou de famille, ces gestes d'amabilité qui interposaient entre le vice de Mlle Vinteuil et elle une phraséologie, une mentalité qui n'était pas faite pour lui et l'empêchait de le connaître, comme quelque chose de très différent des nombreux devoirs de politesse auxquels elle se consacrait d'habitude. Ce n'est pas le mal qui lui donnait l'idée du plaisir, qui lui semblait agréable ; c'est le plaisir qui lui semblait malin. Et comme chaque fois qu'elle s'y adonnait il s'accompagnait pour elle de ces pensées mauvaises qui le reste du temps étaient absentes de son âme vertueuse, elle finissait par trouver au plaisir quelque chose de diabolique, par l'identifier au Mal. Peut-être Mlle Vinteuil sentait-elle que son amie n'était pas foncièrement mauvaise, et qu'elle n'était pas sincère au moment où elle lui tenait ces propos blasphématoires. Du moins avait-elle le plaisir d'embrasser sur son visage des sourires, des regards, feints peut-être, mais analogues dans leur expression vicieuse et basse à ceux qu'aurait eus non un être de bonté et de souffrance, mais un être de cruauté et de plaisir.

Elle pouvait s'imaginer un instant qu'elle jouait vraiment les jeux qu'eût joués, avec une complice aussi dénaturée, une fille qui aurait ressenti en effet ces sentiments barbares à l'égard de la mémoire de son père. Peut-être n'eût-elle pas pensé que le mal fût un état si rare, si extraordinaire, si dépaysant, où il était si reposant d'émigrer, si elle avait su discerner en elle, comme en tout le monde, cette indifférence aux souffrances qu'on cause et qui, quelques autres noms qu'on lui donne, est la forme terrible et permanente de la cruauté.

S'il était assez simple d'aller du côté de Méséglise, c'était une autre affaire d'aller du côté de Guermantes, car la promenade était longue et l'on voulait être sûr du temps qu'il ferait. Quand on semblait entrer dans une série de beaux jours ; quand Françoise désespérée qu'il ne tombât pas une goutte d'eau pour les « pauvres récoltes », et ne voyant que de rares nuages blancs nageant à la surface calme et bleue du ciel s'écriait en gémissant : « Ne dirait-on pas qu'on voit ni plus ni moins des chiens de mer qui jouent en montrant là-haut leurs museaux ? Ah ! ils pensent bien à faire pleuvoir pour les pauvres laboureurs ! Et puis quand les blés seront poussés, alors la pluie se mettra à tomber tout à petit patapon, sans discontinuer, sans plus savoir sur quoi elle tombe que si c'était sur la mer » ; quand mon père avait reçu invariablement les mêmes réponses favorables du jardinier et du baromètre, alors on disait au dîner : « Demain s'il fait le même temps, nous irons du côté de Guermantes. » On partait tout de suite après déjeuner par la petite porte du jardin et on tombait dans la rue des Perchamps, étroite et formant un angle aigu, remplie de graminées au milieu desquelles deux ou trois guêpes passaient la journée à herboriser, aussi bizarre que son nom d'où me semblaient dériver ses particularités curieuses et sa personnalité revêche, et qu'on chercherait en vain dans le Combray d'aujourd'hui où sur son tracé ancien s'élève l'école. Mais ma rêverie (semblable à ces architectes élèves de Viollet-le-Duc, qui, croyant retrouver sous un jubé Renaissance et un autel du XVIIe siècle les traces d'un chœur roman, remettent tout l'édifice dans l'état où il devait être au VIIe siècle) ne laisse pas une pierre du bâtiment nouveau, reperce et « restitue » la rue des Perchamps. Elle a d'ailleurs pour ces reconstitutions des données plus précises que n'en ont généralement les restaurateurs : quelques images conservées par ma mémoire, les dernières peut-être qui existent encore actuellement, et destinées à être bientôt anéanties, de ce qu'était le

Combray du temps de mon enfance ; et parce que c'est lui-même qui les a tracées en moi avant de disparaître, émouvantes – si on peut comparer un obscur portrait à ces effigies glorieuses dont ma grand'mère aimait à me donner des reproductions – comme ces gravures anciennes de la Cène ou ce tableau de Gentile Bellini, dans lesquels l'on voit en un état qui n'existe plus aujourd'hui le chef-d'œuvre de Vinci et le portail de Saint-Marc.

On passait, rue de l'Oiseau, devant la vieille hôtellerie de l'Oiseau flesché dans la grande cour de laquelle entrèrent quelquefois au XVIIe siècle les carrosses des duchesses de Montpensier, de Guermantes et de Montmorency, quand elles avaient à venir à Combray pour quelque contestation avec leurs fermiers, pour une question d'hommage. On gagnait le mail entre les arbres duquel apparaissait le clocher de Saint-Hilaire. Et j'aurais voulu pouvoir m'asseoir là et rester toute la journée à lire en écoutant les cloches ; car il faisait si beau et si tranquille que, quand sonnait l'heure, on aurait dit non qu'elle rompait le calme du jour, mais qu'elle le débarrassait de ce qu'il contenait et que le clocher, avec l'exactitude indolente et soigneuse d'une personne qui n'a rien d'autre à faire, venait seulement – pour exprimer et laisser tomber les quelques gouttes d'or que la chaleur y avait lentement et naturellement amassées – de presser, au moment voulu, la plénitude du silence.

Le plus grand charme du côté de Guermantes, c'est qu'on y avait presque tout le temps à côté de soi le cours de la Vivonne. On la traversait une première fois, dix minutes après avoir quitté la maison, sur une passerelle dite le Pont-Vieux. Dès le lendemain de notre arrivée, le jour de Pâques, après le sermon s'il faisait beau temps, je courais jusque-là, voir dans ce désordre d'un matin de grande fête où quelques préparatifs somptueux font paraître plus sordides les ustensiles de ménage qui traînent encore, la rivière qui se promenait déjà en bleu ciel entre les terres encore noires et nues, accompagnée seulement d'une bande de coucous arrivés trop tôt et de primevères en avance, cependant que çà et là une violette au bec bleu laissait fléchir sa tige sous le poids de la goutte d'odeur qu'elle tenait dans son cornet. Le Pont-Vieux débouchait dans un sentier de halage qui à cet endroit se tapissait l'été du feuillage bleu d'un noisetier sous lequel un pêcheur en chapeau de paille avait pris racine. À Combray où je savais quelle individualité de maréchal ferrant ou de garçon épicier était dissimulée sous l'uniforme du suisse ou le surplis de l'enfant de chœur, ce pêcheur est la seule personne dont je n'aie jamais découvert l'identité. Il devait connaître mes parents, car il soulevait son chapeau quand nous passions ; je voulais alors demander son nom, mais on me faisait signe de me taire pour ne pas effrayer le poisson. Nous nous engagions dans le sentier de halage qui dominait le courant d'un talus de plusieurs pieds ; de l'autre côté la rive était basse, étendue en vastes prés jusqu'au village et jusqu'à la gare qui en était distante. Ils étaient semés des restes, à demi enfouis dans l'herbe, du château des anciens comtes de Combray qui au moyen âge avait de ce côté le cours de la Vivonne comme défense contre les attaques des sires de Guermantes et des abbés de Martinville. Ce n'étaient plus que quelques fragments de tours bossuant la prairie, à peine apparents, quelques créneaux d'où jadis l'arbalétrier lançait des pierres, d'où le guetteur surveillait Novepont, Clairefontaine, Martinville-le-Sec, Bailleau-l'Exempt, toutes terres vassales de Guermantes entre lesquelles Combray était enclavé, aujourd'hui au ras de l'herbe, dominés par les enfants de l'école des frères qui venaient là apprendre leurs leçons ou jouer aux récréations – passé presque descendu dans la terre, couché au bord de l'eau comme un promeneur qui prend le frais, mais me donnant fort à songer, me faisant ajouter dans le nom de Combray à la petite ville d'aujourd'hui une cité très différente, retenant mes pensées par son visage incompréhensible et d'autrefois qu'il cachait à demi sous les boutons d'or. Ils étaient fort nombreux à cet endroit qu'ils avaient choisi pour leurs jeux sur l'herbe, isolés, par couples, par troupes, jaunes comme un jaune d'œuf, brillants d'autant plus, me semblait-il, que ne pouvant dériver vers aucune velléité de dégustation le plaisir que leur vue me causait, je l'accumulais dans leur surface dorée, jusqu'à ce qu'il devînt assez puissant pour produire de l'inutile beauté ; et cela dès ma plus petite enfance, quand du sentier de halage je tendais les bras vers eux sans pouvoir épeler complètement leur joli nom de Princes de contes de fées français, venus peut-être il y a bien des siècles d'Asie, mais apatriés pour toujours au village, contents du modeste horizon, aimant le soleil et le bord de l'eau, fidèles à la petite vue de la gare, gardant encore pourtant comme certaines de nos vieilles toiles peintes, dans leur simplicité populaire, un poétique éclat d'orient.

Je m'amusais à regarder les carafes que les gamins mettaient dans la Vivonne pour prendre les petits poissons, et qui, remplies par la rivière, où elles sont à leur tour encloses, à la fois « contenant » aux flancs transparents comme une eau durcie, et « contenu » plongé dans un plus grand contenant de cristal liquide et courant, évoquaient l'image de la fraîcheur d'une façon plus délicieuse et plus irritante qu'elles n'eussent fait sur une table servie, en ne la montrant qu'en fuite dans cette allitération perpétuelle entre l'eau sans consistance où les mains ne pouvaient la capter et le verre sans fluidité où le palais ne pourrait en jouir. Je me promettais de venir là plus tard avec des lignes ; j'obtenais qu'on tirât un peu de pain des provisions du goûter ; j'en jetais dans la Vivonne des boulettes qui semblaient suffire pour y provoquer un phénomène de sursaturation, car l'eau se solidifiait aussitôt autour d'elles en grappes ovoïdes de têtards inanitiés qu'elle tenait sans doute jusque-là en dissolution, invisibles, tout près d'être en voie de cristallisation.

Bientôt le cours de la Vivonne s'obstrue de plantes d'eau. Il y en a d'abord d'isolées comme tel nénufar à qui le courant au travers duquel il était placé d'une façon malheureuse laissait si peu de repos que, comme un bac actionné mécaniquement, il n'abordait une rive que pour retourner à celle d'où il était venu, refaisant éternellement la double traversée. Poussé vers la rive, son pédoncule se dépliait, s'allongeait, filait, atteignait l'extrême limite de sa tension jusqu'au bord où le courant le reprenait, le vert cordage se repliait sur lui-même et ramenait la pauvre plante à ce qu'on peut d'autant mieux appeler son point de départ qu'elle n'y restait pas une seconde sans en repartir par une répétition de la même manœuvre. Je la retrouvais de promenade en promenade, toujours dans la même situation, faisant penser à certains neurasthéniques au nombre desquels mon grand-père comptait ma tante Léonie, qui nous offrent sans changement au cours des années le spectacle des habitudes bizarres qu'ils se croient chaque fois à la veille de secouer et qu'ils gardent toujours ; pris dans l'engrenage de leurs malaises et de leurs manies, les efforts dans lesquels ils se débattent inutilement pour en sortir ne font qu'assurer le fonctionnement et faire jouer le déclic de leur diététique étrange, inéluctable et funeste. Tel était ce nénufar, pareil aussi à quelqu'un de ces malheureux dont le tourment singulier, qui se répète indéfiniment durant l'éternité, excitait la curiosité de Dante et dont il se serait fait raconter plus longuement les particularités et la cause par le supplicié lui-même, si Virgile, s'éloignant à grands pas, ne l'avait forcé à le rattraper au plus vite, comme moi mes parents.

Mais plus loin le courant se ralentit, il traverse une propriété dont l'accès était ouvert au public par celui à qui elle appartenait et qui s'y était complu à des travaux d'horticulture aquatique, faisant fleurir, dans les petits étangs que forme la Vivonne, de véritables jardins de nymphéas. Comme les rives étaient à cet endroit très boisées, les grandes ombres des arbres donnaient à l'eau un fond qui était habituellement d'un vert sombre mais que parfois, quand nous rentrions par certains soirs rassérénés d'après-midi orageux, j'ai vu d'un bleu clair et cru, tirant sur le violet, d'apparence cloisonnée et de goût japonais. Çà et là, à la surface, rougissait comme une fraise une fleur de nymphéa au cœur écarlate, blanc sur les bords. Plus loin, les fleurs plus nombreuses étaient plus pâles, moins lisses, plus grenues, plus plissées, et disposées par le hasard en enroulements si gracieux qu'on croyait voir flotter à la dérive, comme après l'effeuillement mélancolique d'une fête galante, des roses mousseuses en guirlandes dénouées. Ailleurs un coin semblait réservé aux espèces communes qui montraient le blanc et rose proprets de la julienne, lavés comme de la porcelaine avec un soin domestique, tandis qu'un peu plus loin, pressées les unes contre les autres en une véritable plate-bande flottante, on eût dit des pensées des jardins qui étaient venues poser comme des papillons leur ailes bleuâtres et glacées sur l'obliquité transparente de ce parterre d'eau ; de ce parterre céleste aussi : car il donnait aux fleurs un sol d'une couleur plus précieuse, plus émouvante que la couleur des fleurs elles-mêmes ; et, soit que pendant l'après-midi il fît étinceler sous les nymphéas le kaléidoscope d'un bonheur attentif, silencieux et mobile, ou qu'il s'emplît vers le soir, comme quelque port lointain, du rose et de la rêverie du couchant, changeant sans cesse pour rester toujours en accord, autour des corolles de teintes plus fixes, avec ce qu'il y a de plus profond, de plus fugitif, de plus mystérieux – avec ce qu'il y a d'infini – dans l'heure, il semblait les avoir fait fleurir en plein ciel.

Au sortir de ce parc, la Vivonne redevient courante. Que de fois j'ai vu, j'ai désiré imiter quand je serais libre de vivre à ma guise, un rameur, qui, ayant lâché l'aviron, s'était couché à plat sur le dos, la tête en bas, au fond de sa barque, et la laissant flotter à la dérive, ne pouvant voir que le ciel qui filait lentement au-dessus de lui, portait sur son visage l'avant-goût du bonheur et de la paix.

Nous nous asseyions entre les iris au bord de l'eau. Dans le ciel férié flânait longuement un nuage oisif. Par moments, oppressée par l'ennui, une carpe se dressait hors de l'eau dans une aspiration anxieuse. C'était l'heure du goûter. Avant de repartir nous restions longtemps à manger des fruits, du pain et du chocolat, sur l'herbe où parvenaient jusqu'à nous, horizontaux, affaiblis, mais denses et métalliques encore, des sons de la cloche de Saint-Hilaire qui ne s'étaient pas mélangés à l'air qu'ils traversaient depuis si longtemps, et côtelés par la palpitation successive de toutes leurs lignes sonores, vibraient en rasant les fleurs, à nos pieds.

Parfois, au bord de l'eau entourée de bois, nous rencontrions une maison dite de plaisance, isolée, perdue, qui ne voyait rien du monde que la rivière qui baignait ses pieds. Une jeune femme dont le visage pensif et les voiles élégants n'étaient pas de ce pays et qui sans doute était venue, selon l'expression populaire « s'enterrer » là, goûter le plaisir amer de sentir que son nom, le nom surtout de celui dont elle n'avait pu garder le cœur, y était inconnu, s'encadrait dans la fenêtre qui ne lui laissait pas regarder plus loin que la barque amarrée près de la porte. Elle levait distraitement les yeux en entendant derrière les arbres de la rive la voix des passants dont avant qu'elle eût aperçu leur visage, elle pouvait être certaine que jamais ils n'avaient connu, ni ne connaîtraient l'infidèle, que rien dans leur passé ne gardait sa marque, que rien dans leur avenir n'aurait l'occasion de la recevoir. On sentait que, dans son renoncement, elle avait volontairement quitté des lieux où elle aurait pu du moins apercevoir celui qu'elle aimait, pour ceux-ci qui ne l'avaient jamais vu. Et je la regardais, revenant de quelque promenade sur un chemin où elle savait qu'il ne passerait pas, ôter de ses mains résignées de longs gants d'une grâce inutile.

Jamais dans la promenade du côté de Guermantes nous ne pûmes remonter jusqu'aux sources de la Vivonne auxquelles j'avais souvent pensé et qui avaient pour moi une existence si abstraite, si idéale, que j'avais été aussi surpris quand on m'avait dit qu'elles se trouvaient dans le département, à une certaine distance kilométrique de Combray, que le jour où j'avais appris qu'il y avait un autre point précis de la terre où s'ouvrait, dans l'antiquité, l'entrée des Enfers. Jamais non plus nous ne pûmes pousser jusqu'au terme que j'eusse tant souhaité d'atteindre, jusqu'à Guermantes. Je savais que là résidaient des châtelains, le duc et la duchesse de Guermantes, je savais qu'ils étaient des personnages réels et actuellement existants, mais chaque fois que je pensais à eux, je me les représentais tantôt en tapisserie, comme était la comtesse de Guermantes, dans le « Couronnement d'Esther » de notre église, tantôt de nuances changeantes comme était Gilbert le Mauvais dans le vitrail où il passait du vert chou au bleu prune, selon que j'étais encore à prendre de l'eau bénite ou que j'arrivais à nos chaises, tantôt tout à fait impalpables comme l'image de Geneviève de Brabant, ancêtre de la famille de Guermantes, que la lanterne magique promenait sur les rideaux de ma chambre ou faisait monter au plafond – enfin toujours enveloppés du mystère des temps mérovingiens et baignant comme dans un coucher de soleil dans la lumière orangée qui émane de cette syllabe : « antes ». Mais si malgré cela ils étaient pour moi, en tant que duc et duchesse, des êtres réels, bien qu'étranges, en revanche leur personne ducale se distendait démesurément, s'immatérialisait, pour pouvoir contenir en elle ce Guermantes dont ils étaient duc et duchesse, tout ce « côté de Guermantes » ensoleillé, le cours de la Vivonne, ses nymphéas et ses grands arbres, et tant de beaux après-midi. Et je savais qu'ils ne portaient pas seulement le titre de duc et de duchesse de Guermantes, mais que depuis le XIVe siècle où, après avoir inutilement essayé de vaincre leurs anciens seigneurs ils s'étaient alliés à eux par des mariages, ils étaient comtes de Combray, les premiers des citoyens de Combray par conséquent et pourtant les seuls qui n'y habitassent pas. Comtes de Combray, possédant Combray au milieu de leur nom, de leur personne, et sans doute ayant effectivement en eux cette étrange et pieuse tristesse qui était spéciale à Combray ; propriétaires de la ville, mais non d'une maison particulière, demeurant sans doute dehors, dans la rue entre ciel et terre, comme ce Gilbert de Guermantes, dont je ne voyais aux vitraux de l'abside de Saint-Hilaire que l'envers de laque noire, si je levais la tête quand j'allais chercher du sel chez Camus.

Puis il arriva que sur le côté de Guermantes je passai parfois devant de petits enclos humides où montaient des grappes de fleurs sombres. Je m'arrêtais, croyant acquérir une notion précieuse, car il me semblait avoir sous les yeux un fragment de cette région fluviatile, que je désirais tant connaître depuis que je l'avais vue décrite par un de mes écrivains préférés. Et ce fut avec elle, avec son sol imaginaire traversé de cours d'eau bouillonnants, que Guermantes, changeant d'aspect dans ma pensée, s'identifia, quand j'eus entendu le docteur Percepied nous parler des fleurs et des belles eaux vives qu'il y avait dans le parc du château. Je rêvais que Mme de Guermantes m'y faisait venir, éprise pour moi d'un soudain caprice ; tout le jour elle y pêchait la truite avec moi. Et le soir me tenant par la main, en passant devant les petits jardins de ses vassaux, elle me montrait, le long des murs bas, les fleurs qui y appuient leurs quenouilles violettes et rouges et m'apprenait leurs noms. Elle me faisait lui dire le sujet des poèmes que j'avais l'intention de composer. Et ces rêves m'avertissaient que, puisque je voulais un jour être un écrivain, il était temps de savoir ce que je comptais écrire. Mais dès que je me le demandais, tâchant de trouver un sujet où je pusse faire tenir une signification philosophique infinie, mon esprit s'arrêtait de fonctionner, je ne voyais plus que le vide en face de mon attention, je sentais que je n'avais pas de génie ou peut-être une maladie cérébrale l'empêchait de naître. Parfois je comptais sur mon père pour arranger cela. Il était si puissant, si en faveur auprès des gens en place qu'il arrivait à nous faire transgresser les lois que Françoise m'avait appris à considérer comme plus inéluctables que celles de la vie et de la mort, à faire retarder d'un an pour notre maison, seule de tout le quartier, les travaux de « ravalement », à obtenir du ministre, pour le fils de Mme Sazerat qui voulait aller aux eaux, l'autorisation qu'il passât le baccalauréat deux mois d'avance, dans la série des candidats dont le nom commençait par un A au lieu d'attendre le tour des S. Si j'étais tombé gravement malade, si j'avais été capturé par des brigands, persuadé que mon père avait trop d'intelligences avec les puissances suprêmes, de trop irrésistibles lettres de recommandation auprès du bon Dieu, pour que ma maladie ou ma captivité pussent être autre chose que de vains simulacres sans danger pour moi, j'aurais attendu avec calme l'heure inévitable du retour à la bonne réalité, l'heure de la délivrance ou de la guérison ; peut-être cette absence de génie, ce trou noir qui se creusait dans mon esprit quand je cherchais le sujet de mes écrits futurs, n'était-il aussi qu'une illusion sans consistance, et cesserait-elle par l'intervention de mon père qui avait dû convenir avec le Gouvernement et avec la Providence que je serais le premier écrivain de l'époque. Mais d'autres fois, tandis que mes parents s'impatientaient de me voir rester en arrière et ne pas les suivre, ma vie actuelle, au lieu de me sembler une création artificielle de mon père et qu'il pouvait modifier à son gré, m'apparaissait au contraire comme comprise dans une réalité qui n'était pas faite pour moi, contre laquelle il n'y avait pas de recours, au cœur de laquelle je n'avais pas d'allié, qui ne cachait rien au delà d'elle-même. Il me semblait alors que j'existais de la même façon que les autres hommes, que je vieillirais, que je mourrais comme eux, et que parmi eux j'étais seulement du nombre de ceux qui n'ont pas de dispositions pour écrire. Aussi, découragé, je renonçais à jamais à la littérature, malgré les encouragements que m'avait donnés Bloch. Ce sentiment intime, immédiat, que j'avais du néant de ma pensée, prévalait contre toutes les paroles flatteuses qu'on pouvait me prodiguer, comme chez un méchant dont chacun vante les bonnes actions, les remords de sa conscience.

Un jour ma mère me dit : « Puisque tu parles toujours de Mme de Guermantes, comme le docteur Percepied l'a très bien soignée il y a quatre ans, elle doit venir à Combray pour assister au mariage de sa fille. Tu pourras l'apercevoir à la cérémonie. » C'était du reste par le docteur Percepied que j'avais le plus entendu parler de Mme de Guermantes, et il nous avait même montré le numéro d'une revue illustrée où elle était représentée dans le costume qu'elle portait à un bal travesti chez la princesse de Léon.

Tout d'un coup pendant la messe de mariage, un mouvement que fit le suisse en se déplaçant me permit de voir assise dans une chapelle une dame blonde avec un grand nez, des yeux bleus et perçants, une cravate bouffante en soie mauve, lisse, neuve et brillante, et un petit bouton au coin du nez. Et parce que dans la surface de son visage rouge, comme si elle eût eu très chaud, je distinguais, diluées et à peine perceptibles, des parcelles d'analogie avec le portrait qu'on m'avait montré, parce que surtout les traits particuliers que je relevais en elle, si j'essayais de les énoncer, se formulaient précisément dans les mêmes termes : un grand nez, des yeux bleus, dont s'était servi le docteur Percepied quand il avait décrit devant moi la duchesse de Guermantes, je me dis : cette dame ressemble à Mme de Guermantes ; or la chapelle où elle suivait la messe était celle de Gilbert le Mauvais, sous les plates tombes de laquelle, dorées et distendues comme des alvéoles de miel, reposaient les anciens comtes de Brabant, et que je me rappelais être, à ce qu'on m'avait dit, réservée à la famille de Guermantes quand quelqu'un de ses membres venait pour une cérémonie à Combray ; il ne pouvait vraisemblablement y avoir qu'une seule femme ressemblant au portrait de Mme de Guermantes, qui fût ce jour-là, jour où elle devait justement venir, dans cette chapelle : c'était elle ! Ma déception était grande. Elle provenait de ce que je n'avais jamais pris garde, quand je pensais à Mme de Guermantes, que je me la représentais avec les couleurs d'une tapisserie ou d'un vitrail, dans un autre siècle, d'une autre matière que le reste des personnes vivantes. Jamais je ne m'étais avisé qu'elle pouvait avoir une figure rouge, une cravate mauve comme Mme Sazerat, et l'ovale de ses joues me fit tellement souvenir de personnes que j'avais vues à la maison que le soupçon m'effleura, pour se dissiper d'ailleurs aussitôt après, que cette dame en son principe générateur, en toutes ses molécules, n'était peut-être pas substantiellement la duchesse de Guermantes, mais que son corps, ignorant du nom qu'on lui appliquait, appartenait à un certain type féminin, qui comprenait aussi des femmes de médecins et de commerçants. « C'est cela, ce n'est que cela, Mme de Guermantes ! » disait la mine attentive et étonnée avec laquelle je contemplais cette image qui, naturellement, n'avait aucun rapport avec celles qui sous le même nom de Mme de Guermantes étaient apparues tant de fois dans mes songes, puisque, elle, elle n'avait pas été comme les autres arbitrairement formée par moi, mais qu'elle m'avait sauté aux yeux pour la première fois, il y a un moment seulement, dans l'église ; qui n'était pas de la même nature, n'était pas colorable à volonté comme elles qui se laissaient imbiber de la teinte orangée d'une syllabe, mais était si réelle que tout, jusqu'à ce petit bouton qui s'enflammait au coin du nez, certifiait son assujettissement aux lois de la vie, comme dans une apothéose de théâtre, un plissement de la robe de la fée, un tremblement de son petit doigt, dénoncent la présence matérielle d'une actrice vivante, là où nous étions incertains si nous n'avions pas devant les yeux une simple projection lumineuse.

Mais en même temps, sur cette image que le nez proéminent, les yeux perçants, épinglaient dans ma vision (peut-être parce que c'était eux qui l'avaient d'abord atteinte, qui y avaient fait la première encoche, au moment où je n'avais pas encore le temps de songer que la femme qui apparaissait devant moi pouvait être Mme de Guermantes), sur cette image toute récente, inchangeable, j'essayais d'appliquer l'idée : « C'est Mme de Guermantes » sans parvenir qu'à la faire manœuvrer en face de l'image, comme deux disques séparés par un intervalle. Mais cette Mme de Guermantes à laquelle j'avais si souvent rêvé, maintenant que je voyais qu'elle existait effectivement en dehors de moi, en prit plus de puissance encore sur mon imagination qui, un moment paralysée au contact d'une réalité si différente de ce qu'elle attendait, se mit à réagir et à me dire : « Glorieux dès avant Charlemagne, les Guermantes avaient le droit de vie et de mort sur leurs vassaux ; la duchesse de Guermantes descend de Geneviève de Brabant. Elle ne connaît, ni ne consentirait à connaître aucune des personnes qui sont ici. »

Et – ô merveilleuse indépendance des regards humains, retenus au visage par une corde si lâche, si longue, si extensible qu'ils peuvent se promener seuls loin de lui – pendant que Mme de Guermantes était assise dans la chapelle au-dessus des tombes de ses morts, ses regards flânaient çà et là, montaient le long des piliers, s'arrêtaient même sur moi comme un rayon de soleil errant dans la nef, mais un rayon de soleil qui, au moment où je reçus sa caresse, me sembla conscient. Quant à Mme de Guermantes elle-même, comme elle restait immobile, assise comme une mère qui semble ne pas voir les audaces espiègles et les entreprises indiscrètes de ses enfants qui jouent et interpellent des personnes qu'elle ne connaît pas, il me fut impossible de savoir si elle approuvait ou blâmait, dans le désœuvrement de son âme, le vagabondage de ses regards.

Je trouvais important qu'elle ne partît pas avant que j'eusse pu la regarder suffisamment, car je me rappelais que depuis des années je considérais sa vue comme éminemment désirable, et je ne détachais pas mes yeux d'elle, comme si chacun de mes regards eût pu matériellement emporter et mettre en réserve en moi le souvenir du nez proéminent, des joues rouges, de toutes ces particularités qui me semblaient autant de renseignements précieux, authentiques et singuliers sur son visage. Maintenant que me le faisaient trouver beau toutes les pensées que j'y rapportais – et peut-être surtout, forme de l'instinct de conservation des meilleures parties de nous-mêmes, ce désir qu'on a toujours de ne pas avoir été déçu – la replaçant (puisque c'était une seule personne qu'elle et cette duchesse de Guermantes que j'avais évoquée jusque-là) hors du reste de l'humanité dans laquelle la vue pure et simple de son corps me l'avait fait un instant confondre, je m'irritais en entendant dire autour de moi : « Elle est mieux que Mme Sazerat, que Mlle Vinteuil », comme si elle leur eût été comparable. Et mes regards s'arrêtant à ses cheveux blonds, à ses yeux bleus, à l'attache de son cou et omettant les traits qui eussent pu me rappeler d'autres visages, je m'écriais devant ce croquis volontairement incomplet : « Qu'elle est belle ! Quelle noblesse ! Comme c'est bien une fière Guermantes, la descendante de Geneviève de Brabant, que j'ai devant moi ! » Et l'attention avec laquelle j'éclairais son visage l'isolait tellement, qu'aujourd'hui si je repense à cette cérémonie, il m'est impossible de revoir une seule des personnes qui y assistaient sauf elle et le suisse qui répondit affirmativement quand je lui demandai si cette dame était bien Mme de Guermantes. Mais elle, je la revois, surtout au moment du défilé dans la sacristie qu'éclairait le soleil intermittent et chaud d'un jour de vent et d'orage, et dans laquelle Mme de Guermantes se trouvait au milieu de tous ces gens de Combray dont elle ne savait même pas les noms, mais dont l'infériorité proclamait trop sa suprématie pour qu'elle ne ressentît pas pour eux une sincère bienveillance, et auxquels du reste elle espérait imposer davantage encore à force de bonne grâce et de simplicité. Aussi, ne pouvant émettre ces regards volontaires, chargés d'une signification précise, qu'on adresse à quelqu'un qu'on connaît, mais seulement laisser ses pensées distraites s'échapper incessamment devant elle en un flot de lumière bleue qu'elle ne pouvait contenir, elle ne voulait pas qu'il pût gêner, paraître dédaigner ces petites gens qu'il rencontrait au passage, qu'il atteignait à tous moments. Je revois encore, au-dessus de sa cravate mauve, soyeuse et gonflée, le doux étonnement de ses yeux auxquels elle avait ajouté sans oser le destiner à personne, mais pour que tous pussent en prendre leur part, un sourire un peu timide de suzeraine qui a l'air de s'excuser auprès de ses vassaux et de les aimer. Ce sourire tomba sur moi qui ne la quittais pas des yeux. Alors me rappelant ce regard qu'elle avait laissé s'arrêter sur moi, pendant la messe, bleu comme un rayon de soleil qui aurait traversé le vitrail de Gilbert le Mauvais, je me dis : « Mais sans doute elle fait attention à moi. » Je crus que je lui plaisais, qu'elle penserait encore à moi quand elle aurait quitté l'église, qu'à cause de moi elle serait peut-être triste le soir à Guermantes. Et aussitôt je l'aimai, car s'il peut quelquefois suffire pour que nous aimions une femme qu'elle nous regarde avec mépris comme j'avais cru qu'avait fait Mlle Swann et que nous pensions qu'elle ne pourra jamais nous appartenir, quelquefois aussi il peut suffire qu'elle nous regarde avec bonté comme faisait Mme de Guermantes et que nous pensions qu'elle pourra nous appartenir. Ses yeux bleuissaient comme une pervenche impossible à cueillir et que pourtant elle m'eût dédiée ; et le soleil menacé par un nuage mais dardant encore de toute sa force sur la place et dans la sacristie, donnait une carnation de géranium aux tapis rouges qu'on y avait étendus par terre pour la solennité, et sur lesquels s'avançait en souriant Mme de Guermantes, et ajoutait à leur lainage un velouté rose, un épiderme de lumière, cette sorte de tendresse, de sérieuse douceur dans la pompe et dans la joie qui caractérisent certaines pages de Lohengrin, certaines peintures de Carpaccio, et qui font comprendre que Baudelaire ait pu appliquer au son de la trompette l'épithète de délicieux.

Combien depuis ce jour, dans mes promenades du côté de Guermantes, il me parut plus affligeant encore qu'auparavant de n'avoir pas de dispositions pour les lettres, et de devoir renoncer à être jamais un écrivain célèbre. Les regrets que j'en éprouvais, tandis que je restais seul à rêver un peu à l'écart, me faisaient tant souffrir, que pour ne plus les ressentir, de lui-même par une sorte d'inhibition devant la douleur, mon esprit s'arrêtait entièrement de penser aux vers, aux romans, à un avenir poétique sur lequel mon manque de talent m'interdisait de compter. Alors, bien en dehors de toutes ces préoccupations littéraires et ne s'y rattachant en rien, tout d'un coup un toit, un reflet de soleil sur une pierre, l'odeur d'un chemin me faisaient arrêter par un plaisir particulier qu'ils me donnaient, et aussi parce qu'ils avaient l'air de cacher au delà de ce que je voyais, quelque chose qu'ils m'invitaient à venir prendre et que malgré mes efforts je n'arrivais pas à découvrir. Comme je sentais que cela se trouvait en eux, je restais là, immobile, à regarder, à respirer, à tâcher d'aller avec ma pensée au delà de l'image ou de l'odeur. Et s'il me fallait rattraper mon grand-père, poursuivre ma route, je cherchais à les retrouver, en fermant les yeux ; je m'attachais à me rappeler exactement la ligne du toit, la nuance de la pierre qui, sans que je pusse comprendre pourquoi, m'avaient semblé pleines, prêtes à s'entr'ouvrir, à me livrer ce dont elles n'étaient qu'un couvercle. Certes ce n'était pas des impressions de ce genre qui pouvaient me rendre l'espérance que j'avais perdue de pouvoir être un jour écrivain et poète, car elles étaient toujours liées à un objet particulier dépourvu de valeur intellectuelle et ne se rapportant à aucune vérité abstraite. Mais du moins elles me donnaient un plaisir irraisonné, l'illusion d'une sorte de fécondité et par là me distrayaient de l'ennui, du sentiment de mon impuissance que j'avais éprouvés chaque fois que j'avais cherché un sujet philosophique pour une grande œuvre littéraire. Mais le devoir de conscience était si ardu – que m'imposaient ces impressions de forme, de parfum ou de couleur – de tâcher d'apercevoir ce qui se cachait derrière elles, que je ne tardais pas à me chercher à moi-même des excuses qui me permissent de me dérober à ces efforts et de m'épargner cette fatigue. Par bonheur mes parents m'appelaient, je sentais que je n'avais pas présentement la tranquillité nécessaire pour poursuivre utilement ma recherche, et qu'il valait mieux n'y plus penser jusqu'à ce que je fusse rentré, et ne pas me fatiguer d'avance sans résultat. Alors je ne m'occupais plus de cette chose inconnue qui s'enveloppait d'une forme ou d'un parfum, bien tranquille puisque je la ramenais à la maison, protégée par le revêtement d'images sous lesquelles je la trouverais vivante, comme les poissons que, les jours où on m'avait laissé aller à la pêche, je rapportais dans mon panier, couverts par une couche d'herbe qui préservait leur fraîcheur. Une fois à la maison je songeais à autre chose et ainsi s'entassaient dans mon esprit (comme dans ma chambre les fleurs que j'avais cueillies dans mes promenades ou les objets qu'on m'avait donnés), une pierre où jouait un reflet, un toit, un son de cloche, une odeur de feuilles, bien des images différentes sous lesquelles il y a longtemps qu'est morte la réalité pressentie que je n'ai pas eu assez de volonté pour arriver à découvrir. Une fois pourtant – où notre promenade s'étant prolongée fort au delà de sa durée habituelle, nous avions été bien heureux de rencontrer à mi-chemin du retour, comme l'après-midi finissait, le docteur Percepied qui passait en voiture à bride abattue, nous avait reconnus et fait monter avec lui – j'eus une impression de ce genre et ne l'abandonnai pas sans un peu l'approfondir. On m'avait fait monter près du cocher, nous allions comme le vent parce que le docteur avait encore avant de rentrer à Combray à s'arrêter à Martinville-le-Sec chez un malade à la porte duquel il avait été convenu que nous l'attendrions. Au tournant d'un chemin j'éprouvai tout à coup ce plaisir spécial qui ne ressemblait à aucun autre, à apercevoir les deux clochers de Martinville, sur lesquels donnait le soleil couchant et que le mouvement de notre voiture et les lacets du chemin avaient l'air de faire changer de place, puis celui de Vieuxvicq qui, séparé d'eux par une colline et une vallée, et situé sur un plateau plus élevé dans le lointain, semblait pourtant tout voisin d'eux.

En constatant, en notant la forme de leur flèche, le déplacement de leurs lignes, l'ensoleillement de leur surface, je sentais que je n'allais pas au bout de mon impression, que quelque chose était derrière ce mouvement, derrière cette clarté, quelque chose qu'ils semblaient contenir et dérober à la fois.

Les clochers paraissaient si éloignés et nous avions l'air de si peu nous rapprocher d'eux, que je fus étonné quand, quelques instants après, nous nous arrêtâmes devant l'église de Martinville. Je ne savais pas la raison du plaisir que j'avais eu à les apercevoir à l'horizon et l'obligation de chercher à découvrir cette raison me semblait bien pénible ; j'avais envie de garder en réserve dans ma tête ces lignes remuantes au soleil et de n'y plus penser maintenant.

Et il est probable que si je l'avais fait, les deux clochers seraient allés à jamais rejoindre tant d'arbres, de toits, de parfums, de sons, que j'avais distingués des autres à cause de ce plaisir obscur qu'ils m'avaient procuré et que je n'ai jamais approfondi. Je descendis causer avec mes parents en attendant le docteur. Puis nous repartîmes, je repris ma place sur le siège, je tournai la tête pour voir encore les clochers qu'un peu plus tard j'aperçus une dernière fois au tournant d'un chemin. Le cocher, qui ne semblait pas disposé à causer, ayant à peine répondu à mes propos, force me fut, faute d'autre compagnie, de me rabattre sur celle de moi-même et d'essayer de me rappeler mes clochers. Bientôt, leurs lignes et leurs surfaces ensoleillées, comme si elles avaient été une sorte d'écorce, se déchirèrent, un peu de ce qui m'était caché en elles m'apparut, j'eus une pensée qui n'existait pas pour moi l'instant avant, qui se formula en mots dans ma tête, et le plaisir que m'avait fait tout à l'heure éprouver leur vue s'en trouva tellement accru que, pris d'une sorte d'ivresse, je ne pus plus penser à autre chose. À ce moment et comme nous étions déjà loin de Martinville, en tournant la tête je les aperçus de nouveau, tout noirs cette fois, car le soleil était déjà couché. Par moments les tournants du chemin me les dérobaient, puis ils se montrèrent une dernière fois et enfin je ne les vis plus.

Sans me dire que ce qui était caché derrière les clochers de Martinville devait être quelque chose d'analogue à une jolie phrase, puisque c'était sous la forme de mots qui me faisaient plaisir que cela m'était apparu, demandant un crayon et du papier au docteur, je composai malgré les cahots de la voiture, pour soulager ma conscience et obéir à mon enthousiasme, le petit morceau suivant que j'ai retrouvé depuis et auquel je n'ai eu à faire subir que peu de changements :

« Seuls, s'élevant du niveau de la plaine et comme perdus en rase campagne, montaient vers le ciel les deux clochers de Martinville. Bientôt nous en vîmes trois : venant se placer en face d'eux par une volte hardie, un clocher retardataire, celui de Vieuxvicq, les avait rejoints. Les minutes passaient, nous allions vite et pourtant les trois clochers étaient toujours au loin devant nous, comme trois oiseaux posés sur la plaine, immobiles et qu'on distingue au soleil. Puis le clocher de Vieuxvicq s'écarta, prit ses distances, et les clochers de Martinville restèrent seuls, éclairés par la lumière du couchant que même à cette distance, sur leurs pentes, je voyais jouer et sourire. Nous avions été si longs à nous rapprocher d'eux, que je pensais au temps qu'il faudrait encore pour les atteindre quand, tout d'un coup, la voiture ayant tourné, elle nous déposa à leurs pieds ; et ils s'étaient jetés si rudement au-devant d'elle, qu'on n'eut que le temps d'arrêter pour ne pas se heurter au porche. Nous poursuivîmes notre route ; nous avions déjà quitté Martinville depuis un peu de temps et le village après nous avoir accompagnés quelques secondes avait disparu, que restés seuls à l'horizon à nous regarder fuir, ces clochers et celui de Vieuxvicq agitaient encore en signe d'adieu leurs cimes ensoleillées. Parfois l'un s'effaçait pour que les deux autres pussent nous apercevoir un instant encore ; mais la route changea de direction, ils virèrent dans la lumière comme trois pivots d'or et disparurent à mes yeux. Mais, un peu plus tard, comme nous étions déjà près de Combray, le soleil étant maintenant couché, je les aperçus une dernière fois de très loin, qui n'étaient plus que comme trois fleurs peintes sur le ciel au-dessus de la ligne basse des champs. Ils me faisaient penser aussi aux trois jeunes filles d'une légende, abandonnées dans une solitude où tombait déjà l'obscurité ; et tandis que nous nous éloignions au galop, je les vis timidement chercher leur chemin et après quelques gauches trébuchements de leurs nobles silhouettes, se serrer les uns contre les autres, glisser l'un derrière l'autre, ne plus faire sur le ciel encore rose qu'une seule forme noire, charmante et résignée, et s'effacer dans la nuit. « Je ne repensai jamais à cette page, mais à ce moment-là, quand, au coin du siège où le cocher du docteur plaçait habituellement dans un panier les volailles qu'il avait achetées au marché de Martinville, j'eus fini de l'écrire, je me trouvai si heureux, je sentais qu'elle m'avait si parfaitement débarrassé de ces clochers et de ce qu'ils cachaient derrière eux, que comme si j'avais été moi-même une poule et si je venais de pondre un œuf, je me mis à chanter à tue-tête.

Pendant toute la journée, dans ces promenades, j'avais pu rêver au plaisir que ce serait d'être l'ami de la duchesse de Guermantes, de pêcher la truite, de me promener en barque sur la Vivonne, et, avide de bonheur, ne demander en ces moments-là rien d'autre à la vie que de se composer toujours d'une suite d'heureux après-midi. Mais quand sur le chemin du retour j'avais aperçu sur la gauche une ferme, assez distante de deux autres qui étaient au contraire très rapprochées, et à partir de laquelle pour entrer dans Combray il n'y avait plus qu'à prendre une allée de chênes bordée d'un côté de prés appartenant chacun à un petit clos et plantés à intervalles égaux de pommiers qui y portaient, quand ils étaient éclairés par le soleil couchant, le dessin japonais de leurs ombres, brusquement mon cœur se mettait à battre, je savais qu'avant une demi-heure nous serions rentrés, et que, comme c'était de règle les jours où nous étions allés du côté de Guermantes et où le dîner était servi plus tard, on m'enverrait me coucher sitôt ma soupe prise, de sorte que ma mère, retenue à table comme s'il y avait du monde à dîner, ne monterait pas me dire bonsoir dans mon lit. La zone de tristesse où je venais d'entrer était aussi distincte de la zone où je m'élançais avec joie il y avait un moment encore que dans certains ciels une bande rose est séparée comme par une ligne d'une bande verte ou d'une bande noire. On voit un oiseau voler dans le rose, il va en atteindre la fin, il touche presque au noir, puis il y est entré. Les désirs qui tout à l'heure m'entouraient, d'aller à Guermantes, de voyager, d'être heureux, j'étais maintenant tellement en dehors d'eux que leur accomplissement ne m'eût fait aucun plaisir. Comme j'aurais donné tout cela pour pouvoir pleurer toute la nuit dans les bras de maman ! Je frissonnais, je ne détachais pas mes yeux angoissés du visage de ma mère, qui n'apparaîtrait pas ce soir dans la chambre où je me voyais déjà par la pensée, j'aurais voulu mourir. Et cet état durerait jusqu'au lendemain, quand les rayons du matin, appuyant, comme le jardinier, leurs barreaux au mur revêtu de capucines qui grimpaient jusqu'à ma fenêtre, je sauterais à bas du lit pour descendre vite au jardin, sans plus me rappeler que le soir ramènerait jamais l'heure de quitter ma mère. Et de la sorte c'est du côté de Guermantes que j'ai appris à distinguer ces états qui se succèdent en moi, pendant certaines périodes, et vont jusqu'à se partager chaque journée, l'un revenant chasser l'autre, avec la ponctualité de la fièvre ; contigus, mais si extérieurs l'un à l'autre, si dépourvus de moyens de communication entre eux, que je ne puis plus comprendre, plus même me représenter, dans l'un, ce que j'ai désiré, ou redouté, ou accompli dans l'autre.

Aussi le côté de Méséglise et le côté de Guermantes restent-ils pour moi liés à bien des petits événements de celle de toutes les diverses vies que nous menons parallèlement, qui est la plus pleine de péripéties, la plus riche en épisodes, je veux dire la vie intellectuelle. Sans doute elle progresse en nous insensiblement et les vérités qui en ont changé pour nous le sens et l'aspect, qui nous ont ouvert de nouveaux chemins, nous en préparions depuis longtemps la découverte ; mais c'était sans le savoir ; et elles ne datent pour nous que du jour, de la minute où elles nous sont devenues visibles.

Les fleurs qui jouaient alors sur l'herbe, l'eau qui passait au soleil, tout le paysage qui environna leur apparition continue à accompagner leur souvenir de son visage inconscient ou distrait ; et certes quand ils étaient longuement contemplés par cet humble passant, par cet enfant qui rêvait – comme l'est un roi, par un mémorialiste perdu dans la foule – ce coin de nature, ce bout de jardin n'eussent pu penser que ce serait grâce à lui qu'ils seraient appelés à survivre en leurs particularités les plus éphémères ; et pourtant ce parfum d'aubépine qui butine le long de la haie où les églantiers le remplaceront bientôt, un bruit de pas sans écho sur le gravier d'une allée, une bulle formée contre une plante aquatique par l'eau de la rivière et qui crève aussitôt, mon exaltation les a portés et a réussi à leur faire traverser tant d'années successives, tandis qu'alentour les chemins se sont effacés et que sont morts ceux qui les foulèrent et le souvenir de ceux qui les foulèrent. Parfois ce morceau de paysage amené ainsi jusqu'à aujourd'hui se détache si isolé de tout, qu'il flotte incertain dans ma pensée comme une Délos fleurie, sans que je puisse dire de quel pays, de quel temps – peut-être tout simplement de quel rêve – il vient. Mais c'est surtout comme à des gisements profonds de mon sol mental, comme aux terrains résistants sur lesquels je m'appuie encore, que je dois penser au côté de Méséglise et au côté de Guermantes. C'est parce que je croyais aux choses, aux êtres, tandis que je les parcourais, que les choses, les êtres qu'ils m'ont fait connaître sont les seuls que je prenne encore au sérieux et qui me donnent encore de la joie. Soit que la foi qui crée soit tarie en moi, soit que la réalité ne se forme que dans la mémoire, les fleurs qu'on me montre aujourd'hui pour la première fois ne me semblent pas de vraies fleurs. Le côté de Méséglise avec ses lilas, ses aubépines, ses bluets, ses coquelicots, ses pommiers, le côté de Guermantes avec sa rivière à têtards, ses nymphéas et ses boutons d'or, ont constitué à tout jamais pour moi la figure des pays où j'aimerais vivre, où j'exige avant tout qu'on puisse aller à la pêche, se promener en canot, voir des ruines de fortifications gothiques et trouver au milieu des blés, ainsi qu'était Saint-André-des-Champs, une église monumentale, rustique et dorée comme une meule ; et les bluets, les aubépines, les pommiers qu'il m'arrive quand je voyage de rencontrer encore dans les champs, parce qu'ils sont situés à la même profondeur, au niveau de mon passé, sont immédiatement en communication avec mon cœur. Et pourtant, parce qu'il y a quelque chose d'individuel dans les lieux, quand me saisit le désir de revoir le côté de Guermantes, on ne le satisferait pas en me menant au bord d'une rivière où il y aurait d'aussi beaux, de plus beaux nymphéas que dans la Vivonne, pas plus que le soir en rentrant – à l'heure où s'éveillait en moi cette angoisse qui plus tard émigre dans l'amour, et peut devenir à jamais inséparable de lui – je n'aurais souhaité que vînt me dire bonsoir une mère plus belle et plus intelligente que la mienne. Non ; de même que ce qu'il me fallait pour que je pusse m'endormir heureux, avec cette paix sans trouble qu'aucune maîtresse n'a pu me donner depuis, puisqu'on doute d'elles encore au moment où on croit en elles et qu'on ne possède jamais leur cœur comme je recevais dans un baiser celui de ma mère, tout entier, sans la réserve d'une arrère-pensée, sans le reliquat d'une intention qui ne fût pas pour moi – c'est que ce fût elle, c'est qu'elle inclinât vers moi ce visage où il y avait au-dessous de l'œil quelque chose qui était, paraît-il, un défaut, et que j'aimais à l'égal du reste ; de même ce que je veux revoir, c'est le côté de Guermantes que j'ai connu, avec la ferme qui est peu éloignée des deux suivantes serrées l'une contre l'autre, à l'entrée de l'allée des chênes ; ce sont ces prairies où, quand le soleil les rend réfléchissantes comme une mare, se dessinent les feuilles des pommiers, c'est ce paysage dont parfois, la nuit dans mes rêves, l'individualité m'étreint avec une puissance presque fantastique et que je ne peux plus retrouver au réveil. Sans doute pour avoir à jamais indissolublement uni en moi des impressions différentes, rien que parce qu'ils me les avaient fait éprouver en même temps, le côté de Méséglise ou le côté de Guermantes m'ont exposé, pour l'avenir, à bien des déceptions et même à bien des fautes. Car souvent j'ai voulu revoir une personne sans discerner que c'était simplement parce qu'elle me rappelait une haie d'aubépines, et j'ai été induit à croire, à faire croire à un regain d'affection, par un simple désir de voyage. Mais par là même aussi, et en restant présents en celles de mes impressions d'aujourd'hui auxquelles ils peuvent se relier, ils leur donnent des assises, de la profondeur, une dimension de plus qu'aux autres. Ils leur ajoutent aussi un charme, une signification qui n'est que pour moi. Quand par les soirs d'été le ciel harmonieux gronde comme une bête fauve et que chacun boude l'orage, c'est au côté de Méséglise que je dois de rester seul en extase à respirer, à travers le bruit de la pluie qui tombe, l'odeur d'invisibles et persistants lilas.

* * *

C'est ainsi que je restais souvent jusqu'au matin à songer au temps de Combray, à mes tristes soirées sans sommeil, à tant de jours aussi dont l'image m'avait été plus récemment rendue par la saveur – ce qu'on aurait appelé à Combray le « parfum » – d'une tasse de thé, et par association de souvenirs à ce que, bien des années après avoir quitté cette petite ville, j'avais appris, au sujet d'un amour que Swann avait eu avant ma naissance, avec cette précision dans les détails plus facile à obtenir quelquefois pour la vie de personnes mortes il y a des siècles que pour celle de nos meilleurs amis, et qui semble impossible comme semblait impossible de causer d'une ville à une autre – tant qu'on ignore le biais par lequel cette impossibilité a été tournée. Tous ces souvenirs ajoutés les uns aux autres ne formaient plus qu'une masse, mais non sans qu'on ne pût distinguer entre eux – entre les plus anciens, et ceux plus récents, nés d'un parfum, puis ceux qui n'étaient que les souvenirs d'une autre personne de qui je les avais appris – sinon des fissures, des failles véritables, du moins ces veinures, ces bigarrures de coloration, qui, dans certaines roches, dans certains marbres, révèlent des différences d'origine, d'âge, de « formation ».

Certes quand approchait le matin, il y avait bien longtemps qu'était dissipée la brève incertitude de mon réveil. Je savais dans quelle chambre je me trouvais effectivement, je l'avais reconstruite autour de moi dans l'obscurité, et – soit en m'orientant par la seule mémoire, soit en m'aidant, comme indication, d'une faible lueur aperçue, au pied de laquelle je plaçais les rideaux de la croisée – je l'avais reconstruite tout entière et meublée comme un architecte et un tapissier qui gardent leur ouverture primitive aux fenêtres et aux portes, j'avais reposé les glaces et remis la commode à sa place habituelle. Mais à peine le jour – et non plus le reflet d'une dernière braise sur une tringle de cuivre que j'avais pris pour lui – traçait-il dans l'obscurité, et comme à la craie, sa première raie blanche et rectificative, que la fenêtre avec ses rideaux quittait le cadre de la porte où je l'avais située par erreur, tandis que pour lui faire place, le bureau que ma mémoire avait maladroitement installé là se sauvait à toute vitesse, poussant devant lui la cheminée et écartant le mur mitoyen du couloir ; une courette régnait à l'endroit où il y a un instant encore s'étendait le cabinet de toilette, et la demeure que j'avais rebâtie dans les ténèbres était allée rejoindre les demeures entrevues dans le tourbillon du réveil, mise en fuite par ce pâle signe qu'avait tracé au-dessus des rideaux le doigt levé du jour.

Deuxième partie

Un amour de Swann

Pour faire partie du « petit noyau », du « petit groupe », du « petit clan » des Verdurin, une condition était suffisante mais elle était nécessaire : il fallait adhérer tacitement à un Credo dont un des articles était que le jeune pianiste, protégé par Mme Verdurin cette année-là et dont elle disait : « Ça ne devrait pas être permis de savoir jouer Wagner comme ça ! », « enfonçait » à la fois Planté et Rubinstein et que le docteur Cottard avait plus de diagnostic que Potain. Toute « nouvelle recrue » à qui les Verdurin ne pouvaient pas persuader que les soirées des gens qui n'allaient pas chez eux étaient ennuyeuses comme la pluie, se voyait immédiatement exclue. Les femmes étant à cet égard plus rebelles que les hommes à déposer toute curiosité mondaine et l'envie de se renseigner par soi-même sur l'agrément des autres salons, et les Verdurin sentant d'autre part que cet esprit d'examen et ce démon de frivolité pouvaient par contagion devenir fatal à l'orthodoxie de la petite église, ils avaient été amenés à rejeter successivement tous les « fidèles » du sexe féminin.

En dehors de la jeune femme du docteur, ils étaient réduits presque uniquement cette année-là (bien que Mme Verdurin fût elle-même vertueuse et d'une respectable famille bourgeoise excessivement riche et entièrement obscure avec laquelle elle avait peu à peu cessé toute relation) à une personne presque du demi-monde, Mme de Crécy, que Mme Verdurin appelait par son petit nom, Odette, et déclarait être « un amour », et à la tante du pianiste, laquelle devait avoir tiré le cordon ; personnes ignorantes du monde et à la naïveté de qui il avait été si facile de faire accroire que la princesse de Sagan et la duchesse de Guermantes étaient obligées de payer des malheureux pour avoir du monde à leurs dîners, que si on leur avait offert de les faire inviter chez ces deux grandes dames, l'ancienne concierge et la cocotte eussent dédaigneusement refusé.

Les Verdurin n'invitaient pas à dîner : on avait chez eux « son couvert mis ». Pour la soirée, il n'y avait pas de programme. Le jeune pianiste jouait, mais seulement si « ça lui chantait », car on ne forçait personne et comme disait M. Verdurin : « Tout pour les amis, vivent les camarades ! » Si le pianiste voulait jouer la chevauchée de la *Walkyrie* ou le prélude de *Tristan*, Mme Verdurin protestait, non que cette musique lui déplût, mais au contraire parce qu'elle lui causait trop d'impression. « Alors vous tenez à ce que j'aie ma migraine ? Vous savez bien que c'est la même chose chaque fois qu'il joue ça. Je sais ce qui m'attend ! Demain quand je voudrai me lever, bonsoir, plus personne ! » S'il ne jouait pas, on causait, et l'un des amis, le plus souvent leur peintre favori d'alors, « lâchait », comme disait M. Verdurin, « une grosse faribole qui faisait s'esclaffer tout le monde », Mme Verdurin surtout, à qui, – tant elle avait l'habitude de prendre au propre les expressions figurées des émotions qu'elle éprouvait – le docteur Cottard (un jeune débutant à cette époque) dut un jour remettre sa mâchoire qu'elle avait décrochée pour avoir trop ri.

L'habit noir était défendu parce qu'on était entre « copains » et pour ne pas ressembler aux « ennuyeux » dont on se garait comme de la peste et qu'on n'invitait qu'aux grandes soirées, données le plus rarement possible et seulement si cela pouvait amuser le peintre ou faire connaître le musicien. Le reste du temps, on se contentait de jouer des charades, de souper en costumes, mais entre soi, en ne mêlant aucun étranger au petit « noyau ».

Mais au fur et à mesure que les « camarades » avaient pris plus de place dans la vie de Mme Verdurin, les ennuyeux, les réprouvés, ce fut tout ce qui retenait les amis loin d'elle, ce qui les empêchait quelquefois d'être libres, ce fut la mère de l'un, la profession de l'autre, la maison de campagne ou la mauvaise santé d'un troisième. Si le docteur Cottard croyait devoir partir en sortant de table pour retourner auprès d'un malade en danger : « Qui sait, lui disait Mme Verdurin, cela lui fera peut-être beaucoup plus de bien que vous n'alliez pas le déranger ce soir ; il passera une bonne nuit sans vous ; demain matin vous irez de bonne heure et vous le trouverez guéri. » Dès le commencement de décembre, elle était malade à la pensée que les fidèles « lâcheraient » pour le jour de Noël et le 1er janvier. La tante du pianiste exigeait qu'il vînt dîner ce jour-là en famille chez sa mère à elle :

– Vous croyez qu'elle en mourrait, votre mère, s'écria durement Mme Verdurin, si vous ne dîniez pas avec elle le jour de l'an, comme en *province !*

Ses inquiétudes renaissaient à la semaine sainte :

– Vous, docteur, un savant, un esprit fort, vous venez naturellement le Vendredi saint comme un autre jour ? dit-elle à Cottard la première année, d'un ton assuré comme si elle ne pouvait douter de la réponse. Mais elle tremblait en attendant qu'il l'eût prononcée, car s'il n'était pas venu, elle risquait de se trouver seule.

– Je viendrai le Vendredi saint... vous faire mes adieux car nous allons passer les fêtes de Pâques en Auvergne.

– En Auvergne ? pour vous faire manger par les puces et la vermine, grand bien vous fasse !

Et après un silence :

– Si vous nous l'aviez dit au moins, nous aurions tâché d'organiser cela et de faire le voyage ensemble dans des conditions confortables.

De même si un « fidèle » avait un ami, ou une « habituée » un flirt qui serait capable de le faire « lâcher » quelquefois, les Verdurin, qui ne s'effrayaient pas qu'une femme eût un amant pourvu qu'elle l'eût chez eux, l'aimât en eux, et ne le leur préférât pas, disaient : « Eh bien ! amenez-le votre ami. » Et on l'engageait à l'essai, pour voir s'il était capable de ne pas avoir de secrets pour Mᵐᵉ Verdurin, s'il était susceptible d'être agrégé au « petit clan ». S'il ne l'était pas, on prenait à part le fidèle qui l'avait présenté et on lui rendait le service de le brouiller avec son ami ou avec sa maîtresse. Dans le cas contraire, le « nouveau » devenait à son tour un fidèle. Aussi quand cette année-là, la demi-mondaine raconta à M. Verdurin qu'elle avait fait la connaissance d'un homme charmant, M. Swann, et insinua qu'il serait très heureux d'être reçu chez eux, M. Verdurin transmit-il séance tenante la requête à sa femme. (Il n'avait jamais d'avis qu'après sa femme, dont son rôle particulier était de mettre à exécution les désirs, ainsi que les désirs des fidèles, avec de grandes ressources d'ingéniosité.)

– Voici Mᵐᵉ de Crécy qui a quelque chose à te demander. Elle désirerait te présenter un de ses amis, M. Swann. Qu'en dis-tu ?

– Mais voyons, est-ce qu'on peut refuser quelque chose à une petite perfection comme ça. Taisez-vous, on ne vous demande pas votre avis, je vous dis que vous êtes une perfection.

– Puisque vous le voulez, répondit Odette sur un ton de marivaudage, et elle ajouta : vous savez que je ne suis pas « fishing for compliments ».

– Eh bien ! amenez-le votre ami, s'il est agréable.

Certes le « petit noyau » n'avait aucun rapport avec la société où fréquentait Swann, et de purs mondains auraient trouvé que ce n'était pas la peine d'y occuper comme lui une situation exceptionnelle pour se faire présenter chez les Verdurin. Mais Swann aimait tellement les femmes, qu'à partir du jour où il avait connu à peu près toutes celles de l'aristocratie et où elles n'avaient plus rien eu à lui apprendre, il n'avait plus tenu à ces lettres de naturalisation, presque des titres de noblesse, que lui avait octroyées le faubourg Saint-Germain, que comme à une sorte de valeur d'échange, de lettre de crédit dénuée de prix en elle-même, mais lui permettant de s'improviser une situation dans tel petit trou de province ou tel milieu obscur de Paris, où la fille du hobereau ou du greffier lui avait semblé jolie. Car le désir ou l'amour lui rendait alors un sentiment de vanité dont il était maintenant exempt dans l'habitude de la vie (bien que ce fût lui sans doute qui autrefois l'avait dirigé vers cette carrière mondaine où il avait gaspillé dans les plaisirs frivoles les dons de son esprit et fait servir son érudition en matière d'art à conseiller les dames de la société dans leurs achats de tableaux et pour l'ameublement de leurs hôtels), et qui lui faisait désirer de briller, aux yeux d'une inconnue dont il s'était épris, d'une élégance que le nom de Swann à lui tout seul n'impliquait pas. Il le désirait surtout si l'inconnue était d'humble condition. De même que ce n'est pas à un autre homme intelligent qu'un homme intelligent aura peur de paraître bête, ce n'est pas par un grand seigneur, c'est par un rustre qu'un homme élégant craindra de voir son élégance méconnue. Les trois quarts des frais d'esprit et des mensonges de vanité, qui ont été prodigués depuis que le monde existe par des gens qu'ils ne faisaient que diminuer, l'ont été pour des inférieurs. Et Swann, qui était simple et négligent avec une duchesse, tremblait d'être méprisé, posait, quand il était devant une femme de chambre.

Il n'était pas comme tant de gens qui, par paresse, ou sentiment résigné de l'obligation que crée la grandeur sociale de rester attaché à un certain rivage, s'abstiennent des plaisirs que la réalité leur présente en dehors de la position mondaine où ils vivent cantonnés jusqu'à leur mort, se contentant de finir par appeler plaisirs, faute de mieux, une fois qu'ils sont parvenus à s'y habituer, les divertissements médiocres ou les supportables ennuis qu'elle renferme. Swann, lui, ne cherchait pas à trouver jolies les femmes avec qui il passait son temps, mais à passer son temps avec les femmes qu'il avait d'abord trouvées jolies. Et c'était souvent des femmes de beauté assez vulgaire, car les qualités physiques qu'il recherchait sans s'en rendre compte étaient en complète opposition avec celles qui lui rendaient admirables les femmes sculptées ou peintes par les maîtres qu'il préférait. La profondeur, la mélancolie de l'expression, glaçaient ses sens que suffisait au contraire à éveiller une chair saine, plantureuse et rose.

Si en voyage il rencontrait une famille qu'il eût été plus élégant de ne pas chercher à connaître, mais dans laquelle une femme se présentait à ses yeux parée d'un charme qu'il n'avait pas encore connu, rester dans son « quant à soi » et tromper le désir qu'elle avait fait naître, substituer un plaisir différent au plaisir qu'il eût pu connaître avec elle, en écrivant à une ancienne maîtresse de venir le rejoindre, lui eût semblé une aussi lâche abdication devant la vie, un aussi stupide renoncement à un bonheur nouveau, que si au lieu de visiter le pays, il s'était confiné dans sa chambre en regardant des vues de Paris. Il ne s'enfermait pas dans l'édifice de ses relations, mais en avait fait, pour pouvoir le reconstruire à pied d'œuvre sur de nouveaux frais partout où une femme lui avait plu, une de ces tentes démontables comme les explorateurs en emportent avec eux. Pour ce qui n'en était pas transportable ou échangeable contre un plaisir nouveau, il l'eût donné pour rien, si enviable que cela parût à d'autres. Que de fois son crédit auprès d'une duchesse, fait du désir accumulé depuis des années que celle-ci avait eu de lui être agréable sans en avoir trouvé l'occasion, il s'en était défait d'un seul coup en réclamant d'elle par une indiscrète dépêche une recommandation télégraphique qui le mît en relation sur l'heure avec un de ses intendants dont il avait remarqué la fille à la campagne, comme ferait un affamé qui troquerait un diamant contre un morceau de pain. Même après coup, il s'en amusait, car il y avait en lui, rachetée par de rares délicatesses, une certaine muflerie. Puis, il appartenait à cette catégorie d'hommes intelligents qui ont vécu dans l'oisiveté et qui cherchent une consolation et peut-être une excuse dans l'idée que cette oisiveté offre à leur intelligence des objets aussi dignes d'intérêt que pourrait faire l'art ou l'étude, que la « Vie » contient des situations plus intéressantes, plus romanesques que tous les romans. Il l'assurait du moins et le persuadait aisément aux plus affinés de ses amis du monde, notamment au baron de Charlus qu'il s'amusait à égayer par le récit des aventures piquantes qui lui arrivaient, soit qu'ayant rencontré en chemin de fer une femme qu'il avait ensuite ramenée chez lui, il eût découvert qu'elle était la sœur d'un souverain entre les mains de qui se mêlaient en ce moment tous les fils de la politique européenne, au courant de laquelle il se trouvait ainsi tenu d'une façon très agréable, soit que par le jeu complexe des circonstances, il dépendît du choix qu'allait faire le conclave, s'il pourrait ou non devenir l'amant d'une cuisinière.

191

Ce n'était pas seulement d'ailleurs la brillante phalange de vertueuses douairières, de généraux, d'académiciens, avec lesquels il était particulièrement lié, que Swann forçait avec tant de cynisme à lui servir d'entremetteurs. Tous ses amis avaient l'habitude de recevoir de temps en temps des lettres de lui où un mot de recommandation ou d'introduction leur était demandé avec une habileté diplomatique qui, persistant à travers les amours successives et les prétextes différents, accusait, plus que n'eussent fait les maladresses, un caractère permanent et des buts identiques. Je me suis souvent fait raconter bien des années plus tard, quand je commençai à m'intéresser à son caractère à cause des ressemblances qu'en de tout autres parties il offrait avec le mien, que quand il écrivait à mon grand-père (qui ne l'était pas encore, car c'est vers l'époque de ma naissance que commença la grande liaison de Swann et elle interrompit longtemps ces pratiques) celui-ci, en reconnaissant sur l'enveloppe l'écriture de son ami, s'écriait : « Voilà Swann qui va demander quelque chose : à la garde ! » Et soit méfiance, soit par le sentiment inconsciemment diabolique qui nous pousse à n'offrir une chose qu'aux gens qui n'en ont pas envie, mes grands-parents opposaient une fin de non-recevoir absolue aux prières les plus faciles à satisfaire qu'il leur adressait, comme de le présenter à une jeune fille qui dînait tous les dimanches à la maison, et qu'ils étaient obligés, chaque fois que Swann leur en reparlait, de faire semblant de ne plus voir, alors que pendant toute la semaine on se demandait qui on pourrait bien inviter avec elle, finissant souvent par ne trouver personne, faute de faire signe à celui qui en eût été si heureux.

Quelquefois tel couple ami de mes grands-parents et qui jusque-là s'était plaint de ne jamais voir Swann leur annonçait avec satisfaction et peut-être un peu le désir d'exciter l'envie, qu'il était devenu tout ce qu'il y a de plus charmant pour eux, qu'il ne les quittait plus. Mon grand-père ne voulait pas troubler leur plaisir mais regardait ma grand'mère en fredonnant :

« Quel est donc ce mystère
Je n'y puis rien comprendre. »

ou :

« Vision fugitive... »

ou :

« Dans ces affaires
Le mieux est de ne rien voir. »

Quelques mois après, si mon grand-père demandait au nouvel ami de Swann : « Et Swann, le voyez-vous toujours beaucoup ? » la figure de l'interlocuteur s'allongeait : « Ne prononcez jamais son nom devant moi ! » – « Mais je croyais que vous étiez si liés... » Il avait été ainsi pendant quelques mois le familier de cousins de ma grand'mère, dînant presque chaque jour chez eux. Brusquement il cessa de venir, sans avoir prévenu. On le crut malade, et la cousine de ma grand'mère allait envoyer demander de ses nouvelles, quand à l'office elle trouva une lettre de lui qui traînait par mégarde dans le livre de comptes de la cuisinière. Il y annonçait à cette femme qu'il allait quitter Paris, qu'il ne pourrait plus venir. Elle était sa maîtresse, et au moment de rompre, c'était elle seule qu'il avait jugé utile d'avertir.

Quand sa maîtresse du moment était au contraire une personne mondaine ou du moins une personne qu'une extraction trop humble ou une situation trop irrégulière n'empêchait pas qu'il fît recevoir dans le monde, alors pour elle il y retournait, mais seulement dans l'orbite particulier où elle se mouvait ou bien où il l'avait entraînée. « Inutile de compter sur Swann ce soir, disait-on, vous savez bien que c'est le jour d'Opéra de son Américaine. » Il la faisait inviter dans les salons particulièrement fermés où il avait ses habitudes, ses dîners hebdomadaires, son poker ; chaque soir, après qu'un léger crépelage ajouté à la brosse de ses cheveux roux avait tempéré de quelque douceur la vivacité de ses yeux verts, il choisissait une fleur pour sa boutonnière et partait pour retrouver sa maîtresse à dîner chez l'une ou l'autre des femmes de sa coterie ; et alors, pensant à l'admiration et à l'amitié que les gens à la mode, pour qui il faisait la pluie et le beau temps et qu'il allait retrouver là, lui prodigueraient devant la femme qu'il aimait, il retrouvait du charme à cette vie mondaine sur laquelle il s'était blasé, mais dont la matière, pénétrée et colorée chaudement d'une flamme insinuée qui s'y jouait, lui semblait précieuse et belle depuis qu'il y avait incorporé un nouvel amour.

Mais tandis que chacune de ces liaisons, ou chacun de ces flirts, avait été la réalisation plus ou moins complète d'un rêve né de la vue d'un visage ou d'un corps que Swann avait, spontanément, sans s'y efforcer, trouvés charmants, en revanche, quand un jour au théâtre il fut présenté à Odette de Crécy par un de ses amis d'autrefois, qui lui avait parlé d'elle comme d'une femme ravissante avec qui il pourrait peut-être arriver à quelque chose, mais en la lui donnant pour plus difficile qu'elle n'était en réalité afin de paraître lui-même avoir fait quelque chose de plus aimable en la lui faisant connaître, elle était apparue à Swann non pas certes sans beauté, mais d'un genre de beauté qui lui était indifférent, qui ne lui inspirait aucun désir, lui causait même une sorte de répulsion physique, de ces femmes comme tout le monde a les siennes, différentes pour chacun, et qui sont l'opposé du type que nos sens réclament. Pour lui plaire elle avait un profil trop accusé, la peau trop fragile, les pommettes trop saillantes, les traits trop tirés. Ses yeux étaient beaux, mais si grands qu'ils fléchissaient sous leur propre masse, fatiguaient le reste de son visage et lui donnaient toujours l'air d'avoir mauvaise mine ou d'être de mauvaise humeur. Quelque temps après cette présentation au théâtre, elle lui avait écrit pour lui demander à voir ses collections qui l'intéressaient tant, « elle, ignorante qui avait le goût des jolies choses », disant qu'il lui semblait qu'elle le connaîtrait mieux, quand elle l'aurait vu dans « son home » où elle l'imaginait « si confortable avec son thé et ses livres », quoiqu'elle ne lui eût pas caché sa surprise qu'il habitât ce quartier qui devait être si triste et « qui était si peu *smart* pour lui qui l'était tant ». Et après qu'il l'eut laissée venir, en le quittant, elle lui avait dit son regret d'être restée si peu dans cette demeure où elle avait été heureuse de pénétrer, parlant de lui comme s'il avait été pour elle quelque chose de plus que les autres êtres qu'elle connaissait, et semblant établir entre leurs deux personnes une sorte de trait d'union romanesque qui l'avait fait sourire. Mais à l'âge déjà un peu désabusé dont approchait Swann, et où l'on sait se contenter d'être amoureux pour le plaisir de l'être sans trop exiger de réciprocité, ce rapprochement des cœurs, s'il n'est plus comme dans la première jeunesse le but vers lequel tend nécessairement l'amour, lui reste uni en revanche par une association d'idées si forte, qu'il peut en devenir la cause, s'il se présente avant lui. Autrefois on rêvait de posséder le cœur de la femme dont on était amoureux ; plus tard sentir qu'on possède le cœur d'une femme peut suffire à vous en rendre amoureux. Ainsi, à l'âge où il semblerait, comme on cherche surtout dans l'amour un plaisir subjectif, que la part du goût pour la beauté d'une femme devrait y être la plus grande, l'amour peut naître – l'amour le plus physique – sans qu'il y ait eu, à sa base, un désir préalable. À cette époque de la vie, on a déjà été atteint plusieurs fois par l'amour ; il n'évolue plus seul suivant ses propres lois inconnues et fatales, devant notre cœur étonné et passif. Nous venons à son aide, nous le faussons par la mémoire, par la suggestion. En reconnaissant un de ses symptômes, nous nous rappelons, nous faisons renaître les autres. Comme nous possédons sa chanson, gravée en nous tout entière, nous n'avons pas besoin qu'une femme nous en dise le début – rempli par l'admiration qu'inspire la beauté – pour en trouver la suite. Et si elle commence au milieu – là où les cœurs se rapprochent, où l'on parle de n'exister plus que l'un pour l'autre – nous avons assez l'habitude de cette musique pour rejoindre tout de suite notre partenaire au passage où elle nous attend.

Odette de Crécy retourna voir Swann, puis rapprocha ses visites ; et sans doute chacune d'elles renouvelait pour lui la déception qu'il éprouvait à se retrouver devant ce visage dont il avait un peu oublié les particularités dans l'intervalle, et qu'il ne s'était rappelé ni si expressif ni, malgré sa jeunesse, si fané ; il regrettait, pendant qu'elle causait avec lui, que la grande beauté qu'elle avait ne fût pas du genre de celles qu'il aurait spontanément préférées. Il faut d'ailleurs dire que le visage d'Odette paraissait plus maigre et plus proéminent parce que le front et le haut des joues, cette surface unie et plus plane était recouverte par la masse de cheveux qu'on portait, alors, prolongés en « devants », soulevés en « crêpés », répandus en mèches folles le long des oreilles ; et quant à son corps qui était admirablement fait, il était difficile d'en apercevoir la continuité (à cause des modes de l'époque et quoiqu'elle fût une des femmes de Paris qui s'habillaient le mieux), tant le corsage, s'avançant en saillie comme sur un ventre imaginaire et finissant brusquement en pointe pendant que par en dessous commençait à s'enfler le ballon des doubles jupes, donnait à la femme l'air d'être composée de pièces différentes mal emmanchées les unes dans les autres ; tant les ruchés, les volants, le gilet suivaient en toute indépendance, selon la fantaisie de leur dessin ou la consistance de leur étoffe, la ligne qui les conduisait aux nœuds, aux bouillons de dentelle, aux effilés de jais perpendiculaires, ou qui les dirigeait le long du busc, mais ne s'attachaient nullement à l'être vivant, qui selon que l'architecture de ces fanfreluches se rapprochait ou s'écartait trop de la sienne, s'y trouvait engoncé ou perdu.

Mais, quand Odette était partie, Swann souriait en pensant qu'elle lui avait dit combien le temps lui durerait jusqu'à ce qu'il lui permît de revenir ; il se rappelait l'air inquiet, timide, avec lequel elle l'avait une fois prié que ce ne fût pas dans trop longtemps, et les regards qu'elle avait eus à ce moment-là, fixés sur lui en une imploration craintive, et qui la faisaient touchante sous le bouquet de fleurs de pensées artificielles fixé devant son chapeau rond de paille blanche, à brides de velours noir. « Et vous, avait-elle dit, vous ne viendriez pas une fois chez moi prendre le thé ? » Il avait allégué des travaux en train, une étude – en réalité abandonnée depuis des années – sur Ver Meer de Delft. « Je comprends que je ne peux rien faire, moi chétive, à côté de grands savants comme vous autres, lui avait-elle répondu. Je serais comme la grenouille devant l'aréopage. Et pourtant j'aimerais tant m'instruire, savoir, être initiée. Comme cela doit être amusant de bouquiner, de fourrer son nez dans de vieux papiers », avait-elle ajouté avec l'air de contentement de soi-même que prend une femme élégante pour affirmer que sa joie est de se livrer sans crainte de se salir à une besogne malpropre, comme de faire la cuisine en « mettant elle-même les mains à la pâte ». « Vous allez vous moquer de moi, ce peintre qui vous empêche de me voir (elle voulait parler de Ver Meer), je n'avais jamais entendu parler de lui ; vit-il encore ? Est-ce qu'on peut voir de ses œuvres à Paris, pour que je puisse me représenter ce que vous aimez, deviner un peu ce qu'il y a sous ce grand front qui travaille tant, dans cette tête qu'on sent toujours en train de réfléchir, me dire : voilà, c'est à cela qu'il est en train de penser. Quel rêve ce serait d'être mêlée à vos travaux ! » Il s'était excusé sur sa peur des amitiés nouvelles, ce qu'il avait appelé, par galanterie, sa peur d'être malheureux. « Vous avez peur d'une affection ? comme c'est drôle, moi qui ne cherche que cela, qui donnerais ma vie pour en trouver une, avait-elle dit d'une voix si naturelle, si convaincue, qu'il en avait été remué. Vous avez dû souffrir par une femme. Et vous croyez que les autres sont comme elle. Elle n'a pas su vous comprendre ; vous êtes un être si à part. C'est cela que j'ai aimé d'abord en vous, j'ai bien senti que vous n'étiez pas comme tout le monde. » – « Et puis d'ailleurs vous aussi, lui avait-il dit, je sais bien ce que c'est que les femmes, vous devez avoir des tas d'occupations, être peu libre. »

– « Moi, je n'ai jamais rien à faire ! Je suis toujours libre, je le serai toujours pour vous. À n'importe quelle heure du jour ou de la nuit où il pourrait vous être commode de me voir, faites-moi chercher, et je serai trop heureuse d'accourir. Le ferez-vous ? Savez-vous ce qui serait gentil, ce serait de vous faire présenter à Mme Verdurin chez qui je vais tous les soirs. Croyez-vous ! si on s'y retrouvait et si je pensais que c'est un peu pour moi que vous y êtes ! »

Et sans doute, en se rappelant ainsi leurs entretiens, en pensant ainsi à elle quand il était seul, il faisait seulement jouer son image entre beaucoup d'autres images de femmes dans des rêveries romanesques ; mais si, grâce à une circonstance quelconque (ou même peut-être sans que ce fût grâce à elle, la circonstance qui se présente au moment où un état, latent jusque-là, se déclare, pouvant n'avoir influé en rien sur lui) l'image d'Odette de Crécy venait à absorber toutes ces rêveries, si celles-ci n'étaient plus séparables de son souvenir, alors l'imperfection de son corps ne garderait plus aucune importance, ni qu'il eût été, plus ou moins qu'un autre corps, selon le goût de Swann, puisque devenu le corps de celle qu'il aimait, il serait désormais le seul qui fût capable de lui causer des joies et des tourments.

Mon grand-père avait précisément connu, ce qu'on n'aurait pu dire d'aucun de leurs amis actuels, la famille de ces Verdurin. Mais il avait perdu toute relation avec celui qu'il appelait le « jeune Verdurin » et qu'il considérait, un peu en gros, comme tombé – tout en gardant de nombreux millions – dans la bohème et la racaille. Un jour il reçut une lettre de Swann lui demandant s'il ne pourrait pas le mettre en rapport avec les Verdurin : « À la garde ! à la garde ! s'était écrié mon grand-père, ça ne m'étonne pas du tout, c'est bien par là que devait finir Swann. Joli milieu ! D'abord je ne peux pas faire ce qu'il me demande parce que je ne connais plus ce monsieur. Et puis ça doit cacher une histoire de femme, je ne me mêle pas de ces affaires-là. Ah bien ! nous allons avoir de l'agrément si Swann s'affuble des petits Verdurin. »

Et sur la réponse négative de mon grand-père, c'est Odette qui avait amené elle-même Swann chez les Verdurin.

Les Verdurin avaient eu à dîner, le jour où Swann y fit ses débuts, le docteur et Mme Cottard, le jeune pianiste et sa tante, et le peintre qui avait alors leur faveur, auxquels s'étaient joints dans la soirée quelques autres fidèles.

Le docteur Cottard ne savait jamais d'une façon certaine de quel ton il devait répondre à quelqu'un, si son interlocuteur voulait rire ou était sérieux. Et à tout hasard il ajoutait à toutes ses expressions de physionomie l'offre d'un sourire conditionnel et provisoire dont la finesse expectante le disculperait du reproche de naïveté, si le propos qu'on lui avait tenu se trouvait avoir été facétieux. Mais comme pour faire face à l'hypothèse opposée il n'osait pas laisser ce sourire s'affirmer nettement sur son visage, on y voyait flotter perpétuellement une incertitude où se lisait la question qu'il n'osait pas poser : « Dites-vous cela pour de bon ? » Il n'était pas plus assuré de la façon dont il devait se comporter dans la rue, et même en général dans la vie, que dans un salon, et on le voyait opposer aux passants, aux voitures, aux événements un malicieux sourire qui ôtait d'avance à son attitude toute impropriété, puisqu'il prouvait, si elle n'était pas de mise, qu'il le savait bien et que s'il avait adopté celle-là, c'était par plaisanterie.

Sur tous les points cependant où une franche question lui semblait permise, le docteur ne se faisait pas faute de s'efforcer de restreindre le champ de ses doutes et de compléter son instruction.

C'est ainsi que, sur les conseils qu'une mère prévoyante lui avait donnés quand il avait quitté sa province, il ne laissait jamais passer soit une locution ou un nom propre qui lui étaient inconnus sans tâcher de se faire documenter sur eux.

Pour les locutions, il était insatiable de renseignements, car, leur supposant parfois un sens plus précis qu'elles n'ont, il eût désiré savoir ce qu'on voulait dire exactement par celles qu'il entendait le plus souvent employer : la beauté du diable, du sang bleu, une vie de bâtons de chaise, le quart d'heure de Rabelais, être le prince des élégances, donner carte blanche, être réduit à quia, etc., et dans quels cas déterminés il pouvait à son tour les faire figurer dans ses propos. À leur défaut il plaçait des jeux de mots qu'il avait appris. Quant aux noms de personnes nouveaux qu'on prononçait devant lui, il se contentait seulement de les répéter sur un ton interrogatif qu'il pensait suffisant pour lui valoir des explications qu'il n'aurait pas l'air de demander.

Comme le sens critique qu'il croyait exercer sur tout lui faisait complètement défaut, le raffinement de politesse qui consiste à affirmer à quelqu'un qu'on oblige, sans souhaiter d'en être cru, que c'est à lui qu'on a obligation, était peine perdue avec lui, il prenait tout au pied de la lettre. Quel que fût l'aveuglement de Mme Verdurin à son égard, elle avait fini, tout en continuant à le trouver très fin, par être agacée de voir que quand elle l'invitait dans une avant-scène à entendre Sarah Bernhardt, lui disant, pour plus de grâce : « Vous êtes trop aimable d'être venu, docteur, d'autant plus que je suis sûre que vous avez déjà souvent entendu Sarah Bernhardt, et puis nous sommes peut-être trop près de la scène », le docteur qui était entré dans la loge avec un sourire qui attendait pour se préciser ou pour disparaître que quelqu'un d'autorisé le renseignât sur la valeur du spectacle, lui répondait : « En effet on est beaucoup trop près et on commence à être fatigué de Sarah Bernhardt. Mais vous m'avez exprimé le désir que je vienne. Pour moi vos désirs sont des ordres. Je suis trop heureux de vous rendre ce petit service. Que ne ferait-on pas pour vous être agréable, vous êtes si bonne ! » Et il ajoutait : « Sarah Bernhardt, c'est bien la Voix d'Or, n'est-ce pas ? On écrit souvent aussi qu'elle brûle les planches. C'est une expression bizarre, n'est-ce pas ? » dans l'espoir de commentaires qui ne venaient point.

« Tu sais, avait dit Mme Verdurin à son mari, je crois que nous faisons fausse route quand par modestie nous déprécions ce que nous offrons au docteur. C'est un savant qui vit en dehors de l'existence pratique, il ne connaît pas par lui-même la valeur des choses et il s'en rapporte à ce que nous lui en disons. » – « Je n'avais pas osé te le dire, mais je l'avais remarqué », répondit M. Verdurin. Et au jour de l'an suivant, au lieu d'envoyer au docteur Cottard un rubis de trois mille francs en lui disant que c'était bien peu de chose, M. Verdurin acheta pour trois cents francs une pierre reconstituée en laissant entendre qu'on pouvait difficilement en voir d'aussi belle.

Quand Mme Verdurin avait annoncé qu'on aurait, dans la soirée, M. Swann : « Swann ? » s'était écrié le docteur d'un accent rendu brutal par la surprise, car la moindre nouvelle prenait toujours plus au dépourvu que quiconque cet homme qui se croyait perpétuellement préparé à tout. Et voyant qu'on ne lui répondait pas : « Swann ? Qui ça, Swann ! » hurla-t-il au comble d'une anxiété qui se détendit soudain quand Mme Verdurin eut dit : « Mais l'ami dont Odette nous avait parlé. » – « Ah ! bon, bon, ça va bien », répondit le docteur apaisé. Quant au peintre il se réjouissait de l'introduction de Swann chez Mme Verdurin, parce qu'il le supposait amoureux d'Odette et qu'il aimait à favoriser les liaisons. « Rien ne m'amuse comme de faire des mariages, confia-t-il, dans l'oreille, au docteur Cottard, j'en ai déjà réussi beaucoup, même entre femmes ! »

En disant aux Verdurin que Swann était très « smart », Odette leur avait fait craindre un « ennuyeux ». Il leur fit au contraire une excellente impression dont à leur insu sa fréquentation dans la société élégante était une des causes indirectes. Il avait en effet sur les hommes même intelligents qui ne sont jamais allés dans le monde une des supériorités de ceux qui y ont un peu vécu, qui est de ne plus le transfigurer par le désir ou par l'horreur qu'il inspire à l'imagination, de le considérer comme sans aucune importance. Leur amabilité, séparée de tout snobisme et de la peur de paraître trop aimable, devenue indépendante, a cette aisance, cette grâce des mouvements de ceux dont les membres assouplis exécutent exactement ce qu'ils veulent, sans participation indiscrète et maladroite du reste du corps. La simple gymnastique élémentaire de l'homme du monde tendant la main avec bonne grâce au jeune homme inconnu qu'on lui présente et s'inclinant avec réserve devant l'ambassadeur à qui on le présente, avait fini par passer sans qu'il en fût conscient dans toute l'attitude sociale de Swann, qui vis-à-vis de gens d'un milieu inférieur au sien comme étaient les Verdurin et leurs amis, fit instinctivement montre d'un empressement, se livra à des avances, dont, selon eux, un ennuyeux se fût abstenu. Il n'eut un moment de froideur qu'avec le docteur Cottard : en le voyant lui cligner de l'œil et lui sourire d'un air ambigu avant qu'ils se fussent encore parlé (mimique que Cottard appelait « laisser venir »), Swann crut que le docteur le connaissait sans doute pour s'être trouvé avec lui en quelque lieu de plaisir, bien que lui-même y allât pourtant fort peu, n'ayant jamais vécu dans le monde de la noce. Trouvant l'allusion de mauvais goût, surtout en présence d'Odette qui pourrait en prendre une mauvaise idée de lui, il affecta un air glacial. Mais quand il apprit qu'une dame qui se trouvait près de lui était Mme Cottard, il pensa qu'un mari aussi jeune n'aurait pas cherché à faire allusion devant sa femme à des divertissements de ce genre ; et il cessa de donner à l'air entendu du docteur la signification qu'il redoutait. Le peintre invita tout de suite Swann à venir avec Odette à son atelier, Swann le trouva gentil. « Peut-être qu'on vous favorisera plus que moi, dit Mme Verdurin, sur un ton qui feignait d'être piqué, et qu'on vous montrera le portrait de Cottard (elle l'avait commandé au peintre). Pensez bien, « monsieur » Biche, rappela-t-elle au peintre, à qui c'était une plaisanterie consacrée de dire monsieur, à rendre le joli regard, le petit côté fin, amusant, de l'œil. Vous savez que ce que je veux surtout avoir, c'est son sourire, ce que je vous ai demandé c'est le portrait de son sourire. » Et comme cette expression lui sembla remarquable elle la répéta très haut pour être sûre que plusieurs invités l'eussent entendue, et même, sous un prétexte vague, en fit d'abord rapprocher quelques-uns. Swann demanda à faire la connaissance de tout le monde, même d'un vieil ami des Verdurin, Saniette, à qui sa timidité, sa simplicité et son bon cœur avaient fait perdre partout la considération que lui avaient value sa science d'archiviste, sa grosse fortune, et la famille distinguée dont il sortait. Il avait dans la bouche, en parlant, une bouillie qui était adorable parce qu'on sentait qu'elle trahissait moins un défaut de la langue qu'une qualité de l'âme, comme un reste de l'innocence du premier âge qu'il n'avait jamais perdue. Toutes les consonnes qu'il ne pouvait prononcer figuraient comme autant de duretés dont il était incapable. En demandant à être présenté à M. Saniette, Swann fit à Mme Verdurin l'effet de renverser les rôles (au point qu'en réponse, elle dit en insistant sur la différence : « Monsieur Swann, voudriez-vous avoir la bonté de me permettre de vous présenter notre ami Saniette »), mais excita chez Saniette une sympathie ardente que d'ailleurs les Verdurin ne révélèrent jamais à Swann, car Saniette les agaçait un peu, et ils ne tenaient pas à lui faire des amis, mais en revanche Swann les toucha infiniment en croyant devoir demander tout de suite à faire la connaissance de la tante du pianiste. En robe noire comme toujours, parce qu'elle croyait qu'en noir on est toujours bien et que c'est ce qu'il y a de plus distingué, elle avait le visage excessivement rouge comme chaque fois qu'elle venait de manger. Elle s'inclina devant Swann avec respect, mais se redressa avec majesté. Comme elle n'avait aucune instruction et avait peur de faire des fautes de français, elle prononçait exprès d'une manière confuse, pensant que si elle lâchait un cuir il serait estompé d'un tel vague qu'on ne pourrait le distinguer avec certitude, de sorte que sa conversation n'était qu'un graillonnement indistinct duquel émergeaient de temps à autre les rares vocables dont elle se sentait sûre. Swann crut pouvoir se moquer légèrement d'elle en parlant à M. Verdurin, lequel au contraire fut piqué.

« C'est une si excellente femme, répondit-il. Je vous accorde qu'elle n'est pas étourdissante ; mais je vous assure qu'elle est agréable quand on cause seul avec elle. » – « Je n'en doute pas, s'empressa de concéder Swann. Je voulais dire qu'elle ne me semblait pas « éminente », ajouta-t-il en détachant cet adjectif, et en somme c'est plutôt un compliment ! » – « Tenez, dit M. Verdurin, je vais vous étonner, elle écrit d'une manière charmante. Vous n'avez jamais entendu son neveu ? c'est admirable, n'est-ce pas, docteur ?

Voulez-vous que je lui demande de jouer quelque chose, Monsieur Swann ?»

– Mais ce sera un bonheur..., commençait à répondre Swann, quand le docteur l'interrompit d'un air moqueur. En effet, ayant retenu que dans la conversation l'emphase, l'emploi de formes solennelles, était suranné, dès qu'il entendait un mot grave dit sérieusement comme venait de l'être le mot « bonheur », il croyait que celui qui l'avait prononcé venait de se montrer prudhommesque. Et si, de plus, ce mot se trouvait figurer par hasard dans ce qu'il appelait un vieux cliché, si courant que ce mot fût d'ailleurs, le docteur supposait que la phrase commencée était ridicule et la terminait ironiquement par le lieu commun qu'il semblait accuser son interlocuteur d'avoir voulu placer, alors que celui-ci n'y avait jamais pensé.

– Un bonheur pour la France ! s'écria-t-il malicieusement en levant les bras avec emphase.

M. Verdurin ne put s'empêcher de rire.

– Qu'est-ce qu'ils ont à rire toutes ces bonnes gens-là, on a l'air de ne pas engendrer la mélancolie dans votre petit coin là-bas, s'écria Mme Verdurin. Si vous croyez que je m'amuse, moi, à rester toute seule en pénitence, ajouta-t-elle sur un ton dépité, en faisant l'enfant.

Mme Verdurin était assise sur un haut siège suédois en sapin ciré, qu'un violoniste de ce pays lui avait donné et qu'elle conservait, quoiqu'il rappelât la forme d'un escabeau et jurât avec les beaux meubles anciens qu'elle avait, mais elle tenait à garder en évidence les cadeaux que les fidèles avaient l'habitude de lui faire de temps en temps, afin que les donateurs eussent le plaisir de les reconnaître quand ils venaient. Aussi tâchait-elle de persuader qu'on s'en tînt aux fleurs et aux bonbons, qui du moins se détruisent ; mais elle n'y réussissait pas et c'était chez elle une collection de chauffe-pieds, de coussins, de pendules, de paravents, de baromètres, de potiches, dans une accumulation de redites et un disparate d'étrennes.

De ce poste élevé elle participait avec entrain à la conversation des fidèles et s'égayait de leurs « fumisteries », mais depuis l'accident qui était arrivé à sa mâchoire, elle avait renoncé à prendre la peine de pouffer effectivement et se livrait à la place à une mimique conventionnelle qui signifiait, sans fatigue ni risques pour elle, qu'elle riait aux larmes. Au moindre mot que lâchait un habitué contre un ennuyeux ou contre un ancien habitué rejeté au camp des ennuyeux – et pour le plus grand désespoir de M. Verdurin qui avait eu longtemps la prétention d'être aussi aimable que sa femme, mais qui riant pour de bon s'essoufflait vite et avait été distancé et vaincu par cette ruse d'une incessante et fictive hilarité – elle poussait un petit cri, fermait entièrement ses yeux d'oiseau qu'une taie commençait à voiler, et brusquement, comme si elle n'eût eu que le temps de cacher un spectacle indécent ou de parer à un accès mortel, plongeant sa figure dans ses mains qui la recouvraient et n'en laissaient plus rien voir, elle avait l'air de s'efforcer de réprimer, d'anéantir un rire qui, si elle s'y fût abandonnée, l'eût conduite à l'évanouissement. Telle, étourdie par la gaîté des fidèles, ivre de camaraderie, de médisance et d'assentiment, Mme Verdurin, juchée sur son perchoir, pareille à un oiseau dont on eût trempé le colifichet dans du vin chaud, sanglotait d'amabilité.

Cependant, M. Verdurin, après avoir demandé à Swann la permission d'allumer sa pipe (« ici on ne se gêne pas, on est entre camarades »), priait le jeune artiste de se mettre au piano.

– Allons, voyons, ne l'ennuie pas, il n'est pas ici pour être tourmenté, s'écria Mme Verdurin, je ne veux pas qu'on le tourmente, moi !

– Mais pourquoi veux-tu que ça l'ennuie, dit M. Verdurin, M. Swann ne connaît peut-être pas la sonate en fa dièse que nous avons découverte ; il va nous jouer l'arrangement pour piano.

– Ah ! non, non, pas ma sonate ! cria Mme Verdurin, je n'ai pas envie à force de pleurer de me fiche un rhume de cerveau avec névralgies faciales, comme la dernière fois ; merci du cadeau, je ne tiens pas à recommencer ; vous êtes bons vous autres, on voit bien que ce n'est pas vous qui garderez le lit huit jours !

Cette petite scène qui se renouvelait chaque fois que le pianiste allait jouer enchantait les amis aussi bien que si elle avait été nouvelle, comme une preuve de la séduisante originalité de la « Patronne » et de sa sensibilité musicale. Ceux qui étaient près d'elle faisaient signe à ceux qui plus loin fumaient ou jouaient aux cartes, de se rapprocher, qu'il se passait quelque chose, leur disant comme on fait au Reichstag dans les moments intéressants : « Écoutez, écoutez. » Et le lendemain on donnait des regrets à ceux qui n'avaient pas pu venir en leur disant que la scène avait été encore plus amusante que d'habitude.

– Eh bien ! voyons, c'est entendu, dit M. Verdurin, il ne jouera que l'andante.

– Que l'andante, comme tu y vas ! s'écria Mme Verdurin. C'est justement l'andante qui me casse bras et jambes. Il est vraiment superbe le Patron ! C'est comme si dans la « Neuvième » il disait : nous n'entendrons que le finale, ou dans « les Maîtres » que l'ouverture.

Le docteur, cependant, poussait Mme Verdurin à laisser jouer le pianiste, non pas qu'il crût feints les troubles que la musique lui donnait – il y reconnaissait certains états neurasthéniques – mais par cette habitude qu'ont beaucoup de médecins de faire fléchir immédiatement la sévérité de leurs prescriptions dès qu'est en jeu, chose qui leur semble beaucoup plus importante, quelque réunion mondaine dont ils font partie et dont la personne à qui ils conseillent d'oublier pour une fois sa dyspepsie, ou sa grippe, est un des facteurs essentiels.

– Vous ne serez pas malade cette fois-ci, vous verrez, dit-il en cherchant à la suggestionner du regard. Et si vous êtes malade nous vous soignerons.

– Bien vrai ? répondit Mme Verdurin, comme si devant l'espérance d'une telle faveur il n'y avait plus qu'à capituler. Peut-être aussi, à force de dire qu'elle serait malade, y avait-il des moments où elle ne se rappelait plus que c'était un mensonge et prenait une âme de malade. Or ceux-ci, fatigués d'être toujours obligés de faire dépendre de leur sagesse la rareté de leurs accès, aiment se laisser aller à croire qu'ils pourront faire impunément tout ce qui leur plaît et leur fait mal d'habitude, à condition de se remettre en les mains d'un être puissant, qui, sans qu'ils aient aucune peine à prendre, d'un mot ou d'une pilule, les remettra sur pied.

Odette était allée s'asseoir sur un canapé de tapisserie qui était près du piano :

– Vous savez, j'ai ma petite place, dit-elle à Mme Verdurin.

Celle-ci, voyant Swann sur une chaise, le fit lever :

– Vous n'êtes pas bien là, allez donc vous mettre à côté d'Odette, n'est-ce pas Odette, vous ferez bien une place à M. Swann ?

– Quel joli beauvais, dit avant de s'asseoir Swann qui cherchait à être aimable.

– Ah ! je suis contente que vous appréciiez mon canapé, répondit Mme Verdurin. Et je vous préviens que si vous voulez en voir d'aussi beau, vous pouvez y renoncer tout de suite. Jamais ils n'ont rien fait de pareil. Les petites chaises aussi sont des merveilles. Tout à l'heure vous regarderez cela. Chaque bronze correspond comme attribut au petit sujet du siège ; vous savez, vous avez de quoi vous amuser si vous voulez regarder cela, je vous promets un bon moment. Rien que les petites frises des bordures, tenez là, la petite vigne sur fond rouge de l'Ours et les Raisins. Est-ce dessiné ? Qu'est-ce que vous en dites, je crois qu'ils le savaient plutôt, dessiner ! Est-elle assez appétissante cette vigne ? Mon mari prétend que je n'aime pas les fruits parce que j'en mange moins que lui. Mais non, je suis plus gourmande que vous tous, mais je n'ai pas besoin de me les mettre dans la bouche puisque je jouis par les yeux. Qu'est ce que vous avez tous à rire ? Demandez au docteur, il vous dira que ces raisins-là me purgent. D'autres font des cures de Fontainebleau, moi je fais ma petite cure de Beauvais. Mais, monsieur Swann, vous ne partirez pas sans avoir touché les petits bronzes des dossiers. Est-ce assez doux comme patine ? Mais non, à pleines mains, touchez-les bien.

– Ah ! si madame Verdurin commence à peloter les bronzes, nous n'entendrons pas de musique ce soir, dit le peintre.

– Taisez-vous, vous êtes un vilain. Au fond, dit-elle en se tournant vers Swann, on nous défend à nous autres femmes des choses moins voluptueuses que cela. Mais il n'y a pas une chair comparable à cela ! Quand M. Verdurin me faisait l'honneur d'être jaloux de moi – allons, sois poli au moins, ne dis pas que tu ne l'as jamais été...

– Mais je ne dis absolument rien. Voyons, docteur, je vous prends à témoin : est-ce que j'ai dit quelque chose ?

Swann palpait les bronzes par politesse et n'osait pas cesser tout de suite.

– Allons, vous les caresserez plus tard ; maintenant c'est vous qu'on va caresser, qu'on va caresser dans l'oreille ; vous aimez cela, je pense ; voilà un petit jeune homme qui va s'en charger.

Or quand le pianiste eut joué, Swann fut plus aimable encore avec lui qu'avec les autres personnes qui se trouvaient là. Voici pourquoi :

L'année précédente, dans une soirée, il avait entendu une œuvre musicale exécutée au piano et au violon. D'abord, il n'avait goûté que la qualité matérielle des sons sécrétés par les instruments. Et ç'avait déjà été un grand plaisir quand au-dessous de la petite ligne du violon mince, résistante, dense et directrice, il avait vu tout d'un coup chercher à s'élever en un clapotement liquide, la masse de la partie de piano, multiforme, indivise, plane et entrechoquée comme la mauve agitation des flots que charme et bémolise le clair de lune. Mais à un moment donné, sans pouvoir nettement distinguer un contour, donner un nom à ce qui lui plaisait, charmé tout d'un coup, il avait cherché à recueillir la phrase ou l'harmonie – il ne savait lui-même – qui passait et qui lui avait ouvert plus largement l'âme, comme certaines odeurs de roses circulant dans l'air humide du soir ont la propriété de dilater nos narines. Peut-être est-ce parce qu'il ne savait pas la musique qu'il avait pu éprouver une impression aussi confuse, une de ces impressions qui sont peut-être pourtant les seules purement musicales, inétendues, entièrement originales, irréductibles à tout autre ordre d'impressions. Une impression de ce genre, pendant un instant, est pour ainsi dire *sine materia*. Sans doute les notes que nous entendons alors, tendent déjà, selon leur hauteur et leur quantité, à couvrir devant nos yeux des surfaces de dimensions variées, à tracer des arabesques, à nous donner des sensations de largeur, de ténuité, de stabilité, de caprice. Mais les notes sont évanouies avant que ces sensations soient assez formées en nous pour ne pas être submergées par celles qu'éveillent déjà les notes suivantes ou même simultanées. Et cette impression continuerait à envelopper de sa liquidité et de son « fondu » les motifs qui par instants en émergent, à peine discernables, pour plonger aussitôt et disparaître, connus seulement par le plaisir particulier qu'ils donnent, impossibles à décrire, à se rappeler, à nommer, ineffables – si la mémoire, comme un ouvrier qui travaille à établir des fondations durables au milieu des flots, en fabriquant pour nous des fac-similés de ces phrases fugitives, ne nous permettait de les comparer à celles qui leur succèdent et de les différencier. Ainsi à peine la sensation délicieuse que Swann avait ressentie était-elle expirée, que sa mémoire lui en avait fourni séance tenante une transcription sommaire et provisoire, mais sur laquelle il avait jeté les yeux tandis que le morceau continuait, si bien que, quand la même impression était tout d'un coup revenue, elle n'était déjà plus insaisissable. Il s'en représentait l'étendue, les groupements symétriques, la graphie, la valeur expressive ; il avait devant lui cette chose qui n'est plus de la musique pure, qui est du dessin, de l'architecture, de la pensée, et qui permet de se rappeler la musique. Cette fois il avait distingué nettement une phrase s'élevant pendant quelques instants au-dessus des ondes sonores. Elle lui avait proposé aussitôt des voluptés particulières, dont il n'avait jamais eu l'idée avant de l'entendre, dont il sentait que rien autre qu'elle ne pourrait les lui faire connaître, et il avait éprouvé pour elle comme un amour inconnu.

D'un rythme lent elle le dirigeait ici d'abord, puis là, puis ailleurs, vers un bonheur noble, inintelligible et précis. Et tout d'un coup, au point où elle était arrivée et d'où il se préparait à la suivre, après une pause d'un instant, brusquement elle changeait de direction, et d'un mouvement nouveau, plus rapide, menu, mélancolique, incessant et doux, elle l'entraînait avec elle vers des perspectives inconnues. Puis elle disparut. Il souhaita passionnément la revoir une troisième fois. Et elle reparut en effet mais sans lui parler plus clairement, en lui causant même une volupté moins profonde. Mais rentré chez lui il eut besoin d'elle, il était comme un homme dans la vie de qui une passante qu'il a aperçue un moment vient de faire entrer l'image d'une beauté nouvelle qui donne à sa propre sensibilité une valeur plus grande, sans qu'il sache seulement s'il pourra revoir jamais celle qu'il aime déjà et dont il ignore jusqu'au nom.

Même cet amour pour une phrase musicale sembla un instant devoir amorcer chez Swann la possibilité d'une sorte de rajeunissement. Depuis si longtemps il avait renoncé à appliquer sa vie à un but idéal et la bornait à la poursuite de satisfactions quotidiennes, qu'il croyait, sans jamais se le dire formellement, que cela ne changerait plus jusqu'à sa mort ; bien plus, ne se sentant plus d'idées élevées dans l'esprit, il avait cessé de croire à leur réalité, sans pouvoir non plus la nier tout à fait. Aussi avait-il pris l'habitude de se réfugier dans des pensées sans importance et qui lui permettaient de laisser de côté le fond des choses. De même qu'il ne se demandait pas s'il n'eût pas mieux fait de ne pas aller dans le monde, mais en revanche savait avec certitude que s'il avait accepté une invitation il devait s'y rendre, et que s'il ne faisait pas de visite après il lui fallait laisser des cartes, de même dans sa conversation il s'efforçait de ne jamais exprimer avec cœur une opinion intime sur les choses, mais de fournir des détails matériels qui valaient en quelque sorte par eux-mêmes et lui permettaient de ne pas donner sa mesure. Il était extrêmement précis pour une recette de cuisine, pour la date de la naissance ou de la mort d'un peintre, pour la nomenclature de ses œuvres. Parfois, malgré tout, il se laissait aller à émettre un jugement sur une œuvre, sur une manière de comprendre la vie, mais il donnait alors à ses paroles un ton ironique comme s'il n'adhérait pas tout entier à ce qu'il disait. Or, comme certains valétudinaires chez qui, tout d'un coup, un pays où ils sont arrivés, un régime différent, quelquefois une évolution organique, spontanée et mystérieuse, semblent amener une telle régression de leur mal qu'ils commencent à envisager la possibilité inespérée de commencer sur le tard une vie toute différente, Swann trouvait en lui, dans le souvenir de la phrase qu'il avait entendue, dans certaines sonates qu'il s'était fait jouer, pour voir s'il ne l'y découvrirait pas, la présence d'une de ces réalités invisibles auxquelles il avait cessé de croire et auxquelles, comme si la musique avait eu sur la sécheresse morale dont il souffrait une sorte d'influence élective, il se sentait de nouveau le désir et presque la force de consacrer sa vie. Mais n'étant pas arrivé à savoir de qui était l'œuvre qu'il avait entendue, il n'avait pu se la procurer et avait fini par l'oublier. Il avait bien rencontré dans la semaine quelques personnes qui se trouvaient comme lui à cette soirée et les avait interrogées ; mais plusieurs étaient arrivées après la musique ou parties avant ; certaines pourtant étaient là pendant qu'on l'exécutait, mais étaient allées causer dans un autre salon, et d'autres restées à écouter n'avaient pas entendu plus que les premières. Quant aux maîtres de maison, ils savaient que c'était une œuvre nouvelle que les artistes qu'ils avaient engagés avaient demandé à jouer ; ceux-ci étant partis en tournée, Swann ne put pas en savoir davantage. Il avait bien des amis musiciens, mais tout en se rappelant le plaisir spécial et intraduisible que lui avait fait la phrase, en voyant devant ses yeux les formes qu'elle dessinait, il était pourtant incapable de la leur chanter. Puis il cessa d'y penser.

Or, quelques minutes à peine après que le petit pianiste avait commencé de jouer chez Mme Verdurin, tout d'un coup après une note longuement tendue pendant deux mesures, il vit approcher, s'échappant de sous cette sonorité prolongée et tendue comme un rideau sonore pour cacher le mystère de son incubation, il reconnut, secrète, bruissante et divisée, la phrase aérienne et odorante qu'il aimait. Et elle était si particulière, elle avait un charme si individuel et qu'aucun autre n'aurait pu remplacer, que ce fut pour Swann comme s'il eût rencontré dans un salon ami une personne qu'il avait admirée dans la rue et désespérait de jamais retrouver. À la fin, elle s'éloigna, indicatrice, diligente, parmi les ramifications de son parfum, laissant sur le visage de Swann le reflet de son sourire. Mais maintenant il pouvait demander le nom de son inconnue (on lui dit que c'était l'andante de la sonate pour piano et violon de Vinteuil,) il la tenait, il pourrait l'avoir chez lui aussi souvent qu'il voudrait, essayer d'apprendre son langage et son secret.

Aussi quand le pianiste eut fini, Swann s'approcha-t-il de lui pour lui exprimer une reconnaissance dont la vivacité plut beaucoup à Mme Verdurin.

– Quel charmeur, n'est-ce pas, dit-elle à Swann ; la comprend-il assez, sa sonate, le petit misérable ? Vous ne saviez pas que le piano pouvait atteindre à ça. C'est tout, excepté du piano, ma parole ! Chaque fois j'y suis reprise, je crois entendre un orchestre. C'est même plus beau que l'orchestre, plus complet.

Le jeune pianiste s'inclina, et, souriant, soulignant les mots comme s'il avait fait un trait d'esprit :

– Vous êtes très indulgente pour moi, dit-il.

Et tandis que Mme Verdurin disait à son mari : « Allons, donne-lui de l'orangeade, il l'a bien méritée », Swann racontait à Odette comment il avait été amoureux de cette petite phrase. Quand Mme Verdurin, ayant dit d'un peu loin : « Eh bien ! il me semble qu'on est en train de vous dire de belles choses, Odette », elle répondit : « Oui, de très belles », Swann trouva délicieuse sa simplicité. Cependant il demandait des renseignements sur Vinteuil, sur son œuvre, sur l'époque de sa vie où il avait composé cette sonate, sur ce qu'avait pu signifier pour lui la petite phrase, c'est cela surtout qu'il aurait voulu savoir.

Mais tous ces gens qui faisaient profession d'admirer ce musicien (quand Swann avait dit que sa sonate était vraiment belle, Mme Verdurin s'était écriée : « Je vous crois un peu qu'elle est belle ! Mais on n'avoue pas qu'on ne connaît pas la sonate de Vinteuil, on n'a pas le droit de ne pas la connaître », et le peintre avait ajouté : « Ah ! c'est tout à fait une très grande machine, n'est-ce pas ? Ce n'est pas, si vous voulez, la chose « cher » et « public », n'est-ce pas ? mais c'est la très grosse impression pour les artistes »), ces gens semblaient ne s'être jamais posé ces questions, car ils furent incapables d'y répondre.

Même à une ou deux remarques particulières que fit Swann sur sa phrase préférée :

– Tiens, c'est amusant, je n'avais jamais fait attention ; je vous dirai que je n'aime pas beaucoup chercher la petite bête et m'égarer dans des pointes d'aiguille ; on ne perd pas son temps à couper les cheveux en quatre ici, ce n'est pas le genre de la maison, répondit Mme Verdurin, que le docteur Cottard regardait avec une admiration béate et un zèle studieux se jouer au milieu de ce flot d'expressions toutes faites. D'ailleurs lui et Mme Cottard, avec une sorte de bon sens comme en ont aussi certaines gens du peuple, se gardaient bien de donner une opinion ou de feindre l'admiration pour une musique qu'ils s'avouaient l'un à l'autre, une fois rentrés chez eux, ne pas plus comprendre que la peinture de « M. Biche ». Comme le public ne connaît du charme, de la grâce, des formes de la nature que ce qu'il en a puisé dans les poncifs d'un art lentement assimilé, et qu'un artiste original commence par rejeter ces poncifs, M. et Mme Cottard, image en cela du public, ne trouvaient ni dans la sonate de Vinteuil, ni dans les portraits du peintre, ce qui faisait pour eux l'harmonie de la musique et la beauté de la peinture. Il leur semblait quand le pianiste jouait la sonate qu'il accrochait au hasard sur le piano des notes que ne reliaient pas en effet les formes auxquelles ils étaient habitués, et que le peintre jetait au hasard des couleurs sur ses toiles. Quand, dans celles-ci, ils pouvaient reconnaître une forme, ils la trouvaient alourdie et vulgarisée (c'est-à-dire dépourvue de l'élégance de l'école de peinture à travers laquelle ils voyaient, dans la rue même, les êtres vivants), et sans vérité, comme si M. Biche n'eût pas su comment était construite une épaule et que les femmes n'ont pas les cheveux mauves.

Pourtant les fidèles s'étant dispersés, le docteur sentit qu'il y avait là une occasion propice et pendant que Mme Verdurin disait un dernier mot sur la sonate de Vinteuil, comme un nageur débutant qui se jette à l'eau pour apprendre, mais choisit un moment où il n'y a pas trop de monde pour le voir :

– Alors, c'est ce qu'on appelle un musicien *di primo cartello !* s'écria-t-il avec une brusque résolution.

Swann apprit seulement que l'apparition récente de la sonate de Vinteuil avait produit une grande impression dans une école de tendances très avancées, mais était entièrement inconnue du grand public.

– Je connais bien quelqu'un qui s'appelle Vinteuil, dit Swann, en pensant au professeur de piano des sœurs de ma grand'mère.

– C'est peut-être lui, s'écria Mme Verdurin.

– Oh ! non, répondit Swann en riant. Si vous l'aviez vu deux minutes, vous ne vous poseriez pas la question.

– Alors poser la question, c'est la résoudre ? dit le docteur.

– Mais ce pourrait être un parent, reprit Swann, cela serait assez triste, mais enfin un homme de génie peut être le cousin d'une vieille bête. Si cela était, j'avoue qu'il n'y a pas de supplice que je ne m'imposerais pour que la vieille bête me présentât à l'auteur de la sonate : d'abord le supplice de fréquenter la vieille bête, et qui doit être affreux.

Le peintre savait que Vinteuil était à ce moment très malade et que le docteur Potain craignait de ne pouvoir le sauver.

– Comment, s'écria Mme Verdurin, il y a encore des gens qui se font soigner par Potain !

– Ah ! madame Verdurin, dit Cottard, sur un ton de marivaudage, vous oubliez que vous parlez d'un de mes confrères, je devrais dire un de mes maîtres.

Le peintre avait entendu dire que Vinteuil était menacé d'aliénation mentale. Et il assurait qu'on pouvait s'en apercevoir à certains passages de sa sonate. Swann ne trouva pas cette remarque absurde, mais elle le troubla ; car une œuvre de musique pure ne contenant aucun des rapports logiques dont l'altération dans le langage dénonce la folie, la folie reconnue dans une sonate lui paraissait quelque chose d'aussi mystérieux que la folie d'une chienne, la folie d'un cheval, qui pourtant s'observent en effet.

– Laissez-moi donc tranquille avec vos maîtres, vous en savez dix fois autant que lui, répondit Mme Verdurin au docteur Cottard, du ton d'une personne qui a le courage de ses opinions et tient bravement tête à ceux qui ne sont pas du même avis qu'elle. Vous ne tuez pas vos malades, vous au moins !

– Mais, madame, il est de l'Académie, répliqua le docteur d'un ton ironique. Si un malade préfère mourir de la main d'un des princes de la science... C'est beaucoup plus chic de pouvoir dire : « C'est Potain qui me soigne. »

– Ah ! c'est plus chic ? dit Mme Verdurin. Alors il y a du chic dans les maladies, maintenant ? je ne savais pas ça... Ce que vous m'amusez, s'écria-t-elle tout à coup en plongeant sa figure dans ses mains. Et moi, bonne bête qui discutais sérieusement sans m'apercevoir que vous me faisiez monter à l'arbre.

Quant à M. Verdurin, trouvant que c'était un peu fatigant de se mettre à rire pour si peu, il se contenta de tirer une bouffée de sa pipe en songeant avec tristesse qu'il ne pouvait plus rattraper sa femme sur le terrain de l'amabilité.

– Vous savez que votre ami nous plaît beaucoup, dit Mme

Verdurin à Odette au moment où celle-ci lui souhaitait le bonsoir. Il est simple, charmant ; si vous n'avez jamais à nous présenter que des amis comme cela, vous pouvez les amener.

M. Verdurin fit remarquer que pourtant Swann n'avait pas apprécié la tante du pianiste.

– Il s'est senti un peu dépaysé, cet homme, répondit Mme Verdurin, tu ne voudrais pourtant pas que, la première fois, il ait déjà le ton de la maison comme Cottard qui fait partie de notre petit clan depuis plusieurs années. La première fois ne compte pas, c'était utile pour prendre langue. Odette, il est convenu qu'il viendra nous retrouver demain au Châtelet. Si vous alliez le prendre ?

– Mais non, il ne veut pas.

– Ah ! enfin, comme vous voudrez. Pourvu qu'il n'aille pas lâcher au dernier moment !

À la grande surprise de Mme Verdurin, il ne lâcha jamais. Il allait les rejoindre n'importe où, quelquefois dans les restaurants de banlieue où on allait peu encore, car ce n'était pas la saison, plus souvent au théâtre, que Mme Verdurin aimait beaucoup ; et comme un jour, chez elle, elle dit devant lui que pour les soirs de première, de gala, un coupefile leur eût été fort utile, que cela les avait beaucoup gênés de ne pas en avoir le jour de l'enterrement de Gambetta, Swann qui ne parlait jamais de ses relations brillantes, mais seulement de celles mal cotées qu'il eût jugé peu délicat de cacher, et au nombre desquelles il avait pris dans le faubourg Saint-Germain l'habitude de ranger les relations avec le monde officiel, répondit :

– Je vous promets de m'en occuper, vous l'aurez à temps pour la reprise des *Danicheff*, je déjeune justement demain avec le Préfet de police à l'Élysée.

– Comment ça, à l'Élysée ? cria le docteur Cottard d'une voix tonnante.

– Oui, chez M. Grévy, répondit Swann, un peu gêné de l'effet que sa phrase avait produit.

Et le peintre dit au docteur en manière de plaisanterie :

– Ça vous prend souvent ?

Généralement, une fois l'explication donnée, Cottard disait : « Ah ! bon, bon, ça va bien » et ne montrait plus trace d'émotion. Mais cette fois-ci, les derniers mots de Swann, au lieu de lui procurer l'apaisement habituel, portèrent au comble son étonnement qu'un homme avec qui il dînait, qui n'avait ni fonctions officielles, ni illustration d'aucune sorte, frayât avec le Chef de l'État.

– Comment ça, M. Grévy ? vous connaissez M. Grévy ? dit-il à Swann de l'air stupide et incrédule d'un municipal à qui un inconnu demande à voir le Président de la République et qui, comprenant par ces mots « à qui il a affaire », comme disent les journaux, assure au pauvre dément qu'il va être reçu à l'instant et le dirige sur l'infirmerie spéciale du dépôt.

– Je le connais un peu, nous avons des amis communs (il n'osa pas dire que c'était le prince de Galles), du reste il invite très facilement et je vous assure que ces déjeuners n'ont rien d'amusant, ils sont d'ailleurs très simples, on n'est jamais plus de huit à table, répondit Swann qui tâchait d'effacer ce que semblaient avoir de trop éclatant, aux yeux de son interlocuteur, des relations avec le Président de la République.

Aussitôt Cottard, s'en rapportant aux paroles de Swann, adopta cette opinion, au sujet de la valeur d'une invitation chez M. Grévy, que c'était chose fort peu recherchée et qui courait les rues. Dès lors, il ne s'étonna plus que Swann, aussi bien qu'un autre, fréquentât l'Élysée, et même il le plaignait un peu d'aller à des déjeuners que l'invité avouait lui-même être ennuyeux.

– Ah ! bien, bien, ça va bien, dit-il sur le ton d'un douanier, méfiant tout à l'heure, mais qui, après vos explications, vous donne son visa et vous laisse passer sans ouvrir vos malles.

– Ah ! je vous crois qu'ils ne doivent pas être amusants ces déjeuners, vous avez de la vertu d'y aller, dit Mme Verdurin, à qui le Président de la République apparaissait comme un ennuyeux particulièrement redoutable parce qu'il disposait de moyens de séduction et de contrainte qui, employés à l'égard des fidèles, eussent été capables de les faire lâcher. Il paraît qu'il est sourd comme un pot et qu'il mange avec ses doigts.

– En effet, alors cela ne doit pas beaucoup vous amuser d'y aller, dit le docteur avec une nuance de commisération ; et, se rappelant le chiffre de huit convives : « Sont-ce des déjeuners intimes ? » demanda-t-il vivement avec un zèle de linguiste plus encore qu'une curiosité de badaud.

Mais le prestige qu'avait à ses yeux le Président de la République finit pourtant par triompher et de l'humilité de Swann et de la malveillance de Mme Verdurin, et à chaque dîner, Cottard demandait avec intérêt : « Verrons-nous ce soir M. Swann ? Il a des relations personnelles avec M. Grévy. C'est bien ce qu'on appelle un gentleman ? » Il alla même jusqu'à lui offrir une carte d'invitation pour l'exposition dentaire.

– Vous serez admis avec les personnes qui seront avec vous, mais on ne laisse pas entrer les chiens. Vous comprenez, je vous dis cela parce que j'ai eu des amis qui ne le savaient pas et qui s'en sont mordu les doigts.

Quant à M. Verdurin, il remarqua le mauvais effet qu'avait produit sur sa femme cette découverte que Swann avait des amitiés puissantes dont il n'avait jamais parlé.

Si l'on n'avait pas arrangé une partie au dehors, c'est chez les Verdurin que Swann retrouvait le petit noyau, mais il ne venait que le soir, et n'acceptait presque jamais à dîner malgré les instances d'Odette.

– Je pourrais même dîner seule avec vous, si vous aimiez mieux cela, lui disait-elle.

– Et Mme Verdurin ?

– Oh ! ce serait bien simple. Je n'aurais qu'à dire que ma robe n'a pas été prête, que mon cab est venu en retard. Il y a toujours moyen de s'arranger.

– Vous êtes gentille.

Mais Swann se disait que s'il montrait à Odette (en consentant seulement à la retrouver après dîner), qu'il y avait des plaisirs qu'il préférait à celui d'être avec elle, le goût qu'elle ressentait pour lui ne connaîtrait pas de longtemps la satiété. Et, d'autre part, préférant infiniment à celle d'Odette la beauté d'une petite ouvrière fraîche et bouffie comme une rose et dont il était épris, il aimait mieux passer le commencement de la soirée avec elle, étant sûr de voir Odette ensuite. C'est pour les mêmes raisons qu'il n'acceptait jamais qu'Odette vînt le chercher pour aller chez les Verdurin. La petite ouvrière l'attendait près de chez lui à un coin de rue que son cocher Rémi connaissait, elle montait à côté de Swann et restait dans ses bras jusqu'au moment où la voiture l'arrêtait devant chez les Verdurin. À son entrée, tandis que Mme Verdurin montrant des roses qu'il avait envoyées le matin lui disait : « Je vous gronde » et lui indiquait une place à côté d'Odette, le pianiste jouait, pour eux deux, la petite phrase de Vinteuil qui était comme l'air national de leur amour. Il commençait par la tenue des trémolos de violon que pendant quelques mesures on entend seuls, occupant tout le premier plan, puis tout d'un coup ils semblaient s'écarter et comme dans ces tableaux de Pieter de Hooch, qu'approfondit le cadre étroit d'une porte entr'ouverte, tout au loin, d'une couleur autre, dans le velouté d'une lumière interposée, la petite phrase apparaissait, dansante, pastorale, intercalée, épisodique, appartenant à un autre monde. Elle passait à plis simples et immortels, distribuant çà et là les dons de sa grâce, avec le même ineffable sourire ; mais Swann y croyait distinguer maintenant du désenchantement. Elle semblait connaître la vanité de ce bonheur dont elle montrait la voie. Dans sa grâce légère, elle avait quelque chose d'accompli, comme le détachement qui succède au regret. Mais peu lui importait, il la considérait moins en elle-même – en ce qu'elle pouvait exprimer pour un musicien qui ignorait l'existence et de lui et d'Odette quand il l'avait composée, et pour tous ceux qui l'entendraient dans des siècles – que comme un gage, un souvenir de son amour qui, même pour les Verdurin ou pour le petit pianiste, faisait penser à Odette en même temps qu'à lui, les unissait ; c'était au point que, comme Odette, par caprice, l'en avait prié, il avait renoncé à son projet de se faire jouer par un artiste la sonate entière, dont il continua à ne connaître que ce passage. « Qu'avez-vous besoin du reste ? lui avait-elle dit. C'est ça *notre* morceau. » Et même, souffrant de songer, au moment où elle passait si proche et pourtant à l'infini, que tandis qu'elle s'adressait à eux, elle ne les connaissait pas, il regrettait presque qu'elle eût une signification, une beauté intrinsèque et fixe, étrangère à eux, comme en des bijoux donnés, ou même en des lettres écrites par une femme aimée, nous en voulons à l'eau de la gemme et aux mots du langage, de ne pas être faits uniquement de l'essence d'une liaison passagère et d'un être particulier.

Souvent il se trouvait qu'il s'était tant attardé avec la jeune ouvrière avant d'aller chez les Verdurin, qu'une fois la petite phrase jouée par le pianiste, Swann s'apercevait qu'il était bientôt l'heure qu'Odette rentrât. Il la reconduisait jusqu'à la porte de son petit hôtel, rue La Pérouse, derrière l'Arc de Triomphe. Et c'était peut-être à cause de cela, pour ne pas lui demander toutes les faveurs, qu'il sacrifiait le plaisir moins nécessaire pour lui de la voir plus tôt, d'arriver chez les Verdurin avec elle, à l'exercice de ce droit qu'elle lui reconnaissait de partir ensemble et auquel il attachait plus de prix, parce que, grâce à cela, il avait l'impression que personne ne la voyait, ne se mettait entre eux, ne l'empêchait d'être encore avec lui, après qu'il l'avait quittée.

ISBN-13:
978-1981665983

ISBN-10:
1981665986

Made in the USA
Las Vegas, NV
30 June 2024